中国社会科学院创新工程学术出版资助项目

走向国家治理现代化

中共十八届三中全会决定研究

高培勇◎主编
夏杰长 钟春平◎副主编

中国社会科学出版社

图书在版编目（CIP）数据

走向国家治理现代化：中共十八届三中全会决定研究/高培勇主编．—北京：中国社会科学出版社，2018.1

ISBN 978－7－5203－1676－7

Ⅰ.①走…　Ⅱ.①高…　Ⅲ.①中国共产党十八届三中全会（2013）—文件—研究　Ⅳ.①D229

中国版本图书馆 CIP 数据核字(2017)第 299620 号

出 版 人　赵剑英
责任编辑　王　曦
责任校对　孙洪波
责任印制　戴　宽

出　　版　中国社会科学出版社
社　　址　北京鼓楼西大街甲 158 号
邮　　编　100720
网　　址　http://www.csspw.cn
发 行 部　010－84083685
门 市 部　010－84029450
经　　销　新华书店及其他书店

印　　刷　北京明恒达印务有限公司
装　　订　廊坊市广阳区广增装订厂
版　　次　2018 年 1 月第 1 版
印　　次　2018 年 1 月第 1 次印刷

开　　本　710×1000　1/16
印　　张　17.25
插　　页　2
字　　数　251 千字
定　　价　86.00 元

本书写作组名单

（按章节顺序）

序　言　高培勇

第一章　李雪慧

第二章　张彬斌

第三章　冯永晟

第四章　刘　诚

第五章　钟春平

第六章　冯　明

第七章　付敏杰

第八章　汪　川

第九章　钟春平　冯永晟

第十章　钟春平　汪　川

第十一章　钟春平

第十二章　钟春平

第十三章　钟春平　刘　诚　汪　川　付敏杰　李雪慧

第十四章　高培勇　汪德华

序　　言

（一）

中共十八届三中全会闭幕不久，中国社会科学院创新工程启动了一批与此相关的重大课题招标项目。《中共十八届三中全会决定研究》便是其中之一。当时，以我为主持人，中国社会科学院财经战略研究院组成课题组参加投标，并于2014年年初获准立项。

读者面前的这本书，即是我们完成的这一重大课题成果的修订稿。

（二）

我们理解，中国社会科学院之所以启动这样一个招标项目，其立意绝不限于对中共十八届三中全会做出的《中共中央关于全面深化改革若干重大问题的决定》这一重要历史文献的阐释和解读，而是有着极为深刻的考虑的。

在中国改革开放事业的进程中，曾举行过若干次三中全会，也经历了若干次三中全会的推动。对既有的历史文献做一简单的梳理，就会发现，每一次的三中全会，都可称为改革开放的里程碑。

十一届三中全会（1978年12月），正式提出了“把全党工作的着重点转移到社会主义现代化建设上来的建议”。自此，中国进入全面经济建设时期，实现了伟大历史转折。

十二届三中全会（1984 年 10 月），通过了《中共中央关于经济体制改革的决定》。自此，中国的改革从农村走向城市。

十三届三中全会（1988 年 9 月），通过了《关于价格、工资改革的初步方案》和《中共中央关于加强和改进企业思想政治工作的通知》两个重要文件，为深化改革扫清了道路。

十四届三中全会（1993 年 11 月），通过了《中共中央关于建立社会主义市场经济体制若干问题的决定》，勾画了社会主义市场经济体制的基本框架。

十五届三中全会（1998 年 10 月），通过了《中共中央关于农业和农村工作若干重大问题的决定》，提出了到 2010 年建设有中国特色社会主义新农村的奋斗目标。

十六届三中全会（2003 年 10 月），通过了《中共中央关于完善社会主义市场经济体制若干问题的决定》。与 10 年前相比，“建立”改为“完善”，对完善社会主义市场经济体制提出了新的思路和举措。

十七届三中全会（2008 年 10 月），通过了《中共中央关于推进农村改革发展若干重大问题的决定》。会议实现的最大突破是农村土地承包经营权的流转，推动了农村改革的进一步深入。

十八届三中全会（2013 年 11 月）专题研究全面深化改革问题，通过了《中共中央关于全面深化改革若干重大问题的决定》，确定了以推进国家治理体系和治理能力现代化为总目标、到 2020 年中国全面深化改革的“路线图”。

可以清楚地看出，每一次三中全会，都是在全面研究世情、国情、党情并做出准确判断的基础上，做出正确的决策，从而通过关于推动改革开放和发展的决定。在这些纲领性文件的指导下，每次三中全会后，中国的改革开放事业都会迈上一个新的台阶。

还可以看到，十八届三中全会并非高楼万丈平地起，而是站在了巨人的肩膀之上——历届三中全会的继承和发展。比如，以往所涉及的主题多是某一领域、某一方面的改革。如十四届三中全会的主题是建立社会主义市场经济体制，十六届三中全会的主题是完善社会主义市场经济体制。与之形成鲜明对比，中共十八届三中全会所部署的是全面深化改革。全面深化改革与以往改革的最大不同之处在于，它不是某一个领域的改革，也不是某几个领域的改革，而是全面的改革、涉及所有领域的改革，包括了经济体制改革、政治体制改革、文化体制改革、社会体制改革、生态文明体制改革以及国防和军队改革、党的建设制度改革等各个领域。换言之，全方位联动改革，是全面深化改革的突出特点。

从经济体制改革到全面深化改革，从建立、完善社会主义市场经济体制到国家治理体系和治理能力现代化，可以说是中国推进改革开放事业的基本轨迹，更可以说是中国所走出的改革开放道路的集中体现。

我们由此想到，倘若能在系统回顾历届三中全会的基础上，提炼和揭示出最直接、最核心、最实质的内容，从而再现中国改革开放事业的基本轨迹、基本经验和基本规律，那么，我们所能收获的，将不仅可能为中国的改革开放事业理出一条比较清晰的线索，而且还可能由此深入到中国改革开放道路的研究领域，为推进全面深化改革的实践提供思想支持。

于是，我们决定，按照这样的构想设计研究大纲，完成课题研究任务。

（三）

大致的研究方向确定之后，接下来要考虑的，便是以什么样的主题来统领本课题的研究？或者本课题的研究要落脚于何处？这显然服从于十八届三中全会决定的主题。

十八届三中全会所部署的是全面深化改革。既然是全方位联动的改革，围绕它的推进，就需要统筹安排，尤其是对各领域改革最终是为了什么、要取得什么样整体结果的统筹安排。故而，围绕全面深化改革而提出的目标，不能是仅仅覆盖某一领域的，也不能是覆盖某几个领域的，而是要覆盖所有领域的。于是，从总体角度布局改革，十八届三中全会所提出的统领所有领域改革的总目标是："发展和完善中国特色社会主义制度，推进国家治理体系和治理能力的现代化。"①

认识到十八届三中全会是历届三中全会的"升级版"，易于看出，"发展和完善中国特色社会主义制度"是一个基本前提或根本方向，全面深化改革的总目标实际上落在了"推进国家治理体系和治理能力现代化"身上。

这其中的缘由是什么呢?

从根本上来说，中国的改革是一场深刻而全面的社会变革，牵涉一系列体制机制的转型。随着改革不断深入和社会主义市场经济体制基本框架的逐步确立，各领域、各环节之间改革的互动性明显增强，几乎每项改革都会牵动或影响到其他方面的改革，几乎每项改革也都需要其他方面的改革协同配合。来自各方面的信息表明，当前中国经济体制改革的重点、难点是与政治、文化、社会、生态文明等领域的问题相互交织在一起的，必须通过全方位联动改革加以推进。"这项工程极为宏大，零敲碎打调整不行，碎片化修补也不行，必须是全面的系统的改革和改进，是各领域改革和改进的联动和集成。"②

中国持续30多年的改革开放事业，在取得了令人瞩目的发展成就的同时，也积累了一系列不容回避的社会矛盾和问题。倘若这些矛盾和问题不能有效地解决，不仅改革难以推进，发展难以持续，而且会危及国家的长治久安。有效地解决当前面临的矛盾和问题，显然需要成熟的国家治理体系和高超的国家治理能力，"在国家治理体系和治理能力现代化上形成总体效应、取得总体效果"。③

自从人类社会有了国家，便有了国家治理体系。国家间竞争的核

---

① 《中共中央关于全面深化改革若干重大问题的决定》，人民出版社2013年版，第3页。

② 习近平：《制度自信不是固步自封》，《人民日报》2014年2月18日。

③ 《中共中央关于全面深化改革若干重大问题的决定》，人民出版社2013年版，第3页。

心内容，从来就是国家治理体系和治理能力的竞争。[①] 相对于我国的经济社会发展水平和人民群众的要求，相对于当今世界日趋激烈的国际竞争形势，相对于实现国家长治久安的目标，我们在国家治理体系和治理能力方面还有许多弱项和“短板”，有些方面甚至成为制约发展和稳定的重要因素。为了人民幸福，为了社会和谐稳定，为了国家长治久安，我们必须大踏步跟上时代的步伐，形成有效的国家治理体系和治理能力，全面提升国家治理体系和治理能力水平。

纵观世界风云变幻，大多数的社会动荡、政权更迭，固然可从多个方面去归结原因，但其中一个根本性的问题就在于没有形成有效的国家治理体系和治理能力。由于没有有效的国家治理体系和治理能力作为依托，遇到社会矛盾和问题就会捉襟见肘，甚至久拖不决，起初本来不那么严重的矛盾和问题也会因日积月累、积重难返，导致严重的政治后果。

进一步说，国家治理体系和治理能力水平也是现代文明国家的重要标志。衡量一个国家的文明程度，除了诸如生产力发展水平、国民道德素养状况、社会和谐稳定程度等方面的指标外，国家治理体系和治理能力也是其中的重要考量。故而，随着我国经济和综合国力的迅速提升[②]，适应国家现代化的总进程，推进国家治理体系和治理能力的现代化，以此为基础，建构文明国家形象、提升中国的国际地位，不仅是非常必要的，更是迫在眉睫的。

一言以蔽之，在改革开放事业取得一系列重大成就的基础上，在新的历史起点上，我们要着手打造一个现代国家应有的制度形态。[③] 正是认识到推进国家治理体系和治理能力现代化的极端重要性和极端复杂性，十八届三中全会在将其作为统筹推进各领域改革的总目标加

① 辛鸣：《甲午战争对国家治理的启示》，《作家文摘》2014 年 8 月 8 日。

② 根据世界银行 2014 年 4 月 30 日发布的《购买力平价与实际经济规模——2011 年国际比较项目结果摘要报告》，以购买力平价法（PPP）计算，中国的经济规模在 2011 年已经达到美国的 86.9%，比 2005 年的 43.1% 提高 1 倍多。据此，该报告作出预测称，2014 年中国有可能超越美国，成为全球第一大经济体。

③ 楼继伟：《中国政府间财政关系再思考》，中国财政经济出版社 2013 年版，第 3 页。

以提出的同时，以制度安排为主要线索、以制度定型为主要目标，确立了国家治理体系和治理能力现代化的目标：“到二〇二〇年，在重要领域和关键环节改革上取得决定性成果，完成本决定提出的改革任务，形成系统完备、科学规范、运行有效的制度体系，使各方面制度更加成熟更加定型。”①

于是，我们又决定，将本课题的最终成果定名为《走向国家治理现代化——中共十八届三中全会决定研究》。

（四）

立足于上述的构想，本书包括三部分内容：

第一部分，系对十八届三中全会以前的历届三中全会的系列研究。从十一届三中全会到十八届三中全会，可以说是我们一步步走向、逼近社会主义市场经济体制目标的历史进程。以历届三中全会为线索，对35年的改革开放进程做全面而系统的回顾，所折射出的，不仅是中国改革开放的历史画面，而且可以从中发现具有中国特色的市场经济发展路径。以此为基础，剖析内在脉络，总结经验与不足，亦有助于推动中国气派的经济发展理论体系的构建。这些，形成了本书第一章至第七章的研究线索。

第二部分，系对十八届三中全会决定的重点研究。以十八届三中全会为契机，中国进入了全面深化改革的新阶段。围绕国家治理现代化的总目标，各项改革措施和方案不断推出，改革的速度在顶层设计层面有所加快。十八届三中、四中、五中全会，以及二十多次中央全面深化改革领导小组会议都聚焦改革的顶层设计，在各个领域全面部署了几百条甚至更多的改革举措。对于十八届三中全会的背景、内容、新意、决策思路、宏观变化等方面的分析，构成了本书第八章至

① 《中共中央关于全面深化改革若干重大问题的决定》，人民出版社2013年版，第7页。

第十章的研究线索。

第三部分，系对十八届三中全会之后的改革动态及落实情况的跟踪性研究。从 2013 年 11 月 12 日十八届三中全会通过《中共中央关于全面深化改革若干重大问题的决定》算起，迄今全面深化改革已持续 3 年。在总结、梳理过去 3 年来全面深化改革轨迹的基础上，对其取得的阶段性成果做出恰当的评估，从而调整、规划好下一阶段改革的后续安排，确保改革目标的最终实现，其意义自不待言。这些跟踪性的研究，构成了本书第十一章至第十四章的研究线索。

（五）

应当说，中国社会科学院创新工程重大课题以及我们据此确立的研究目标是宏大的，但是，限于水平与时间，我们所做的只是朝着这一目标走了一小步，而且，还是“摸着石头过河”般的一小步。也可以说，这本书所完成的任务，只不过是一次学术上的探索。

对于书中可能存在的任何错误和不当之处，我们诚恳地希望得到同行和广大读者的指教。

高培勇

2016 年 12 月 29 日

目　　录

第一章　十一届三中全会

——历史的转折与新起点

1978年12月18日至22日召开的中国共产党第十一届中央委员会第三次全体会议（以下简称“十一届三中全会”），是中华人民共和国成立以来我党历史上具有深远意义的伟大转折。这次会议结束了1976年10月以来我党工作在徘徊中前进的局面，彻底否定了“两个凡是”的错误方针，确立了“一个中心、两个基本点”的基本路线，为我国的社会长期稳定发展奠定了坚实的基础，开创了改革开放和集中力量进行社会主义现代化建设的历史新时期。

一　历史背景：经济社会发展水平状况（1949—1978年）

社会主义制度在我国基本确立后，如何处理社会主义条件下的阶级斗争与经济建设的关系，做到以经济建设为中心，实现党和国家工作重心的转移，是党探索社会主义建设道路所面临的一个首要问题。党的八大明确指出社会主义改造完成之后，国内的主要矛盾已经转变为人民对于建立先进的工业国的要求同落后的农业国的现实之间的矛盾及人民对于经济文化迅速发展的需要同当前经济文化不能满足人民需要的状况之间的矛盾，而解决这一矛盾的办法，就是发展生产力，实行大规模经济建设。然而，由于对我国在生产力落后、商品经济不发达条件下建设社会主义的特殊性、长期性缺乏本质的理性认识，我党在探索建设社会主义道路上先后发生了“大跃进”、人民公社化运动和“文化大革命”等严重失误。

粉碎“四人帮”后，举国欢腾，百业待举。面对世界范围内新科技革命和经济全球化浪潮蓬勃兴起的新形势，广大干部群众强烈要求纠正“文化大革命”的错误理论、方针和政策，彻底扭转十年内乱造成的严重局势。但受“左”倾思想的影响，主持中央工作的负责同志提出了“两个凡是”，使党和国家的工作在前进中出现徘徊的局面。在经济上，虽然各行各业的生产和工作秩序开始恢复，经济发展也在复苏与回暖，但在多年以来我国的国民经济重大比例失调尚未理顺的情况下，当时的党和国家主要领导人又犯了急于求成、片面追求高速度的急躁冒进错误，使我国的经济状况没有得到根本好转，人民群众的物质生活也没有得到明显改善。整个社会急切需要一场急风暴雨式的大洗礼、大变革。

简单分析一下十一届三中全会前我国经济发展现状（1949—1978年），从中可以看出历史进展与现实差距。

（一）经济发展取得一定成果，但经济增长波动较大，收入水平远低于世界平均水平

受多年战争的破坏，中华人民共和国成立之初我国社会经济凋敝、百废待兴。1949年，全国人均年收入不足100元，农村居民人均全部生活消费支出仅40元左右，全国人口平均寿命仅为35岁，死亡率高达2%，婴儿死亡率高达20%。1949—1956年，随着三大改造的逐渐完成，“一五”计划的实施，我国经济快速恢复，人民生活得到很大改善。1957年，我国国内生产总值增长至1069.3亿元，人均国内生产总值也提高至168元/人。全国职工的平均工资达到了637元，较1952年提高了34.2%。人口死亡率下降至1.1%，人口自然生长率提高至2.3%。然而，1957年之后，随着反右运动的开展，我国经济再次陷入衰退。1960—1962年，三年自然灾害，加之党中央召开八届九中全会，开始纠正“大跃进”的错误，经济全面滑坡。GDP增长率三年连续为负，其中1961年更是下降到-27.3%。“文化大革命”期间，我国经济虽然遭受巨大损失，但除1967年、1968年、1976年经济出现负增长外，其余年份都为正增长（见图1-1）。1967—1976年，国内生产总值年均增长率为5.5%，农业生产总值年均增长率为2.3%，工业生产总值年均增长率为8.7%。1976年主要产品与1966年相比，原煤增长了91.7%，原油增长了499%，发电量增长了146%，钢铁增长了33.5%，农用氮磷钾化肥增长了117.7%，粮食增长了33.8%，油料增长了61.6%，塑料增长了148.2%，棉布增长了20.9%。

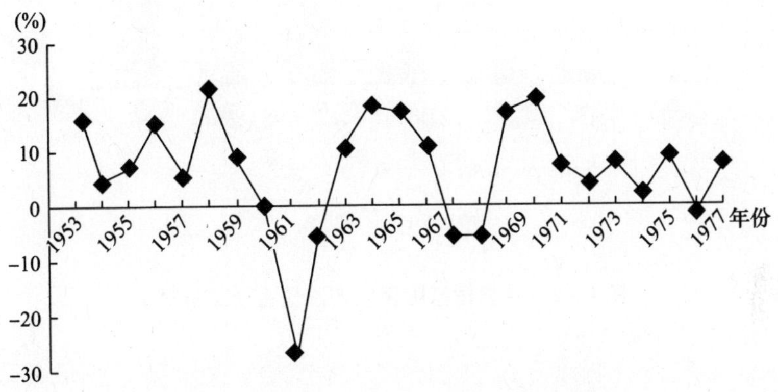

图1-1　1953—1977年我国GDP增长率

与同期世界上其他国家相比，1955年，我国国民生产总值约占全球国民生产总值的4.7%，高于印度的2.2%，日本的2.4%，但远低于美国的40.3%。但到了1980年，我国国民生产总值占全球的份额下降至2.5%，印度下降至1.6%，但日本所占份额却上升至9.5%（见图1-2）。从人均国民生产总值来看（见图1-3），1955年，我国人均国民生产总值约为160美元，与低收入国家平均水平相同，略低于印度，高于其他低收入国家，但大大低于全球平均水平，以及日本和美国等发达国家。到1980年，我国人均国民生产总值290美元，略高于低收入国家平均水平（260美元），但仅相当于发展中国家平均水平的39.7%，中等收入水平国家的18.3%，全球平均水平的11.5%，日本的3.2%，美国的2.5%。也就是说，中华人民共和国成立后，我国国民经济经过30年的恢复和发展，成就较为显著，经济发展在低收入国家中居于较高水平，但远低于全球平均水平，且与美、日等发达国家的差距不断拉大。

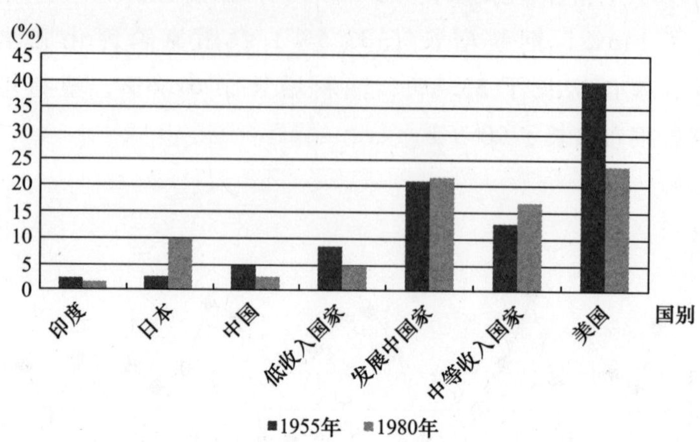

图 1－2　主要国家国民生产总值占全球份额

资料来源：《1982 年世界发展报告》。

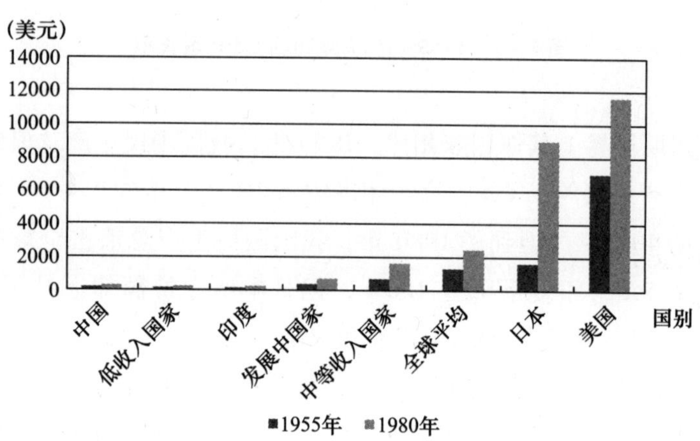

图 1－3　主要国家人均国民生产总值（1980 年不变价格）

资料来源：《1982 年世界发展报告》。

（二）片面发展重工业，产业结构失衡严重

中华人民共和国成立之初，我国还是一个落后的农业国，工业水平远远落后于其他发达国家。“一五”计划时期，党中央提出了优先

发展重工业战略，集中力量发展能源、原材料、机械等基础工业。到1957年，我国基本上建立起比较完整的工业体系，工业在国内生产总值中的比重也由1952年的17.6%提高至25.3%，农业在国内生产总值中的比重则由51.0%下降至40.6%，第三产业在国内生产总值中的比重则基本维持在28%左右。重、轻、农之比也由1952年的15∶28∶57上升为26∶31∶43。从1958年开始，我国进入第二个五年计划，经济发展被简单化为工业发展，工业发展被简单化为重工业发展，产业结构失衡进一步加重。在“大跃进”时期，重工业在工业总产值中的比重提高至58.5%，重、轻、农之比达到了52∶26∶22。针对“大跃进”时期国民经济结构出现严重失调，从1961年起，我国开始调整经济结构。轻、重工业比例由1960年的33.4∶66.6提高至1966年的49.0∶51.0，重、轻、农之比也转变为33∶31∶36，农业成为国民经济的主导产业。1966年之后，在“备战”思想的指导下，我国重工业又出现了新一轮快速发展，重、轻、农之比转变为36∶31∶33。1971年，地方出现了一个“大办五小”的工业化高潮，重、轻、农比例进一步失调。1976年，在“不太长时间内将国民经济搞上去”思想的影响下，我国产业结构更加严重失调，重、轻、农之比变为43∶32∶25。图1-4为1952—1976年我国三次产业结构走势。

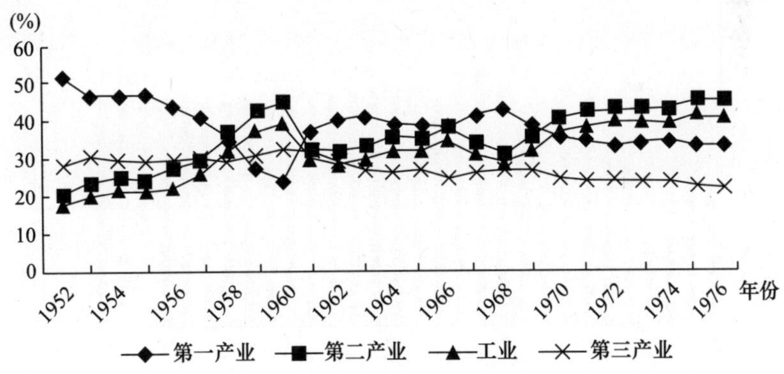

图1-4　1952—1976年三次产业结构变动趋势

资料来源：《中华人民共和国60年统计资料汇编》。

可以看出在“大跃进”“人民公社”“文化大革命”等运动的推动下，工业在国内生产总值中的比重逐渐提高至40%以上，农业则先降后升，到1976年又下降至32.9%。受生产资料单一公有制以及国家发展战略的影响，第三产业生产总值在国内生产总值中的比重一路下滑，到1976年，第三产业生产总值在国内生产总值中的比重由1952年的28.2%下降至21.9%。

（三）城市化进展缓慢，“文化大革命”时期甚至出现逆城市化现象

从城市化发展来看，1949—1978年我国城市化发展大致经历了两个阶段：第一阶段是1949—1960年，经济的迅速发展促进了城市化程度的稳步提高，我国城镇人口占全国人口的比重从1949年的10.6%提高到1960年的19.7%（见图1-5）。“一五”计划期间，我国设立了负责管理城市建设的专门机构，提出城市建设的方针和重点，对市镇建制进行了新的调整，城市建设取得较大成效。市建制由1949年的138个增加至1957年的177个，城镇人口也由1949年的4765万人增加至1957年的9949万人。1958—1960年“大跃进”时期，工业尤其是重工业建设高速发展，城市职工和人口快速增长，城

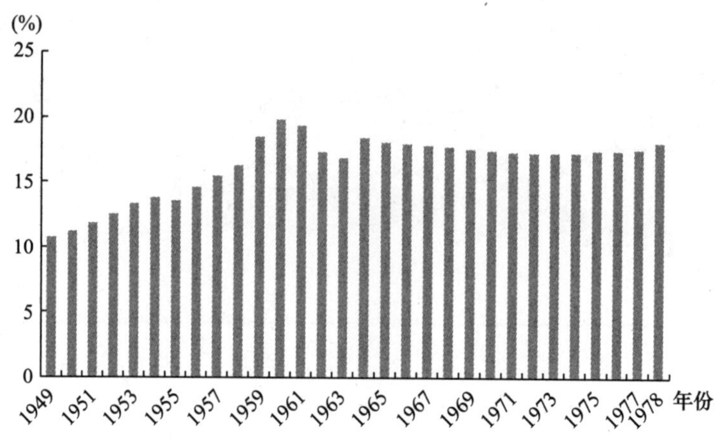

图1-5　1949—1978年我国城镇人口占比

资料来源：《中华人民共和国60年统计资料汇编》。

市化发展超越国力的可能，处于失控状态。这段时间内，各地纷纷制订了过高的城市建设规划，城市数量由177个增加至199个，城镇人口由9949万人增加至13073万人，城市人口占全国人口的比重也由15.4%上升到19.7%。

第二阶段是1961—1978年，在此阶段，我国城市化水平长期停滞不前，并间歇性地发生逆转。1978年城镇人口仅比1960年增加了4172万人，城镇人口所占比重较1960年下降了1.8个百分点。1961—1966年，因国民经济大调整，我国城镇人口的绝对数出现了先降后升的趋势。城镇人口由1960年的13073万人减少至1963年的11646万人，后又恢复和上升至13313万人，但城镇人口所占比重却由19.7%下降至17.7%。“文化大革命”期间经济建设遭受损失，产业结构不合理的问题更加突出，农业多年来发展缓慢，经济体制更加僵化，城乡分隔更加严重，这些都严重阻碍了城市化的发展。1978年城镇人口占全国总人口的比重为17.9%，与1966年基本持平，十多年城市化没有进展。

（四）受制于外交政策和国家关系的变化，我国对外贸易发展先后经历了仅对社会主义国家的单边贸易，到“文化大革命”后期的构建对外开放布局的历程

中华人民共和国成立之初，西方资本主义国家对我国采取敌视和封锁政策，使中华人民共和国自成立以来外部环境就不太乐观。在这种情形下，采取了“一边倒”的政策，对外贸易对象主要为苏联、东欧等社会主义国家，出口商品以农副产品等初级产品为主。1952年至20世纪50年代末，我国对社会主义国家的贸易额占全国对外贸易总额的比重一度达到70%以上，其中对苏联的贸易额约占到一半。50年代到60年代初，我国开始与亚非拉等国家签订政府间贸易协定，开展易货贸易、边境贸易、记账贸易、现汇贸易等灵活多样的进出口贸易，并向这些国家提供贷款或无偿援助。另外，我国还始终坚持内地对港澳地区长期稳定供货的贸易政策，并利用经港澳的转口贸易作为打破西方国家封锁的突破口。民间贸易是中华人民共和国成立之初开展与非建交国家贸易的主要方式之一，特别是在与苏联关系破裂之后，我国对外贸易的主要对象由苏联等社会主义国家开始转向日本、西欧等资本主义国家和地区，对西方国家的贸易额也逐年增加，到1965年，我国与西方国家贸易额占全部贸易额的比重上升到了50%以上。“文化大革命”早期，对外开放在极“左”思潮的影响下出现消极局面。70年代初，我国恢复了在联合国的合法席位，对外关系迅速改善，先后与日本、德国、美国等西方主要资本主义国家建交，对外贸易获得恢复和发展，西方国家在我国对外贸易中的地位迅速上升，出口商品结构进一步改善，技术引进取得了重大进展。

二　1949—1978年我国经济体制变革的历程与回顾

中华人民共和国成立之初，由于缺乏大规模社会主义建设的经验，以及当时所处的特殊困难的国际和国内环境等，我国学习和借鉴了苏联经济模式，建立了高度集中统一的计划经济体制。这种经济制度的特点是以指令性计划为主的计划体系，条条管理为主的宏观经济管理体系，政社合一、政企合一的微观经济模式。实行这种经济体制，在中华人民共和国成立初期经济落后而且处于帝国主义封锁包围的情况下开始建设社会主义是必要的，对于集中有限的人力、物力和财力以保证重点项目的顺利完成，对于有效地实行计划控制以保证国民经济的持续稳定发展，对于增加财政收入以保证市场物价稳定和人民生活的不断改善等，都起到了积极的作用。

但是，这种高度集中统一的经济制度存在很多弊端，如单一的公有制，超越了我国现实生产力发展水平；权力过于集中在中央，严重束缚了地方政府和企业的积极性；过分强调国家统一计划，而且直接计划的比重太大，忽视价值规律和经济杠杆作用；在劳动工资方面，形式过于简单划一，逐渐形成“铁饭碗”和“吃大锅饭”的制度。这种制度的弊端在我国建设初期经济规模还不大时并没有充分暴露。但随着我国社会主义改造的基本完成，特别是“一五”计划的提前完成，社会主义经济建设进入新阶段以后，经济发展的战略目标由单一化逐渐变为多样化，经济发展方式逐渐由外延型为主转到内涵型为主，生产的社会化与专业化程度有了较大提高，要求着重从提高劳动生产率来实现扩大再生产。

借鉴“后斯大林时代”的苏联改革经验，以毛泽东为首的中共中央对如何改革和完善我国社会主义经济体制进行了一系列探索。

（一）两次放权和收权改革

以毛泽东为核心的第一代中央领导对经济体制改革的设想主要集中在更多地发挥地方积极性的“行政性分权”改革，即下放权力，扩大地方和企业的自主权，激发它们的积极性、创造性。但改革仅是在计划体制上“实行分级管理”，把中央集中的一部分权力下放到地方，而且并没有很好地处理好中央和地方之间的关系，使“一管就死、一放就乱”的现象不断上演。

1. 第一次放权改革

为了改进经济体制，国务院于1956年5月至8月召开了一系列会议，研究体制问题，对当时存在的中央集权现象作了检查，对如何改进体制问题进行了讨论，提出了《关于改革国家行政体制的决议（草案）》。该草案经讨论和修改，于1957年开始实施。1957年9月召开的中共八届三中全会上，通过了《关于改进工业管理体制的规定》《关于改进商业管理体制的规定》和《关于改进财政管理体制的规定》。这三个指导经济体制改革规定的主要目标是：调整现有工商企业的隶属关系，把由中央直接管理的一部分工商企业下放给地方管理，扩大地方在物资分配、销售价格、利润分成等方面的权力；在保证完成国家计划的前提下，各企业有权自行调整生产计划。在计划管理方面，减少指令性指标，扩大企业主管人员对计划管理的职责。在财务管理方面，扩大地方和企业的财权，改进企业和财务管理制度。在人事管理方面，增加地方和企业的人事管理权限。

这次放权改革的目的在于减少中央决策僵化，调动地方积极性，改革的方向是明确的，对于调动地方和企业的积极性，发展地方工业，增加地方收入，也曾起到一定的积极作用。然而，由于此次改革是在“大跃进”和人民公社等环境中进行的，放权的内涵脱离了预期的设想。为了避免被扣上右倾的帽子，中央各经济主管部门争先恐后地虚化自己手中的管理权力，盲目地“为了放权而放权”。在短短两个月的时间里，中央各部所属的企事业单位从1957年的9300个减少到了1958年的1200个；中央直属企业的工业产值的比重由下放前的40%下降到了1958年的14%；统配和部管物资由1957年的530种减少到1959年的132种，减少了75%，国家计委管理的工业产品由300多种减少到了215种；中央财政与地方财政的权重比，由放权前的3∶1，逆转为放权后的1∶3；国家向企业下达的指令性计划指标由之前的12项减为4项。这种盲目放权成为各地区自发“大跃进”、大办工业的体制支持。由于对地方缺乏必要的约束，加之经济建设中的急躁情绪，过急过快的放权导致整个社会处于失控状态，经济运行出现空前的混乱。放权仅在中央和地方之间的权力分配上做文章，并没有真正放开企业的手脚，反而把企业的手脚捆得更紧，企业管理制度被破坏，不讲核算、不计盈亏，劳动生产率直线下降，企业效益急剧萎缩，甚至出现大面积亏损。1960年相比1957年，工业企业劳动生产率下降12%，产品不合格率提高了24.5%。在群众运动的冲击下，企业处于“生产无计划、管理无制度、岗位无职责、劳动无考勤、操作无规程、产品无标准、质量无检验、经济无核算、消耗无定额”的混乱状态。

2. 第一次收权整顿

为挽救危局、平衡产业比例、恢复经济秩序，1961—1965年，中央实施了“调整、巩固、充实、提高”的方针。从体制方面来看，调整的主要内容就是强调和实行高度的集中统一，克服无计划状态和分散主义。1961年中共中央先后发出了《关于调整管理体制的若干暂行规定》《关于当前工业问题的指示》，1965年国家计委、国家建委、财政部、物资部四个部门拟订的《关于改进基建计划管理的几项规定（草案）》《关于国家统一分配物资留给地方使用的几项规定（草案）》和《关于国营工业、交通企业财务管理的几项规定（草案）》由国务院颁布，将放得不适当的权力一律收回。这段时间国家收权整顿的措施主要包括：加强计划的集中统一管理，恢复中央计划的权威性；加强对基本建设的集中统一管理；收回一批下放不适当的企业；加强财政、信贷的集中统一管理；收回物资管理权，加强物资的集中统一管理；加强企业的科学管理；试办“托拉斯”，组建联合企业等。

中央的集权措施符合当时恢复和发展生产力的实际要求，对于加强宏观调控、完成调整国民经济任务起到了重要作用。这次改革实际上是重新强化了中央集权的经济管理体制，是向苏式计划经济的回归。

3. 第二次放权改革

收权整顿虽然一定程度上扩大了地方和企业的管理权限，有利于发挥地方和企业的积极性，但并没有真正解决好如何有效发挥中央和地方两个积极性问题。计划经济“一统就死”的弊端也再次暴露出来。1969 年 2 月，全国计划座谈会印发了《中央各部关于企业管理体制下放的初步设想》，提出反对“条条专政”的口号，第二次大规模的放权运动拉开帷幕。1970 年 3 月 5 日，国务院拟订了《关于国务院工业交通各部直属企业下放地方管理的通知（草案）》。通知要求国务院各部属企业、事业单位绝大部分下放给地方管理，少数由中央部和地方双重领导，以地方为主，下放工作要在年内完成。此后不到半年的时间里，在“下放就是革命、下放越多越革命”的口号下，包括大庆油田、长春汽车厂、开滦煤矿等关系国计民生的大型骨干企业在内的 2600 多个中央直属企业，全部下放给了各省、市、县自主经营，主管民用机械的一机部甚至连一个直属企业也没剩下。中央各民用部门的直属企业、事业单位（主要是高校和科研院所）由 1965 年的 10533 个减少到了 1970 年年末的 1674 个，央企占工业总产值的比重也由 42% 降低到了 6%。由中央统筹节制的统配和部管物资，也由 1966 年的 579 种减少到了 1972 年的 217 种，减幅达 60%。

权力的下放，调动了地方经济建设的积极性，全国出现了一个经济“跃进”高潮。然而，由于这次放权是在“文化大革命”混乱的政治环境中进行的，在战备的要求下又显得过快、过急，因此带有较大的盲目性。放权打乱了原有的协作关系，削弱了国家的集中统一管理。在“文化大革命”的大气候下，企业生产只能让位于政治运动，纷纷“停产闹革命”，连正常的生产秩序都难以保障，遑论经济效益的实现和提高了。

4. 第二次收权整顿

1971 年“九一三事件”后，周恩来、李先念领导的国务院重新掌握了经济工作的领导权，立即着手进行了两年的经济“整顿”。整顿的核心思想就是再次“收权”，这集中体现在《1971 年全国计划会议纪要》和国家计委起草的《关于坚持统一计划，加强经济管理的规定》中。两个文件强调：加强中央计划工作，整顿企业管理，恢复岗位责任制、经济核算制、考勤制度、技术操作规程、质量检验制度、安全生产 7 项重要的规章制度。同时，批判了极“左”思潮，反对无政府主义和“空头政治”，要求恢复计划的统一管理，加强经济宏观控制，强调综合平衡，反对各行其是，严控基建规模，调整国民经济结构。要求严格执行物资分配计划和订货合同，不准随意中断协作关系，中央下放的大中型企业不准再层层下放，企业要强化经济核算，加强劳动纪律，严禁乱上项目。中央集中控制职工总数和工资总额，地方无权自定。坚持按劳分配原则，恢复物质激励，推广计时工资和计件工资。

1975 年初，邓小平着手进行整顿。他以恢复铁路运输秩序为突破口，对濒临崩溃的国民经济进行“全面整顿”。整顿的指导思想依然是收紧经济管理权，加强中央集权，强调集中统一，反对宗派主义，反对“树山头、垒山头”，坚决处理“闹派性的坏头头”，重树中央计划权威，恢复计划经济秩序。全面整顿取得了立竿见影的效果。但随着邓小平第三次被打倒，经济整顿工作被迫再次夭折。“四人帮”疯狂反扑，倒行逆施，各级计划管理机构纷纷受到冲击，再次陷入瘫痪，整个国民经济也随之再次陷入晦暗不明的蹉跎时期。

（二）对所有制制度的改革

十一届三中全会以前，受苏联模式以及对建设社会主义实践经验的缺乏，我国对非公有制经济的认识经历了一个曲折的探索过程，有关政策的制定与实施也几经反复。

1. 1949—1952 年利用和限制政策

中华人民共和国成立之初，在外部被封锁，内部百废待兴的形势下，正确对待为数众多的非公有制经济，继续发挥它们在经济建设中的积极作用，是恢复和发展国民经济的关键所在。为此，《中国人民政治协商会议共同纲领》明确了各种经济成分在国家经济生活中的地位和作用，提出要充分利用和发挥以私人资本为主的非公有制经济对国计民生的积极作用，以推动国民经济整体的恢复和发展。同时，对其不利于国计民生的一面加以限制，把非公有制经济纳入正确的发展轨道。做到“公私兼顾”“劳资两利”，最终达到发展生产、繁荣经济的目的。使各种社会经济成分在国营经济领导之下，分工合作，各得其所，以便促进整个社会经济的发展。据统计，1949—1952 年，我国私人资本主义工业厂家由 12. 3 万户增加到 15. 0 万户，增长 22%，职工人数由 164. 4 万人增加到 205. 7 万人，增长 25%。工业总产值由 68. 3 亿元增加到 105. 3 亿元，增长 54%。

2. 1953—1956 年对个体、私营经济进行社会主义改造

过渡时期，党和国家领导人提出了要逐步实现对农业、手工业和资本主义工商业的社会主义改造的总路线，其实质就是使生产资料的社会主义所有制成为我国国家和社会的唯一的经济基础。在这一路线的指导下，我国通过合作化的方式对个体经济进行了社会主义改造，确立了公有制经济在中国社会经济中的主体地位，整个国民经济从此纳入了计划经济的轨道。

3. 党的八大前后将非公有制经济作为公有制经济的补充

由于非公有制经济在当时的历史条件下还具有与生产力相适应的一面，私有制的过早废除显然不利于解放和发展社会生产力，对经济建设产生了许多不良影响，也给群众的生活带来了诸多不便，引起了群众的不满。针对社会主义公有制建立以后出现的各种问题，在党的八大前后，毛泽东同志对社会主义所有制结构模式进行了积极的探索，提出在国营经济和集体经济已经在国民经济中占主导地位的前提下，适当保存和发展一些私营经济和个体经济，并引进华侨投资，作为公有制经济的补充，初步形成了构建以公有制为主体，多种所有制

形式并存的所有制模式的设想。然而，随着内外形势的急剧变化，毛泽东等人发展个体、私营等非公有制经济的思想又一次被放弃。1958年4月2日，在中共中央《关于继续加强对残存的私营工业、个体手工业和对小商小贩进行社会主义改造的指示》中明确指出：对于残存的私营工业、个体手工业和小商小贩，我们的方针是要将他们一律管起来，不允许他们未经登记进行非法经营；凡是经过审查允许继续经营的，必须加强监督和管理，取缔他们的投机违法行为。

4. 调整时期放宽对个体经济的政策

由于经济形势的严峻，为了尽快克服困难，恢复经济，党和政府适当放宽了对城乡个体经济的政策，尤其是在农村中适度放宽了对自留地、家庭副业、集市贸易等方面的限制，从而使个体经营得到了一定程度的发展。1961—1962年，在我国农村，群众创造并实行了包产到户这种比较符合农村生产力水平的农业生产责任制。然而，由于党内对这一形式发展存在争议，在中共八届十中全会上，包产到户被作为“单干风”进行了批判。

5. 1962—1978年非公有制经济被取缔

以中共八届十中全会为转折点，党的非公有制经济政策发生了根本性的变化，在以阶级斗争为纲的政治氛围中，私营经济被视为社会主义的异己势力而予以消灭，基本上荡然无存。残存的个体经济也被作为资本主义的自发势力予以取缔。

（三）农村改革

1949—1978年，我国农村改革主要是以土地制度的变革为主轴，致力于解放和发展农村社会生产力。然而，由于我国长期实行城乡分治的二元战略，农村发展服务于城市发展，使我国农村发展长期落后于城市发展，延缓了农村城市化、现代化进程，而且造成了工业化与城市化的脱节。

1. 1949—1957年的农村发展政策

在国民经济恢复和“一五”计划期间，我国先后通过土地改革和农业合作化的方式，实现了农村土地私有化向土地集体化所有的改造。然而，随着党的工作重心由农村向城市的转移，以及优先发展重工业战略的提出，我国对主要农业实行了“统购统销”政策，从农民提取剩余，导致我国农业、工业比例严重失衡。1956 年，毛泽东在《论十大关系》中指出要处理好重工业和轻工业、农业的关系。1957 年 10 月，在中共八届三中全会上，毛泽东再次讲到农业与工业的关系，指出在优先发展重工业的条件下，“必须实行工业与农业并举，逐步建立现代化的工业和现代化的农业”。

2. 1958—1966 年的农村发展政策

在这段时期内，我国实行了工农并举的战略。推出了户籍管理制度，对一切从事农业生产、有农业收入的单位和个人征收统一的农业税，完善了粮食统购统销制度；建立了人民公社制度。人民公社既是农业集体经济组织，又是国家政权在农村的基层组织。这种制度实行高度公有化的单一的所有制，限制和逐步消灭商品，产品实行供给与工资制相结合的分配制度，逐步取消社会分工，生活集体化，家庭劳动社会化，具有封闭、自给的自然经济特点。通过人民公社体制，我国基本废除了土地私有制，形成与社会主义公有制相适应的新的土地保障功能，确立了“集体 + 土地”农村社会保障模式。然而，由于人民公社制度很大程度上限制了生产队对资源的有效配置和合理利用，挫伤了农民的积极性，导致我国农村经济一直萧条。

3. 1967—1978 年的农村政策

“文化大革命”期间，受“左”倾思想以及备战战略的影响，基础工业和国防工业通过抓三线建设的方式占据经济战略主导地位，农业不得不暂时让位，农业在曲折中缓慢发展。“文化大革命”时期，农村“三级所有，队为基础”体制受到冲击，“穷过渡”被推行，以生产队为核算单位过渡到以大队为核算单位，并且将原来由于生产条件、经济发展不平衡形成的穷队、富队在分配上强行拉平。减少或取消自留地，限制甚至消灭社员的家庭副业，关闭农村集市贸易，实行“工分挂帅”“物质刺激”的分配机制。

（四）对外开放关系

由于国内外复杂形势的不同，加上中国共产党对社会主义建设和对外开放的认识还处在不断探索的阶段，因此对外开放在改革开放前既有大的发展时期，也有曲折发展的低潮时期。

1. 1949—1956 年过渡时期的对外开放

由于美帝国主义的经济封锁，使中华人民共和国自成立以来外部环境就不太乐观。在这一情形下，党中央一方面采取了“一边倒”的政策，争取了苏联的资金及技术的援助；另一方面争取与其他国家合作的机会，先后与瑞典、丹麦、瑞士、芬兰、挪威、列支敦士登、英国、荷兰八国建立了外交关系，并鼓励先通过民间贸易与未建交的国家互通有无。另外，我国还积极争取同周边各国交流和合作的机会，与社会主义阵营中的亚洲国家签订了经济文化合作协定，并向这些国家提供了无偿经济援助、无息贷款和优惠低利率贷款，同时还帮助其建设工业及农业项目，派技术人员去他们国家进行工作指导等。随着我国经济建设的恢复与发展，援助行动涉及整个亚洲的落后国家，同时还扩大到了非洲、东欧和拉美国家，活动内容也进一步深化。

2. 1956—1966 年的曲折开放

1956 年之后，中苏关系逐渐恶化，到 1960 年，中苏关系破裂，中苏之间的贸易往来也随之急剧萎缩，贸易额大大下降。另外，由于以美国为首的帝国主义国家对我国的经济封锁仍在继续，许多国家不敢与我国建交，我国对外开放局面恶化。在这一严峻形势下，我国始终坚持在不丧失主权和平等互利的立场上同每个国家交往，摆脱控制，突破封锁，积极争取与日本、西欧等国家和地区往来。1960 年，我国与意大利和奥地利达成了互设贸易机构的协议。1962 年，在前产业通商大臣高崎达之助的努力下，中日两国签订了《中日长期综合贸易备忘录》，中日贸易重新展开。1964 年中法建交，开启了其他国家与我国建交的热潮，为我国同更多西欧国家的经济交流和对外贸易提供了机会。我国与西欧国家的贸易额逐年上升，并替代苏联，成为我国主要的贸易对象。除了试图和发达的西方资本主义大国交往之外，我国还十分重视同非洲和拉丁美洲国家之间的交流，并采取了经济援助、工程援建、专家支援等方式帮助这些国家恢复国民经济建设。

3. 1966—1976 年“文化大革命”时期对外开放

“文化大革命”时期，我国对外开放呈现出两种截然相反的局面，在“文化大革命”早期，受极“左”思潮的影响，对外开放活动被认为是向资本主义低头，反对各国反动派的斗争被提高到了不应该有的高度，对外开放进程受到了巨大的阻碍，我国对外贸易额在 1966—1969 年间呈下降趋势。1969 年，我国开始了调整和改善对外关系，中苏关系缓和，中美关系改善，带动了与我国的建交高潮。1971 年，我国在联合国的合法席位得到恢复。1972 年中日建交，使中日之间的贸易从民间往来扩展到了官方领域，为中日的贸易往来开启了新的篇章。中美关系的缓和还直接推动了中国同西欧、北美以及西南太平洋地区许多国家关系的发展，为中国的对外开放起到了实质性的推动作用。

三　十一届三中全会前我国经济建设中存在的主要问题

（一）对社会主义建设时期的主要矛盾缺乏正确的认识，始终坚持“以阶级斗争为纲”

在社会主义建设的实践中，一直存在两个中心的问题，一个中心是经济建设，另一个中心是阶级斗争。社会主义改造完成之后，党的八大明确指出社会主义的基本矛盾已不再是无产阶级和资产阶级的矛盾，而是人民对于建设先进工业化国家的要求同落后农业国的现实之间的矛盾，是人民对于经济文化迅速发展的需要同不能满足这种需要之间的矛盾。八大还确定了党和全国人民的主要任务是集中力量发展社会生产力。但是，从 1957 年“反右派”后，阶级斗争的主张再次浮现出来。中共八大二次会议正式改变了中共八大一次会议关于我国主要矛盾的论断，提出在社会主义建成之前，无产阶级和资产阶级之间的斗争，社会主义道路同资本主义道路的斗争始终是我国内部的主要矛盾。于是，一切工作“以阶级斗争为纲”，大搞政治运动，企图从政治上寻找出路，以此推动社会的进步和发展。特别是“文化大革命”期间，更是达到了顶点，用政治斗争冲击一切，代替一切，大批所谓“唯生产力论”，极为严重地破坏了国民经济的正常发展，使国民经济几乎到了崩溃的边缘。

（二）计划经济体制本身的弊端逐渐显现，多次改革只是对原有体制的修补

传统社会主义经济体制的基本特征，是以国家为主体的行政化、命令化的计划经济体制。它包括所有制结构、管理体制、计划体制、分配体制、经济发展战略、对外关系等内容。主要表现为：单一的公有制经济形式，分为全民所有制和集体所有制；高度集权的管理体制，经济决策高度集中于中央；高度集中的计划经济制度，一切经济活动都要在国家统一计划的指导下运行；单一的按劳分配制度，实行等级工资制和劳动工分制；优先发展重工业和粗放型经济发展战略；封闭、半封闭的对外关系模式。这种经济体制能在最短的时期内，最大限度地调动、集中和配置各种社会资源，在特定的历史时期和特定的条件下取得令人瞩目的成就。但随着国民经济的恢复，经济规模的逐步扩大，经济发展目标逐渐多元化，这种体制的弊端也开始逐渐显现。决策权高度集中，使整个经济陷入“一管就死、一放就乱”的怪圈中；排斥商品、商品经济和市场经济，把计划经济等同于社会主义，把市场经济等同于资本主义；以高度集中和行政命令为特点的经济管理体制，造成运行机制的僵化、老化，造成资源的巨大浪费；封闭、半封闭的对外关系模式，使技术、管理方法远远落后于时代；优先发展重工业和粗放型经济发展战略，造成经济结构发展不平衡，国民经济比例严重失调等。

针对这些问题，我国进行了多次改革，但这些改革措施都是在以公有制为唯一的经济基础、以计划经济管理支配整个经济社会生活为目标的基本框架内进行修补或调整。毛泽东等虽然发现了“统得过死”的弊端，但他们主要关注的还是中央与地方的关系，只考虑到要调动地方的积极性，提出改革经济管理体制的思路并没有超出计划经济体制的框架，仅是在计划体制上“实行分级管理”，把中央集中的一部分权力下放给地方，是在体制内的改革。在所有制结构上，虽然曾提出过要允许非社会主义经济成分的存在，但又片面追求纯而又纯的所有制形式。改革的最终结果是计划经济体制被不断地强化和固化。到改革开放之前，计划经济体制的三大支柱并没有发生变化，这一体制的基本面也没有变，如单一的公有制、行政指令性计划占主体、强调分配上的平均主义、强调精神鼓励手段、强调经济上的自给自足等，见表1－1。

表1－1　　我国不同时期的经济发展模式

时期	经济发展模式
“一五”期间	生产资料单一公有制 重工业优先发展战略 自上而下指令性决策方式，决策权主要集中在中央 缺乏一定的物质要素激励
“大跃进”时期	力争高速发展的赶超战略 工农业同时并举的全面增长战略 单一公有制 决策权下放至各省、市、自治区以及以下地方 通过群众运动和政治激励的方式促进经济发展
调整时期	调整管理体制，强调集中和统一 以农业为基础，工业为指导的战略原则 强调市场调节的辅助作用 实行党委领导下的厂长负责制 按劳分配，恢复计件工资制和奖金制
“文化大革命”时期	生产资料公有制升级 管理权限进一步下放

四　十一届三中全会的主要内容：改革与开放成为主题

（一）重新确立了实事求是的马克思主义思想路线

十一届三中全会冲破了党的指导思想上存在的教条主义和个人崇拜的严重束缚，坚决批判和否定了“两个凡是”的错误方针，高度评价了关于真理标准问题的讨论，指出实践是检验真理的唯一标准是党的思想路线的根本原则，从而重新确立了马克思主义的实事求是的思想路线。会议在充分肯定毛泽东同志在我国长期革命斗争中的巨大作用的同时，着重强调要从科学体系上掌握和运用毛泽东思想，不能一切照搬照抄，不能搞“两个凡是”。会议指出：党中央在理论战线上的崇高任务，就是领导、教育全党和全国人民历史地科学地认识毛泽东同志的伟大功绩，完整地、准确地掌握毛泽东思想的科学体系，把马列主义、毛泽东思想的普遍原理同社会主义现代化建设的具体实践结合起来，并在新的历史条件下加以发展。

（二）停止使用“以阶级斗争为纲”的口号，做出了把工作重点转移到社会主义现代化建设上来的战略决策

会议指出，中华人民共和国成立之初，党就要求各项工作必须以发展生产力为中心。党的八大确定要以在新的生产关系下保护和发展生产力为主要任务。但之后，由于对社会主义建设缺乏经验，工作指导上发生了一些缺点和错误，妨碍了党的工作重心转变的完成。目前，我国实行全党工作重心转变的条件已经具备，因此，我们应当适应国内外形势的变化，及时地、果断地结束全国范围大规模的揭批林彪、“四人帮”的群众运动，把全党工作的重点和全国人民的注意力转移到社会主义现代化建设上来。

（三）做出了实行改革开放的决策，启动了农村改革的进程

会议指出，现在我国经济管理体制的一个严重缺点是权力过于集中，应该有领导地大胆下放，让地方和工农业企业在国家统一计划的指导下有更多的经营管理自主权；应该着手大力精简各级经济行政机构，把它们的大部分职权转交给企业性的专业公司或联合公司；应该坚决实行按经济规律办事，重视价值规律的作用，注意把思想政治工作和经济手段结合起来，充分调动干部和劳动者的生产积极性；应该在党的一元化领导之下，认真解决党政企不分、以党代政、以政代企的现象，实行分级分工分人负责，加强管理机构和管理人员的权限和责任，减少会议公文，提高工作效率，认真实行考核、奖惩、升降等制度。采取这些措施，才能充分发挥中央部门、地方、企业和劳动者个人四个方面的主动性、积极性、创造性，使社会主义经济的各个部门各个环节普遍地蓬勃地发展起来。

会议在讨论1979年、1980年两年的国民经济计划安排时，提出了要注意解决国民经济重大比例失调，搞好综合平衡的要求。会议还讨论了农业问题，认为农业这个国民经济的基础就整体来说还十分薄弱，只有大力恢复和加快发展农业生产，才能提高全国人民的生活水平。提出当前发展农业的一系列政策措施，其中最重要的是：人民公社、生产大队和生产队的所有权和自主权必须受到国家法律的切实保护；不允许无偿调用和占有生产队的劳力、资金、产品和物资；公社各级经济组织必须认真执行按劳分配的社会主义原则，按照劳动的数量和质量计算报酬，克服平均主义；社员自留地、家庭副业和集市贸易是社会主义经济的必要补充部分，任何人不得乱加干涉；人民公社要坚决实行“三级所有、队为基础”的制度，稳定不变；人民公社各级组织都要坚决实行民主管理、干部选举、账目公开。会议认为，在今后一个较长时间内，全国粮食征购指标继续稳定在1971—1975年“一定五年”的基础上不变，绝对不许购过头粮。为了缩小工农业产品交换的差价，建议国务院做出决定，粮食统购价格从1979年夏粮上市的时候起提高20%，超购部分在这个基础上再加价50%，棉花、油料、糖料、畜产品、水产品、林产品等农副产品的收购价格也要分情况逐步作相应的提高。农业机械、化肥、农药、农用塑料等农用工业品的出厂价格和销售价格，在降低成本的基础上，在1979年和1980年降低10%—15%，把降低成本的好处基本上给农民。农产品收购价格提高以后，一定要保证城市职工的生活水平不致下降。粮食销价一律不动；群众生活必需的其他农产品的销价，也要坚决保持稳定；某些必须提价的，要给予消费者以适当补贴。会议还讨论了加强农业科学教育、制定发展农林牧渔业的区域规划、建立现代化的农林牧渔业基地、积极发展农村社队工副业等重要问题，决定采取相应的措施。

会议通过了《中共中央关于加快农业发展若干问题的决定（草案)》和《农村人民公社工作条例（试行草案)》，这个文件在经过修改和充实之后正式发布，接着一些重要的农业方面的文件相继制定和发布施行，有力地推动了农村改革的进程。

（四）恢复了党的民主集中制的传统

会议讨论并着重提出了健全社会主义民主和加强社会主义法制的任务。根据党的历史经验，健全党的民主集中制，健全党规党法，严肃党纪；全体党员和党的干部，人人遵守纪律，是恢复党和国家正常政治生活的起码要求；强调党中央和各级党委要加强集体领导。会议针对“文化大革命”及其以前党和国家政治生活遭到破坏的情况，指出：必须有充分的民主，才能做到正确的集中。在人民内部的思想政治生活中，只能实行民主方法，不能采取压制、打击手段。宪法规定的公民权利，必须坚决保障，任何人不得侵犯。为了保障人民民主，必须加强社会主义法制，使民主制度化、法律化，使这种制度和法律具有稳定性、连续性和极大的权威，做到有法可依，有法必依，执法必严，违法必究。

五　对十一届三中全会的历史评价：伟大的转折

十一届三中全会是社会主义实践遭受严重挫折的背景下，在“文化大革命”结束后我国该何去何从的重大历史关头做出的抉择。这次会议在20世纪的中国历史上、在中国共产党的历史上具有极其伟大的历史转折意义，它把中华人民共和国成立以来长期忽视的经济建设问题放到了国家发展的中心位置，并且从思想上、组织上对“文化大革命”的路线作了更彻底的清理，为我国的改革开放政策的实施统一了认识、指明了方向。

关于对十一届三中全会的评价，采用得最多的说法是“伟大的转折”和“开创了社会主义建设的新时期”等。各种评价见于党的各种会议、文件和党的主要领导人的报告、讲话和谈话中。

十一届六中全会通过的《关于建国以来党的若干历史问题的决议》首次对十一届三中全会进行了全面评价，指出十一届三中全会是中华人民共和国成立以来我党历史上具有深远意义的伟大转折。

十二大报告中，则采用了“历史性的伟大转变”来评价十一届三中全会。

1993 年 12 月 26 日，江泽民在毛泽东诞辰一百周年记念大会上，将《关于建国以来党的若干历史问题的决议》中的“建国以来”延伸至党的整个历史，指出十一届三中全会“是党的历史上具有深远意义的伟大转折”。

在党的十四届六中全会上，江泽民进一步提出十一届三中全会“开创了我国社会主义事业的新时期”。

1997 年 2 月 25 日，江泽民在邓小平同志追悼大会上所致的悼词中，在“伟大转折”的定语中增加了“国家”，指出十一届三中全会“标志着建国以来党和国家历史的伟大转折，开辟了改革开放和集中力量进行社会主义现代化建设的历史新时期”。

1998 年 12 月 18 日，在纪念党的十一届三中全会召开 20 周年大会的讲话中，江泽民指出 1978 年 12 月召开的十一届三中全会，是一次很不寻常的会议：十一届三中全会是中华人民共和国成立以来我党历史上具有深远意义的伟大转折。党在思想、政治、组织等领域的全面拨乱反正，是从这次全会开始的。伟大的社会主义改革开放，是由这次全会揭开序幕的。建设有中国特色社会主义的新道路，是以这次全会为起点开辟的。当代中国的马克思主义—邓小平理论，是以这次全会前后开始逐步形成和发展起来的。十一届三中全会是一个光辉的标志，它表明中国从此进入了社会主义事业发展的新时期。

2001 年 8 月 31 日，江泽民在国防大学军队高级干部理论研讨班上的讲话中，对十一届三中全会的评价为：在邓小平同志支持和推动下，我们党停止使用“以阶级斗争为纲”的口号，在全国范围内开展关于真理标准问题的大讨论，冲破“两个凡是”的禁锢，重新确立了实事求是的思想路线，决定实行改革开放的新政策，实现党和国家工作重心的转移。这是全党思想的一次大解放，也是党的理论的一次重要创新，为开辟社会主义事业发展的新时期起到了至关重要的作用。

2004 年 8 月 22 日，胡锦涛在邓小平同志诞辰一百周年纪念大会上的讲话中，沿用了江泽民同志 1997 年在邓小平同志追悼大会上的提法。

2008 年 5 月 8 日，胡锦涛在日本早稻田大学演讲时，使用了从 1978 年到现在，中国人民毅然决然地踏上“改革开放的伟大征程”，“开始了新的历史条件下新的伟大革命”的提法。

2008 年 6 月 23 日，胡锦涛在中国科学院第十四次院士大会和中国工程院第九次院士大会上的讲话中，除继续重申以往的提法外，又增加了“也迎来了科学的春天”的提法。

2008 年 12 月 18 日，胡锦涛在纪念党的十一届三中全会召开 30 周年大会上讲话中指出：党的十一届三中全会是在党和国家面临向何处去的重大历史关头召开的。这次会议，实现了中华人民共和国成立以来我们党历史上具有深远意义的伟大转折，开启了我国改革开放历史新时期。从此，党领导全国各族人民在新的历史条件下开始了新的伟大革命。党的十一届三中全会标志着我们党重新确立了马克思主义的思想路线、政治路线、组织路线，标志着中国共产党人在新的时代条件下的伟大觉醒，显示了我们党顺应时代潮流和人民愿望、勇敢开辟建设社会主义新路的坚强决心。从十一届三中全会开始，党和国家又充满希望、充满活力地踏上了建设社会主义的新征程。

参考文献

[1] 武克全：《论党的十一届三中全会的伟大转折意义》，《学术月刊》1998 年第 1 期。

[2] 舒文、郑瑞君、王宜放：《论十一届三中全会实现党的工作重点转移及其意义》，《清华大学学报》（哲学社会科学版）1998 年第 4 期。

[3] 赵凌云：《1949—2008 年中国传统计划经济体制产生、演变与转变的内生逻辑》，《中国经济史研究》2009 年第 3 期。

[4] 曾丽雅：《党在十一届三中全会之前的经济改革》，《中国井冈山干部学院学报》2013 年第 5 期。

[5] 苏少之：《1949—1978 年中国城市化分析》，《当代中国史研究》1999 年第 2 期。

[6] 朱面林：《1949—1978 年中国居民生活水平的历史评价》，《当代中国史研究》2014 年第 2 期。

[7] 吕书正：《1956—1978 年中国经济社会发展的国际比较》，《首都师范大学学报》（社会科学版）2003 年第 1 期。

[8] 张涛：《十一届三中全会之前中国经济发展模式的回顾和评价》，《北京党史研究》1996 年第 5 期。

[9] 瞿商：《我国计划经济体制的绩效（1957—1978）——基于投入产出效益比较的分析》，《当代中国史研究》2008 年第 1 期。

[10] 姚洋、郑东雅：《重工业与经济发展：计划经济时代再考察》，《经济研究》2008 年第 4 期。

[11] 孙圣民：《工农业关系与经济发展：计划经济时代的历史计量学再考察》，《经济研究》2009 年第 8 期。

[12] 向新、苏少之：《1957—1978 年中国计划经济体制下的非计划经济因素》，《当代中国史研究》2002 年第 9 期。

[13] 曲青山：《关于中国共产党对十一届三中全会的评价研究》，《中共党史研究》2011 年第 4 期。

[14] 陈甫军：《从计划到市场——中国经济体制改革的选择》，福建人民出版社 1999 年版。

第二章　十二届三中全会

——从商品经济开始

中国共产党第十二届中央委员会第三次全体会议（以下简称“十二届三中全会”）于1984年10月20日在北京召开，此次会议形成了《中共中央关于经济体制改革的决定》（以下简称《决定》），首次提出社会主义市场经济是“公有制基础上的有计划的商品经济”。从理论上对“计划”的范围和方向进行了限定，并突出了社会主义经济是“商品经济”的本质。此次会议的胜利召开，将改革的进程从农村推向城市，成为中国经济体制迈向社会主义市场经济的一个关键性理论基石。

一　历史背景：农村包围城市

改革开放五年来，农村经济活力明显增强，但城市部门的改革较为滞后，呈现“农村包围城市”之势。党的十一届三中全会把党和国家的工作重心转移到经济建设上来，我国的经济发展出现了前所未有的活力，尤其是农村改革的突破，极大地促进了农业的生产，推动了农村的发展，粮食总产量由1977年的28272.5万吨增长到1984年的40730.5万吨；农业总产值由1977年的1018.2亿元增长到1984年的2380亿元；1986年农村居民消费水平达到283元，它是1977年农村居民消费水平的2.2倍。① 而城市管理体制改革虽然有所进展，但是

① 国家统计局国民经济综合统计司编：《中华人民共和国五十五年统计资料汇编（1949—2004）》，中国统计出版社2005年版。

相当缓慢，基本上沿袭旧有体制运转，弊病很多，主要有政企不分，条块分割，单靠行政手段和指令性计划管理经济，分配中的平均主义很严重。[①] 另外，农民的增产增收，也急需良好的农产品流通渠道和农产品交易市场，而城市部门条条框框的限制却制约了农村经济的进一步发展。可以说，旧的城市经济体制严重制约了社会的发展，改革迫在眉睫。

改革开放以来的实践和认识，为十二届三中全会提供了充足的理论准备。农村部门翻天覆地的变化，使得社会主义市场经济的活力在某种程度上得到认可，为改革的推进提供了较为积极的教材。特别是十一届三中全会形成了一系列重大理论成果，对于中国未来举什么样的旗帜、走什么样的道路形成了较为统一的认识，为中国政治、经济、社会、对外开放等领域的健康发展起到了重要作用。在认识市场的功能方面，十一届三中全会之后的重要实践就包括重新认识市场主体和探索政府经济活动的边界。企业的性质在这一过程中得到重新认识，其中最核心的一步探索就是对社会主义国家的企业进行"放权让利"的改革试点，继之以经济责任制、利改税等改革。在增加企业经营自主权的同时，也增强了企业员工的生产积极性，为培育能够适应新的生产关系的市场主体奠定了良好的基础。这个时期的经济社会发展趋势和中国的改革方向呼吁着"计划经济为主，市场调节为辅"的市场经济理论诞生，而十二届三中全会的整个议题以及随后的改革实践必将对时代的要求发出响应。

二　核心部署及改革方向：有计划的商品经济

1984 年 10 月 20 日在北京召开的党的十二届三中全会，一致通过了《中共中央关于经济体制改革的决定》（以下简称《决定》），首次

① 高尚全：《〈中共中央关于经济体制改革的决定〉出台前后》，《炎黄春秋》2014 年第 10 期。

提出社会主义经济是“公有制基础上的有计划的商品经济”，极大地限制了指令性计划的作用范围，并强调计划要依靠经济杠杆的作用和价值规律的调节，彰显了社会主义经济的商品经济属性，从根本上撼动了过去高度集中的计划经济体制根基。“有计划的商品经济”首次突破了只有指令性计划才是社会主义的思想樊篱，不仅是经济学理论上的一个重大创新，也是推动中国经济向社会主义市场经济迈进的一个关键向导。《决定》对改革的背景和目的做出了全面系统阐述，认为经济体制改革是当时我国形势发展的迫切需要，目的是建立充满生机的社会主义市场经济体制。这一目的的实现，具体措施包括：以增强企业活力为改革的中心环节，在计划手段中要自觉运用价值规律、发展商品经济，建立合理的价格体系、充分重视经济杠杆的作用，政企职责分开、正确发挥政府机构管理经济的职能，建立多种形式的经济责任制、认真贯彻按劳分配原则，发展多种经济形式、扩大经济技术交流，重视人才，加强党建等。

《决定》的颁布，开创了我国以城市改革为重点的经济体制改革时期。邓小平同志给予该《决定》高度的评价：这个决定，是马克思主义的基本原理和中国社会主义实践相结合的政治经济学。① 从十二届三中全会之后经济领域的改革实践来看，这次全会的《决定》的确起到了纲领性的作用。城市经济体制改革以搞活国有企业为中心，逐步扩大企业自主权，实行承包制、租赁制、股份制，不断探索政企分开、实现企业所有权和经营权的分离，逐步使企业成为自主经营、自负盈亏的市场主体，并且鼓励多种所有制经济共同发展。同时，围绕着改变计划管理体制，构建市场化的流通体制，全方位的经济体制改革也开始展开。价格体系改革由双轨制逐步走向闯关，工资制度改革按照按劳分配的原则进行，打破平均主义。中央与地方关系也随之调整，统收统支的财政体制变为多种形式的财政包干制，税制也由单一税变为复合税。

---

① 中共中央文献研究室编：《邓小平年谱（1975—1997）》，中央文献出版社 2004 年版，第 1006 页。

三　重点领域及改革成就

1. 国有企业改革

在改革开放初期，国务院连续颁布了《关于扩大国营工业企业经营管理自主权的若干规定》《关于国营企业实行利润留成的规定》《关于开征国营工业企业固定资产税的暂行规定》《关于提高国营工业企业固定资产折旧率和改进折旧费使用办法的暂行规定》《关于国营工业企业实行流动资金全额信贷的暂行规定》5个文件。这5个文件构成了改革开放以来关于国营企业改革的第一批文件，这些文件规定内容的落实，对各地的企业自主权的扩大起到了极大的促进作用，并取得了很好的成效。1984年，国务院颁布了《关于进一步扩大国营工业企业自主权的暂行办法》，提出国有企业可以在生产经营计划、产品销售和定价、物资采购、资金使用、人事安排等10个方面享有自主权。1985年9月，国务院颁布了《关于增强大中型国营工业企业活力若干问题的暂行规定》，提出搞活国营企业，发挥企业自主功能的14条措施。1988年4月，七届人大一次会议通过并颁布了《中华人民共和国全民所有制工业企业法》，用法律的形式肯定了企业的自主权。

在扩大企业自主权的同时，推行承包经营责任制。这种承包经营责任制，首先在首都钢铁公司、第一汽车制造厂、第二汽车制造厂、攀枝花钢铁公司等大型企业进行试点。这些企业试行承包经营责任制后，活力不断增强，上缴利润年年增加。很快，冶金、煤炭、石油、化工、邮电、有色金属等行业都引入承包经营责任制，并取得了很好的经济效益。鉴于此，1986年12月，国务院下发了《关于深化企业改革增强企业活力的若干规定》，提出要推行各种形式的经营责任制，给经营者充分的经营自主权。此后，承包经营责任制在大中型企业中推行起来。到1987年，建立了承包经营责任制的国营企业达到8843家，占国企总数的77.6%。1987年，实行承包的国企完成产值2452

亿元，同比增长11%，实现销售收入2797亿元，同比增长14.8%，上缴国家财政收入同比增长4.7%。1987年3月召开的六届全国人大五次会议，第一次明确肯定了承包经营责任制。六届全国人大五次会议通过的《政府工作报告》中指出：改革的重点要放在完善企业经营机制上，根据所有权与经营权适当分离的原则，认真实行多种形式的承包经营责任制。1988年2月，国务院颁布了《全民所有制工业企业承包经营责任制暂行条例》，规范了企业的承包经营责任制，使承包经营制成为城市经济改革的主流。

如果说推行承包经营责任制是搞活国有大中型企业的重要举措，那么，实行租赁制就是搞活小型企业的重要措施。十二届三中全会以后，租赁制首先在沈阳汽车工业公司试点，待取得很好的成效后，很多小型工业企业走上了租赁制改革的路子。到1988年年底，依据对43935个国有小型工业企业的调查，实行租赁制的企业已达到24660个，占总数的56.1%。

在国有企业推行承包经营责任制和租赁制改革的同时，政府还推行了股份制试点，进行产权改革试验。1984年4月，国家体改委在江苏常州召开城市经济体制改革试点工作座谈会，提出要对城市集体企业和小型国有企业进一步开放，允许职工投资人入股并享受年终分红。在此影响下，7月25日，北京天桥百货股份公司宣告成立，向社会公开发行股票300万元，成为我国改革开放以来第一家正式注册的股份制企业。紧接着，11月14日，经中国人民银行上海分行批准，上海飞乐音响股份有限公司正式设立，并向社会公众及职工发行股票，被称为我国经济改革取得突破性进展的标志。对于股份制改革，中共中央和国务院给予大力的支持。1986年12月，《关于深化企业改革增强企业活力的若干规定》中明确指出：各地可以选择少数有条件的全民所有制大中型企业，进行股份制试点。企业之间互相投资，或联合投资新建企业，一般宜采取股份制形式。到1986年年底，我国已有股份制企业6000余家，股票集资额达到60多亿元。1990年12月上海证券交易所成立，1991年深圳证券交易所成立，标志着股票市场的出现，为股份制企业在中国的发展提供了基本的市场保障。

在千方百计搞活国有企业的同时，政府还扶持和鼓励集体经济、个体集体和“三资”企业的发展。这时候，联想、健力宝、娃哈哈、万科等民营企业开始崭露头角。在改革开放之初的1980年，国有企业的工业产值为3916亿元，占全国工业总产值的76.0%，国有企业在我国的工业中处于主体地位，从1982年开始，国有企业工业产值占全国工业总产值的比重快速下降，到1988年这一比重下降到56.8%。相应地，民营企业的工业产值的比重迅速上升，由1980年的23.6%飙升到1988年的40.5%（见图2－1）。

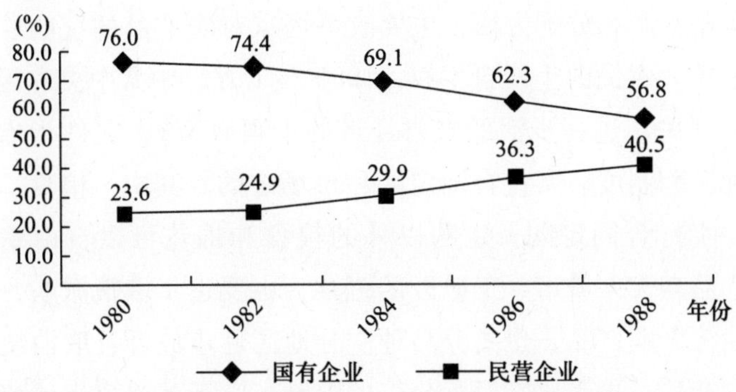

图2－1　国有企业和民营企业工业产值占比（1980—1988年）

资料来源：黄孟复主编：《中国民营企业发展报告》，社会科学文献出版社2005年版，第53页。

2. 计划管理体制改革

城市改革首先面临的就是计划管理问题。在计划经济体制下，计划管理是社会生产和扩大再生产的核心。对于如何做到既要搞活经济发展又要合理组织经济，会议提出计划管理体制改革的目标是“建立自觉运用价值规律的计划体制”，即：第一，就总体来说，我国实行的是计划经济，即有计划的商品经济，而不是完全由市场调节的市场经济；第二，完全由市场调节的生产和交换，主要是部分农副产品、日用小商品和服务修理行业的劳务活动，它们在国民经济中起辅助的但不可缺少的作用；第三，实行计划经济不等于指令性计划为主，指令性计划和指导性计划都是计划经济的具体形式；第四，指导性计划主要依靠经济杠杆的作用来实现，指令性计划是必须执行的，但也必须运用价值规律。[①] 1984 年 10 月，国务院正式批转了国家计委《关于改革计划体制的若干暂行规定》，同时先后批准了在农村实行以调整国家与农民关系为主要内容的农村第二步改革设想和科技、教育改革方案。从 1985 年起，计划管理体制改革转向按照建立有计划的商品经济的思路进行，以缩小指令性计划的范围为核心，按照发展商品经济的需要，不断改革计划管理体制，主要是农工商业领域以及基本建设投资方面。

在农业生产和分配方面，主要改革国家对农产品的统购、派购制度。为了扩大农民的生产自主权，1985 年 1 月，中共中央和国务院联合颁布了《关于进一步活跃农村经济的十项政策》，文件指出，改革农产品统派购制度，实行合同定购和市场定购。其中，粮食、棉花取消统购，实行合同定购，定购以外的粮食和棉花可以自由销售；生猪、水产品和大中城市、工矿区的蔬菜，也要逐步取消派购，自由上市；其他统派购产品，也要分品种、分地区逐步放开；取消统购派购以后，农产品不再受原来经营分工的限制，实行多渠道直线流通，而且，任何单位都不得再向农民下达指令性生产计划。

在工商业生产和分配方面，为了搞活工商业的发展，保护重点生产和重点建设等方面的需要，只对煤炭、原油及各种油品、钢材、有色金属、木材、水泥、发电量、基本化工原料、化肥、重要机电设备、化纤、新闻纸、卷烟以及军工产品等有关国家重要生产和建设的重要物品以及人民生活的必需品，进行统一的分配和生产，实行指令性计划。对于其他物品国家实行指导性计划，或者由市场调节。其中，对于国家下达指导性计划的产品，企业可以按照国家计划指引的方向，根据原材料、能源的可能和市场需要自行安排生产和销售，努力完成国家计划；产品价格按国家有关规定分别执行统一定价或浮动价，或由供需双方协商定价。实行改革后，国家计委管理的实行指令

---

① 刘树成：《中国经济体制改革 30 年》，经济管理出版社 2009 年版，第 375 页。

性生产计划的工业品由原来的123种减少为60种，国家统一计划分配的生产资料，由原来的256种减少为65种左右，由国家收购调拨的人民生活必需品也由原来的65种减少为20种。

在基本建设投资方面，国家只对预算内拨改贷的基本建设投资、纳入国家信贷计划的基本建设，以及利用国际金融组织和国外政府贷款安排的基本建设，实行指令性计划。从1985年起，所有固定资产投资建设活动中，凡地方、部门自筹投资计划、自借自还的利用外资投资计划，在国家确定的数额内可以自行审批，并允许在10%范围内浮动；非生产性基本建设项目，凡地方、部门能自行解决建设条件的，原则上可以自行审批；用地方、企业机动财力和预算外资金安排的中、小学校建设，用县级地方机动财政和预算外资金安排的县级及县级以下医院、保健站、文化馆、体育馆、图书馆、博物馆的建设，用养路费扩建公路，用城市维护建设资金安排的新建、扩建城市道路和新增公共交通车辆购置，老企业用自有资金安排的职工宿舍，可不纳入基本建设计划。此外，还放宽了预算内国家审批的投资额度，简化了审批手续，而且拓宽了基本建设投资的融资渠道。

上述一系列计划体制改革措施的推行，促进了简政放权，较大幅度地缩小了指令性计划，扩大了地方尤其是企业的自主权，进一步发挥了市场机制的作用。

3. *流通体制改革*

改革开放以前，我国的商品流通被严格置于计划管理之中，日用品和农副产品实行统购派购，短缺的消费品只能凭票供应，生产资料由国家统一调配和分拨或者由国营企业和集体企业按计划购销，商品流通渠道严格按照行政系统、行政区划、行政隶属关系设置，实行自上而下的纵向管理，这种高度集中的计划体制严重限制了商品的流通，难以适应社会发展的需要。为此，改革初期实施了放开部分农副产品市场和对原国有商业企业进行扩权让利等措施。到1984年，中国多数农副产品市场已经逐步放开，根据十二届三中全会精神，要加大流通体制改革力度，特别是农副产品的流通体制改革。1985年1月1日，中共中央、国务院发布《关于进一步活跃农村经济的十项政策》，取消统购、派购，改革农副产品购销政策，对农副产品实行双轨价格并行的制度。国务院决定从 1985 年粮食年度起（4 月 1 日），取消粮食统购制度，改为合同定购制度，定购价格三成按原统购价、七成按原超购价确定。同时，棉花取消统购，改为合同定购（合同定购任务为 8500 万担），定购价格在北方和南方有所不同。1985 年 1 月开始，逐步取消生猪派购，实行自由买卖。1985 年，还取消粮油统购，实行合同定购。食油统销方面从 1991 年 4 月开始只保证城镇居民定量供油和军供用油。

在工商业方面，主要改革了工商业的批发体制。在十二届三中全会以前，工商业的流通体制进行了许多改革，包括扩大企业自主权，放开零售、购销方式等，到 1984 年，实行计划管理的产品，由 1978 年的 274 种减少到 26 种，1985 年减少到 14 种，到 1989 年只剩 3 种。但是处于核心地位的批发体制改革一直到 1984 年才开始。主要采取了以下措施：第一，改革日用工业品一、二、三级批发层次。到 1985 年年底，全国商业系统共有工业品批发站 1177 个，工业品基层批发机构（包括供销社）38527 个。这些批发机构，都是自主经营的批发实体，彼此之间是平等的经济业务关系。经过 1986 年以后的治理整顿和深化改革，打破了国营批发企业延续 30 多年的“三固定”（指固定供应对象、固定货源、固定价格）批发模式和“一、二、三、零”（指一级、二级、三级批发站和零售企业）封闭式经营，取消了日用工业品流通领域的指令性计划管理的商品和国家管理的价格品种，推行“四放开”（即经营、价格、用工、分配放开）增加国有批发企业自主权，形成了多种经济成分、多条流通渠道、多种经营方式和减少流转环节的“三多一少”的开放式经营的新的运行机制。第二，仿效重庆做法，建立贸易中心。1984 年以后，各大中城市纷纷仿效重庆无偿征用原批发公司的仓库创建贸易中心开展业务的做法，部分县城、集镇也采用类似方法建立各式各样的贸易中心。到 1985 年年底，商业部系统共有贸易中心 1630 个，其中工业品贸易中心 1001 个，农副产品贸易中心 629 个（其中粮食贸易中心 182 个）。经清理和整顿，到 1987 年年底，全国还剩贸易中心 871 个。第三，探索发展批发市场。1984 年，六届全国人大二次会议明确提出“广泛设置农产品批发市场”。此后，各地商业部门开始各种尝试，并陆续组建了一批综合性或专业性的批发交易市场。到 1991 年，国（营）合（作）商业部门组建的大中型蔬菜、水果批发市场已达 600 多个；建设了郑州中央粮食批发市场，在黑龙江、江西、安徽、湖北、吉林等地也出现了一批区域性的粮油批发市场；建立了成都肉类批发市场，各地还积极进行畜禽、羊毛、食糖等专业批发市场试点工作。此外，1984—1991 年期间也兴办了一批较为规范的生产资料批发市场。①

4. 价格体系改革

价格机制是市场的核心。市场经济有效配置稀缺资源和形成兼容激励机制的两大基本功能，都是通过价格机制实现的。《决定》中就已指出，必须改革既不反映成本、又不反映市场供求关系变化的计划价格制度，价格体系的改革是整个经济体制改革成败的关键。正因如此，早在改革开放之初，价格体系改革就已经提上日程，一直到 1983 年年底，主要以有计划地调整价格为主，包括提高粮、油料、生猪等 18 种主要农产品收购价格，提高肉类、蔬菜等 8 种主要副食品销售价格，全面调整纺织品价格，提高一部分重要原材料、燃料价格等。1984 年以后主要以放开价格管理权限为主，同时继续对由国家管理的价格进行若干调整。从 1984 年 1 月 1 日起，机械产品首先试行按质论价、分等定价的新政策，生产资料价格实行双轨制。1985 年，对粮食、棉花、食用植物油及油料实行按比例价收购，取消超购加价，同时实行合同定购和合同定购价格，取消统购制度和统购价格；除少数重要农产品和少数经济作物由国家定价外，其他农产品价格放开，实行市场调节；提高城市主要副食品销价，各地根据不同情况，分别给城市居民以适当补贴；提高返销给农村的粮食价格，把购销价格倒挂改为购销同价，向理顺粮食销价前进了一步；放开了生产资料计划外部分的价格，许多工业生产资料形成了计划内平价、计划外议价的价

① 张卓元主编：《20 年经济改革：回顾与展望》，中国计划出版社 1998 年版，第 140—141 页。

格双轨制，由于供不应求，计划外议价上涨过多，1987 年对生产资料计划外部分的议价实行了最高限价。1986 年 8 月下旬开始放开自行车、黑白电视机、电冰箱等 7 种工业消费品价格，11 月开始又放开包括日用杂品等 24 个大类 749 种小商品的价格，1987 年下半年开始放开百货、文化小商品价格等。1987 年 9 月 11 日，国务院发布了《中华人民共和国价格管理条例》，明确规定国家现行的 3 种价格形式，即国家定价、国家指导价和市场调节价，并规定企业在价格管理方面享有的权利，主要是赋予企业对一部分价格的定价权。1988 年，提高粮食、油料的收购价格和原油等重工业品的出厂价格；提高肉、蛋、糖、茶四类副食品价格，各地根据不同情况，给职工发放适当的补贴；放开名烟、名酒价格。

高度集中的价格管理体制经过改革，已形成较为灵活的、多种价格形式并存的格局。国家定价部分显著缩小，国家指导价和市场调节价部分相应扩大。在社会商品零售总额中，1978 年，国家定价占 97%，市场价格占 3%；到 1990 年，国家定价占 30%，国家指导价占 25%，市场调节价占 45%，明显地改变了过分集中的价格管理体制格局，扩大了市场在价格形成中的作用。

5. 工资制度改革

价格体系改革的出台，直接推动了与人民日常生活密切相关的农副产品和日用品的价格的上涨，虽然国家提供了适当的价格补贴，但仍然不足以弥补价格改革所带来的上涨部分。因此，有必要进行相应的工资制度改革，避免价格改革给人们的生产和生活带来太大的震荡，以维持人们生产和生活的日常秩序。为此，国务院决定自 1985 年起实行全国工资制度改革。

根据按劳分配、政企分开等原则，党中央和国务院制定了政府和事业单位的工资制度改革方案，废除了 20 世纪 50 年代制定的等级工资制。新的工资制度是以职务工资为主要内容的结构工资制度。新的结构工资制度主要包括三部分：一是职务工资，这个主要是根据人员所担任职务的复杂程度、繁重程度、困难程度、责任大小等因素来确定的，占工资的主体部分，职务工资的每个档次适当的差距，体现了按劳分配原则；二是基础工资，这是员工的最低生活保障，主要维持员工基本的生活和再生产，人人都一样，随着物价的上涨，基础工资也随之上涨；三是工龄津贴，这部分主要随着员工工作年限的增长逐年增加，但是数额很少。新的工资制度既体现了按劳分配原则，又兼顾了基本生活需要，突出了职务和贡献，考虑了工龄，很好地适应了当时的社会发展。

与此同时，企业也进行了工资制度改革，主要遵循以下原则，一是责、权、利相结合，国家、集体、个人利益相统一，职工劳动所得同劳动成果相联系。二是按劳分配，要扩大工资差距，拉开档次，以充分体现奖勤罚懒、奖优罚劣，充分体现多劳多得，少劳少得，充分体现脑力劳动和体力劳动、复杂劳动和简单劳动、熟练劳动和非熟练劳动、繁重劳动和非繁重劳动之间的差别。三是政企分开，扩大企业对工资的自主分配权，企业职工工资可由企业根据经营状况自行决定。改革的主要内容有：一是改变高度集中的工资管理体制，变为分级管理。国家将工资管理的权力下放到各个省、直辖市、自治区和产业管理部门，只对工资进行政策和指标管理。二是在国家和企业的工资分配关系上，采取多种形式的工资与经济效益挂钩制度。1985 年 1 月国务院发布了《关于国有企业工资改革问题的通知》，决定从 1985 年开始，在国有大中型企业中实行职工工资总经济效益按比例浮动的办法，（企业）一般上缴利税总额增长 1%，职工工资总额增长 0.3%—0.7%。三是在企业内部分配上，给企业充分的自主权，尽可能地按劳分配，克服平均主义。许多企业根据自身的特点，采取了承包工资、分解工资、计件工资浮动升级百分计奖等多种形式和方法。总之，20 世纪 80 年代的企业的工资调整和改革，不仅增加了职工的工资，更重要的是调动了职工的工作积极性，对于鼓励职工“各尽所能”、提高企业经济效益发挥了很大的作用。

6. 税制改革

从十一届三中全会到十二届三中全会，是我国税制建设的恢复时期，也是我国税制改革的准备和起步阶段，从思想上、理论上、组织上、税制结构上为后来的改革做了大量的准备工作并打下了坚实的基础。在这段时间里，“利改税”的初步尝试，构成了国有企业政企分离的开端。1979—1981 年，“以利代税”试点从零起步，逐渐推向全国 18 个省区，这项试点改革把国家与企业之间的利润分配关系以税收的形式固定下来，为 1983 年开始在全国范围内对国营企业利税改革创造了经验。我国先后制定了《中华人民共和国中外合资经营企业所得税法》《中华人民共和国个人所得税法》和《中华人民共和国外国企业所得税法》。与此同时，还对中外合资企业、外国企业和外国人征收工商统一税、城市房地产税和车船使用牌照税。这样，就初步形成了一套大体适用的涉外税收制度，基本满足了我国对外开放初期引进外资、开展对外经济合作工作的需要。在探索和构建涉外税收制度的同时，我国财税部门对工商税收制度和国有企业利润分配问题做了大量而深入的调研，并在部分地区进行改革试点，提出在未来 3 年内进行利改税的计划。

十二届三中全会以后，我国的社会主义经济理论实现了重大的发展和突破，提出发展有计划的社会主义商品经济，自觉运用价值规律，充分发挥税收等经济杠杆的作用，搞活经济，加强宏观调控。在所有制理论上，提出了所有权和经营权相分离的重要论断，并客观地肯定了集体经济、个体经济和私营经济存在的必要性。这为我国的税制改革奠定了重要的理论基础，成为指导我国税制改革的重要政治纲领。

作为国有企业改革和城市经济体制改革的一项重大举措，1983 年，国务院决定在全国范围推行国有企业“利改税”方案，即第一步“利改税”改革，将中华人民共和国成立之后实行了 30 多年的国有企业向国家上缴利润的制度改为国有企业向国家缴纳企业所得税。这项改革分别针对有盈利的国有大中型企业、国有盈利的小型国有企业、县级以上供销社分别征收不同程度的所得税，企业税后利润根据不同情况上交一部分后余额作企业留利。这一改革取得了初步的成效，从理论上和实践上突破了国有企业只能向国家缴纳利润而国家不能向国有企业征收所得税的禁区，成为调整国家与企业利益分配关系的一个历史性转折。

为了加快城市经济体制改革的步伐，经第六届全国人民代表大会及其常委会批准，国务院决定从1984年10月起在全国范围内实施第二步“利改税”和工商税制改革，颁布了关于国营企业所得税、国营企业调节税、产品税、增值税、营业税、盐税、资源税等税收的一系列行政法规。这次改革把国有企业的全部利润纳入“利税合一、按章纳税”的轨道，成为我国改革开放之后第一次大规模的税制改革。

此后，国务院又陆续颁布了关于征收集体企业所得税、私营企业所得税、城乡个体工商户所得税、个人收入调节税、城市维护建设税、奖金税（包括国营企业奖金税、集体企业奖金税和事业单位奖金税）、国营企业工资调节税、固定资产投资方向调节税、特别消费税、房产税、车船使用税、城镇土地使用税、印花税、筵席税等税收的行政法规。1991年，第七届全国人民代表大会第四次会议将《中华人民共和国中外合资经营企业所得税法》与《中华人民共和国外国企业所得税法》合并为《中华人民共和国外商投资企业和外国企业所得税法》。

至此，我国工商税制共有37个税种。这些税种按照经济性质和作用，大致可以分为七大类（见表2-1）。

表2-1　　1993年我国的税制中的税种类型

类别	税种
流转税	产品税、增值税、营业税、关税
所得税	国营企业所得税、国营企业调节税、集体企业所得税、私营企业所得税、城乡个体工商户所得税、个人收入调节税
财产税和行为税	房产税、车船使用税、印花税、屠宰税、集市交易税、牲畜交易税
资源税	资源税、城镇土地使用税、盐税
特定目的税	国营企业奖金税、集体企业奖金税、事业单位奖金税、国营企业工资调节税、固定资产投资方向调节税、燃油特别税、筵席税、城市维护建设税、特别消费税
涉外税	外商投资企业和外国企业所得税、个人所得税、工商统一税、城市房地产税、车船使用牌照税
农业税	农业税、牧业税、耕地占用税、契税

总之，这一时期全面改革了工商税制，建立了涉外税制，恢复和开征了一些新税种，从而使我国税制逐步转化为多税种、多环节、多层次的复合税制，初步完善了税收体系，使税收成为调节经济的重要杠杆。这一时期所确立的以商品课税为主体的税制结构，不仅突破了长期封闭型税制的约束、逐步向开放型转变，而且突破了改革开放前历次税制改革所遵循的“合并税种，简化税制”的改革原则，彻底摒弃了“非税论”和“税收无用论”，确立了税收的经济杠杆作用，为1994年全面税制改革奠定了基础。

7. 财政体制改革

1980年的“划分收支，分级包干”体制改革，是改革开放以来财政领域进行的第一次较为全面深刻的改革。邓小平在《党和国家领导制度的改革》一文中，指出权力集中是中国当时政治经济体制改革的障碍之一，针对这一问题提出调整中央与地方的关系，实行权力下放，扩大地方自主权。1980年，实行划分收支、分级包干的“分灶吃饭”财税体制。具体做法是：把财政收入划分为固定收入、固定比例分成收入和调剂收入三类，支出按隶属关系划分；收支划定后，对地方的分成比例和补助数额，实行分级包干，五年不变；地方在这个范围内，自己安排收支，自求平衡。

随着我国经济体制改革的推进，尤其是经过两步“利改税”，税收成为国家财政收入的主要形式。因此，中央决定从1985年起实行“划分税种，核定收支，分级包干”的新模式，其主要内容包括：按税种将收入分为中央固定收入、地方固定收入、中央和地方共享收入；按隶属关系划分为中央财政支出和地方财政支出，对不宜实行包干的专项支出，由中央专项拨款安排；按基数核定的地方预算收支，凡固定收入大于支出的，定额上解中央；固定收入小于支出的，从中央和地方共享收入中确定一个分成比例留给地方，地方固定收入和中央地方共享收入全留地方仍不足以抵补其支出的，由中央定额补助。收入分配办法确定以后，五年不变，地方多收多支、少收少支、自求平衡。可以看出，新的体制是以税种作为划分收入的依据，初步改变了过去以企业单位行政隶属关系作为收入划分的标准，向中央与地方之间实行分税制迈出一小步。但是由于地方的抵制和条件的不成熟，国务院决定暂时实行“划分税种基础上的总额分成”办法，在实践中，1985 年和 1986 年，除中央税划分为中央收入外，地方在划分税种、核定收支的基础上，将地方固定收入和中央地方共享收入加在一起，同地方支出挂钩，分地区确定一个分成比例，实行总额分成。此外，广东、福建两省继续实行财政大包干办法，民族自治区和视同民族自治区的省，中央给予的定额补助数每年递增 10%。

针对原有体制存在的问题，1988 年中央决定对各地区实行不同形式的包干办法，主要的包干形式有：一是收入递增包干，即以 1987 年的决算收入和地方应得的支出财力为基数，参照各地近几年收入增长情况，确定收入递增率（环比）和地方留成、上解比例，在递增率以内的收入，实行中央与地方固定比例分成，超过递增率的收入，全留地方，地方收入达不到递增率影响上解中央的部分，由地方自有财力补足。实行这种包干办法的有北京等 10 省（市）。二是总额分成，即根据核定的收支基数，以地方支出占总收入的比重，确定地方留成、上解比例。实行这种包干办法的有天津等 3 省（市）。三是总额分成加增长分成，具体做法是基数以内部分，按总额分成比例分成，实际收入比上年增长部分另计分成比例，以使地方从增收中得到更多的利益。采用此法的有大连等 3 个计划单列市。四是上解额递增包干，以收入上解中央的基数，每年按一定的比例递增上解。广东、湖南实行这种办法。五是定额上解，即按固定数额向中央上解收入。上海等 3 省（市）采用这种办法。六是定额补助，即中央按固定的数额补助地方。吉林等 16 省（自治区）实行这种办法（见表 2－2）。

表 2－2　　20 世纪 80 年代中央与地方财政包干体制

年份	体制形式
1980—1984	固定比例分成（江苏）、分类分成（15 省）、少数民族地区体制（8 省）、直辖市体制（京、津、沪）、定额包干（广东、福建）
1985—1987	固定比例分成（17 省市）、定额上解（黑）、定额补助（4 省）、少数民族地区体制（8 省）、定额包干（广东、福建）

续表

年份	体制形式
1988—1993	收入递增包干（10 省、市）、总额固定比例分成（3 省）、总额分成加增长分成（3 个计划单列市）、上解额递增包干（2 省）、定额上解（3 省市）、定额补助（16 省区）

资料来源：刘守刚：《国家成长的财政逻辑》，天津人民出版社 2009 年版，第 185 页。

财政包干体制的原则和框架，发轫于 20 世纪 80 年代初的“划分收支，分级包干”，并受 1987 年后普遍推行的企业承包（包干）的影响，在当时的经济发展中，特别是在调动地方组织财政收入方面，起过积极的作用。但是随着改革的深化，它的弊端也日益明显，主要表现为：一是仍然束缚企业活力的发挥、无法实现真正的公平竞争。二是强化地方封锁、地区分割的“诸侯经济”倾向，客观上助长了低水平重复建设和投资膨胀。三是中央和地方的关系仍缺乏规范性和稳定性，脱离不开频繁变动之苦。四是运行结果带来财力分散，“两个比重”（财政收入占 GDP 的比重和中央财政收入占全部财政收入的比重）过低，地方缺乏必要的税权和稳定财源，中央缺乏必要的宏观调控主动权。这是我国分税制改革的重要基础和重大背景。

四　基本经验

十二届三中全会启动了我国以城市为中心的经济体制改革，在国有企业、计划体制、流通体制、价格、工资、财税等多方面取得了不少进展，积累了许多改革经验，为下一步改革奠定了重要基础。这些经验可以归纳为以下三个方面。

一是坚持改革的社会主义方向。从性质上看，我国的经济体制改革是在坚持社会主义基本制度的前提下进行的，是社会主义制度的自我完善和发展。因此，它并不是要改变我国的社会主义属性和根本制度，而是变革现存生产关系和上层建筑中不适合生产力发展的那些细枝末节，变革不适合生产力发展的具体制度安排和政策，赋予社会主义新的活力，让社会主义更具有吸引力，更加趋于成熟。从目的来说，改革是为了解放和发展生产力，让一部分人先富起来，通过先富带动后富，从而实现共同富裕，这也是社会主义的本质。

二是坚持改革的市场化方向。《决定》第一次在党的文件上突破了把计划经济同商品经济对立起来的老框框，明确肯定社会主义经济是“在公有制基础上的有计划的商品经济”，强调商品经济的充分发展，是社会经济发展的不可逾越的阶段，只有充分发展商品经济，才能把经济真正搞活，促使各个企业提高效率，灵活经营，灵敏地适应复杂多变的社会需求，而这是单纯依靠行政手段和指令性计划所不能做到的。正因如此，本次改革始终坚持市场化取向，国有企业改革的重点是把企业变成一个能够自负盈亏、独立自主的市场主体，而计划体制改革、流通体制改革、价格体系改革、工资体系改革等更多的是消除原有的体制的束缚，构建一个市场体系，让商品在市场上流通，发挥市场在资源配置中的作用，促进生产力的发展。

三是坚持改革的渐进性与匹配性的统一。所谓改革的渐进性，是指改革采取循序渐进、有步骤、分阶段的方式，而不是激烈的、一步到位的方式。坚持改革的渐进性，主要考虑改革的探索性、复杂性、艰巨性和不可逆性，所以，我国的改革基本上遵循从小范围试点到全面推开的线路，先易后难，循序渐进，最终实现预期目标，但是这并不意味着改革要单方面突进，因为改革是一项系统的工程，牵一发而动全身。因此，必须也要坚持改革的匹配性，各方面同时推进，协调发展，既包括市场主体的再造和市场体系的再建，也包括政府管理体制的改变，更有收入分配制度的变化，这些改革必须同时进行，才可能取得改革的胜利。

第三章　十三届三中全会

——化解改革停滞风险，稳定压倒一切

1987 年党的十三大提出了社会主义初级阶段的基本路线，中国经济进入了充满活力的发展时期。与此同时，改革进程也产生了不少新的困难和问题，特别是经济过热导致通货膨胀问题严重，经济环境恶化，经济秩序混乱，而且在面临这些复杂形势的时候也出现了一些决策失误。为了采取正确的方针、政策和措施，努力克服前进中的困难，1988 年 9 月 26 日至 30 日召开了中国共产党第十三届中央委员会第三次全体会议（以下简称“十三届三中全会”）。此次会议虽未有标志性的重大决策文件出台，但其将中国改革方向的可能偏差消灭在了萌芽状态，是在改革关键时期召开的一次极为重要的会议，为今后全面深化改革和稳定发展奠定了坚实的制度基础。考虑到同期中国面临着复杂的国内和国际的经济、政治和社会形势，可以说，此次会议的意义并不逊于十一届三中全会。十三届三中全会虽然仅确定了 1989 年和 1990 年两年改革和建设的重点任务，即治理经济环境和整顿经济秩序，但却像是一个舵手一样，通过轻转舵盘，让中国改革的巨舰始终行驶在正确的航道上。

一　历史背景

1. 理论背景与制度创新

1987 年 10 月 25 日至 11 月 1 日，中国共产党第十三次全国代表大会在北京举行。此次大会系统地阐述了关于社会主义初级阶段的理

论，指出：正确认识我国社会现在所处的历史阶段，是建设有中国特色的社会主义的首要问题，是我们制定和执行正确的路线和政策的基本依据。我国处在社会主义的初级阶段的论断包含了两层含义：第一，我国已经是社会主义社会，必须坚持而不能离开社会主义；第二，我国社会主义社会还处在初级阶段，必须从这个实际出发，而不能超越这个阶段。这一理论，为理解中华人民共和国成立以来的成功和失误提供了一把钥匙，也为实行改革开放、建设有中国特色的社会主义提供了有力的理论武器。

党的十三大的又一个突出贡献是完整地概括了党在社会主义初级阶段建设有中国特色的社会主义的基本路线，即领导和团结全国各族人民，以经济建设为中心，坚持四项基本原则，坚持改革开放，自力更生，艰苦创业，为把我国建设成为富强、民主、文明的社会主义现代化国家而奋斗。这条基本路线，概括为“一个中心、两个基本点”，即以经济建设为中心，坚持四项基本原则，坚持改革开放。

党的十三大规定了“三步走”的经济发展战略部署，即第一步，到 1990 年，实现国民生产总值比 1980 年翻一番，解决人民的温饱问题；第二步，到 20 世纪末，使国民生产总值再增长 1 倍，人民生活达到小康水平；第三步，到下个世纪中叶，人均国民生产总值达到中等发达国家水平，人民生活比较富裕，基本实现现代化。党的十三大确定的中心任务是加快和深化改革。大会讨论了经济体制改革和政治体制改革问题，做出了相应的决策。

同时，在思想理论认识上，在十三届三中全会之前，关于计划与市场的讨论已经进入了新的历史阶段，即关于计划与市场关系的讨论重点由“要不要结合”向“怎样结合”转移。党的十二届三中全会的《中共中央关于经济体制改革的决定》对我国社会主义经济性质的确认，遵从经济规律、遵从理论界的讨论成果在本质上为“用不用市场”的问题做了结论，也使在新的基点即有计划商品经济的基点上讨论“怎样用市场”的问题成为必然。而这一时期复杂的经济运行背景则为解决这一问题“不露声色”地提供了答案。在经济体制改革被推向全局的 1988 年的末期，国民经济生活中出现了工业生产增长速度过快、固定资产投资规模过大、信贷资金和消费基金增长过猛、部分物价上涨过多、国家外汇储备下降以及经济秩序混乱等许多矛盾与问题。对于这些矛盾与问题产生的原因，比较一致的看法是：从主观上说，是“事先考虑不周或事后检查不严”——在传统体制的一些环节初步破除时，未能采取相应的措施以防不测；在采取比较重要的改革措施时，未能周密考虑可能引起的各种反应。从客观上说，则是双重经济体制胶着对峙并存导致的机制相掣、规则混乱、漏洞频现、管理失控所致。因此，理论界和决策层一致认为，要在加强和改善宏观控制的同时，按照有计划商品经济的本质要求全面配套地深化经济体制改革，尽快确立新体制的框架。这种紧迫的实践背景，强化了理论界对于新体制及其构成要素的总体探索，而有计划商品经济条件下的计划和市场的结合方式成为诸多争鸣与探索问题中的一个核心。在极为开放的论争氛围中，上一阶段论及的问题又被推进了一步。这时争鸣的重点是：有计划的商品经济的内涵是什么？是以计划经济还是商品经济为基点来确立计划和市场的结合方式？计划的形式、类型与市场的形式、类型各有哪些？什么样的计划能同市场相结合等。尽管众说纷纭，大部分人还是统一到这样的认识上：应该以商品经济（这种商品经济是有计划的）来确立计划和市场的结合方式；指导性计划是计划经济的重要手段，应当适当缩小指令性计划，扩大指导性计划和市场调节的范围；国家对企业的管理应逐步从指令性计划的直接控制转为主要运用经济政策与经济杠杆的间接控制；计划和市场的结合是内在统一的等。这些看法大部分为中央所采纳，并成为党的十三大报告关于计划和市场关系的论述，其中特别是关于“国家调节市场、市场引导企业”的运行机制概括的雏形与基础。在党的十三大后，这些思想得到了进一步的阐述与丰富。

从 1989 年年初进入关于计划和市场讨论的第三个阶段。与前两个阶段相比，这一阶段所面临的社会经济背景更显特殊。尽管 1984 年年末一些矛盾与问题出现后，中央及时制定了涉及经济调整和深化改革两个方面的一系列正确的方针政策，但由于种种原因，它们并没有得到有效实施。致力于克服经济过热和紊乱的紧缩与整顿很快

“流产”，而意在配套的改革措施实际上政出多门、相互掣肘，不系统、不对接、不到位。机制紊乱、漏洞百出的残损体制伴随事实上的扩张性宏观政策，把已经发生的矛盾与问题推向顶端，最终造成了众所周知的1988年严峻的社会经济政治局面。严酷的现实，使人们进一步认识到了经济体制改革的复杂性、艰巨性，从而做了沉着应付、长期作战的准备，同时也把处理好计划与市场的关系作为建立新体制的核心内容和解决实际困难的根本环节推到理论研究和实际工作的前台。在中央的号召下，计划和市场的讨论形成了一个新的高潮。这一阶段的讨论，具有这样一些明显特点：它是以中央在一系列文件中对于计划和市场关系的重新表述为基础的，虽然这些表述已有了相当的理论准备。其重点有二：一是指出经济体制改革的主要目标，是建立计划经济与市场调节有机结合的管理体制和经济运行机制；二是计划经济与市场调节结合形式的具体运用和比例关系，应根据不同所有制性质和不同企业，不同社会生产环节和领域，不同产业和产品而有所不同，并应视不同时期的实际情况经常进行必要的调整和完善。

2. 现实背景与突出问题

到1987年党的十三大召开，中国改革开放已经历10个年头，其间，改革事业取得重大进展，但许多问题也开始迅速凸显。1984年10月，党的十二届三中全会上，通过了《中共中央关于经济体制改革的决定》。第一次明确指出，中国的社会主义经济不是计划经济，而是以公有制为基础的有计划的商品经济。在商品经济、价值规律这些重大问题上，冲破“左”的思想束缚，澄清了许多模糊认识，标志着中国经济体制改革进入了全面发展的阶段，从而使得中国经济呈现了高增长的态势。1988年同1978年相比，国民生产总值、工农业总产值、国家财政收入和城乡居民平均收入水平都大体翻了一番。可以说，1988年之前10年成为中华人民共和国成立以后经济发展最旺盛、国力增长最迅速、人民生活得到改善最多的时期。

然而，在价格改革尚未得到有效推进的条件下，高速的经济增长伴随着严重的改革难题。从1984年开始，中国经济就出现了社会需求过旺、工业发展速度过快、信贷和货币投放过多、物价涨幅过高、经济秩序混乱的苗头，当时被称为“四过一乱”，随着价格“双轨制”的实行，腐败问题便应运而生，尤其是“官倒”现象比较严重。所谓价格“双轨制”就是一些商品在计划内是计划内价格，在计划外就是计划外价格，两者之间有一个很大的差价。购买计划内的商品需要相关部门的“批文”，而计划外商品则完全市场化。有些人通过关系和各种各样的名目，把计划内的批文拿出来，然后倒卖到计划外去赚中间的差价。这种情况让当时的改革设计者始料未及。到1986年、1987年，腐败问题和“官倒”现象变得比较严重。在1988年3月召开的全国人大会议上，人大代表对“官倒”现象的猛烈批评引起中央高层关注，并决心对价格进行改革，即称为“价格闯关”。

1988年2月，由于投资过热，通货膨胀问题已经十分严重，消费物价指数CPI达到了13%—14%，物价问题成了社会上最关注的问题。1988年4月1日，经国务院批准，有关部门调高粮、油、糖等部分农产品的收购价格。5月，国家放开肉、菜、蛋、糖价格，市场上有一些抢购和议论，但总体平稳。5月25日至27日，中央召集10多个部委的领导人开会，商议价格改革事宜。此次会议上，虽然以刘国光、吴敬琏为代表的经济学家力主反对马上开始“价格闯关”，但中央及各部委仍执意推进——“价格闯关”政策已是箭在弦上。5月30日，中共中央政治局召开有各省市自治区党委书记参加的扩大会议，决定对物价和工资制度进行改革。进而，国务院物价委员会提出了关于价格、工资改革的初步方案，计划用两到三年的时间实现“价格闯关”，并经8月5日至9日国务院常务会议讨论后，提交给中共中央政治局北戴河会议讨论，并原则通过，准备在十三届三中全会上通过这一方案。

8月16日方案公布，一石激起千层浪，市场上立刻有了强烈的反应，一时间物价飞涨，社会上出现了“提款风”“抢购风”，有钱的抢购家用电器，没钱的囤积日常用品。8月19日，中共中央政治局会议公报一经发表，很多人认为“价格闯关”马上就要开始了，当天，全国各地即出现抢购现象。此次“价格闯关”引发的冲击面之广、抢购商品种类之多、商品零售总额增幅之大，都堪称中华人民共和国成立以来之最。据国家统计局统计，在 1988 年 8 月，扣除物价上涨因素，商品零售总额增加了 13%，其中粮食增销 30.9%，棉布增销 41.2%，电视机增销 56%，电冰箱增销 82.8%，洗衣机增销 130%。8 月，城乡储蓄存款则减少了 26.1 亿元。这种抢购和混乱局面，马上引起了中央的高度关注。8 月底，中央领导人结束北戴河会议返回北京时，经济形势已经变得十分严峻。

中央终于认识到问题的严重性，建议“价格闯关”方案缓行。然而此时，十三届三中全会报告起草组已经成立，准备按照“价格闯关”的思路起草报告。面对严峻的经济形势，中央提出了治理整顿经济，紧接着召开了中央财经小组会、中央政治局会。十三届三中全会的报告也不得不临时修改。8 月 27 日晚，中央召开紧急会议，宣布暂停物价改革方案，并提出由时任总理李鹏召开国务院常务会议宣布。8 月 30 日上午，李鹏主持召开国务院第二十次常务会议，通过了关于做好当前物价工作和稳定市场的决定。这份文件做出一个解释，称北戴河会议说的“价格闯关”不是马上完成，而是“5 年或更长一点时间”，并提出下半年不再出台新的调价措施，下一年的价格改革也是走小步，工作重点从深化改革转到治理环境、整顿秩序上来。这些措施一一落实之后，抢购风潮最终得以平息。

1988 年秋季爆发的物价暴涨和全面抢购，可以说是 1978 年改革以来最大的一次经济失控。“价格闯关”失利后，宏观经济迅速陷入紊乱，全国上下弥漫着阴郁的紧张气氛。正是在这种背景下，如何迅速调整改革思路，把改革方向拉回正确的轨道就成为十三届三中全会所要解决的核心问题。

二　基本内容

正是在以上背景下，1988 年 9 月 26 日至 30 日，十三届三中全会在北京召开。会议批准了中共中央政治局提出的“治理经济环境、整顿经济秩序”等基本方针，并确定把 1989 年和 1990 年两年改革和建设的重点突出地放到治理经济环境和整顿经济秩序上来。会议原则通过《关于价格、工资改革的初步方案》，建议国务院在今后 5 年或较长一段时间内，根据严格控制物价上涨的要求，并考虑各方面的实际可能，逐步地、稳妥地组织实施，从而彻底地放弃了“价格闯关”的路线。全会还原则上通过了《中共中央关于加强和改进企业思想政治工作的通知》，强调了党的领导和政治改革与经济改革的协调推进。

会议指出，治理经济环境和整顿经济秩序是长期要注意的大问题，最要紧的是 1989 年、1990 年一定要抓出成效，而且要求 1989 年价格改革的步子较小，务必确保 1989 年的物价上涨幅度明显低于 1988 年，1989 年一切工作都要服从这一点。这些举措反映了十三届三中全会面临的形势是十分严峻的，同时也反映出在改革出现困难时，党中央在努力保持大局稳定和纠正错误举措方面的当机立断和坚强领导。

1. *治理经济环境*

会议指出，治理经济环境，主要是指压缩社会总需求，抑制通货膨胀。会议要求 1989 年全社会固定资产投资规模要压缩 500 亿元，大体相当于 1988 年实际投资规模的 20%，而且要求只能多压，不能少压。同时对重点产业采取倾斜政策，对涉外项目采取保护政策，以切实合理地调整投资结构，把全社会的投资规模有效控制起来。会议还指出要控制消费基金的过快增长，特别要坚决压缩社会集团购买力。特别是针对集团购买力的使用中严重挥霍浪费部分，必须坚决砍下来。会议坚决要求采取一系列措施稳定金融，严格控制货币发行，开办保值储蓄，开辟多种渠道，包括出售公房和发行股票、债券，吸收社会游资，引导购买力分流。为了克服经济过热现象，确定把 1989 年的工业增长速度降到 10% 甚至更低一些，同时要求各地都要实事求是，从本地实际出发，不要相互攀比速度。此次会议认为，过去之所以没有控制好投资规模和社会集团购买力，主要有两方面的原因，一是中央管理不够严格，抓得不实；二是地方由于本位主义作怪，有令不行，有禁不止。针对这两方面的教训，会议要求必须坚决砍掉不必要的非生产性建设和重复建设，砍掉集团购买力中用于铺张浪费的部分，同时认为这一政策，不会影响有效供给，不会削弱发展后劲，也不会降低人民生活水平，而是深化改革的必要条件，会得到人民群众的真诚拥护。

2. 整顿经济秩序

会议指出，整顿经济生活中特别是流通领域中出现的各种混乱现象，就是要整顿在新旧体制转换中出现的各种混乱现象。流通领域中的物价上涨助长了流通领域的违法乱纪，流通领域的混乱又推动了物价上涨，两者相互助长，情况越来越严重。会议要求坚决刹住乱涨价风，并开始部署在全国范围内开展物价、财务、税收大检查。规定非法涨价收入必须上缴国家财政，严重违法乱纪的必须依法惩处。要通过检查，进行教育，严肃法纪，堵塞漏洞，把物价、财务、税收监督制度和市场规则建立健全起来。会议还要求整顿公司企业，实现政企分开，官商分开，惩治“官倒”。要求所有公司，除极少数经国务院特别批准行使一定的行政管理权外，其他都必须限期同党政机关脱钩，依法经营，否则就吊销营业执照。会议还要求尽快确立重要产品的流通秩序。对流通秩序混乱的重要产品，尤其是紧缺的重要生产资料，要一个一个排队，认真解决多头和多环节经营的问题，有的要实行专营，有的只准在国家统一市场上交易，特别是要制止高价抢购粮食、棉花和生丝等产品的“大战”。全会还确定要加强宏观监督体系，在中央集中统一指挥下，强化计划、银行、财政、税收、海关、铁路等部门的宏观控制职能，充分发挥这些部门的监督作用，同时加强对它们的监督，形成严密的监督系统。制止各方面对企业的摊派、抽头和盘剥。所有这些都应当作为当前建立社会主义商品经济新秩序的重要工作。

3. 社会供需再平衡

会议认为，我国当时面临的总体经济形势是好的，但存在的困难和问题也不少，突出的是经济生活中出现了明显的通货膨胀，物价上涨幅度过大，造成这种情况的根本原因是经济过热，社会总需求超过总供给。因此，会议所做决议的重要着力点是重新实现社会供求的再平衡。会议认为，解决总需求大于总供给的问题，一方面要抑制总需求膨胀，另一方面要用很大力量来改善和增加有效供给。会议强调，必须努力发展生产，特别是农产品、轻纺产品和其他生活必需品的生产，以及紧俏产品的生产，将压缩基本建设规模腾出来的能源、原材料、运输能力等资源转移到这些领域的生产中去。国内短缺的原材料和必要的消费品，要减少出口量，保证国内市场供应。特别要解决好粮食和“菜篮子”的问题。会议针对1988年的自然灾害和粮食产量情况，特别强调了粮食安全问题，为确保在粮食问题上不出乱子，要求坚决制止高价抢购、哄抬粮价、扰乱粮食市场的行为；同时要求中央在全国各地的粮食储备，必须服从中央的统一调度。而且在粮食安全问题上，对地方的履责提出了明确要求，如果地方出现拒绝中央统一调度的无组织无纪律行为，将对省委书记和省长问责。同时，会议还指出，总需求超过总供给，是多年积累下来的，在新旧体制转换时期还可能从机制上解决这个问题，这就更需要从工作上加强管理和控制，特别是控制预算外基建规模。

4. 管理体制与宏观调控

会议认为，我国当时经济管理体制的一个严重缺点是权力过分集中，必须加以改革。会议指出，应该有领导地大胆下放权力，让地方和工农业企业在国家统一计划指导下，有更多的经营管理自主权，应该着手大力精简各级经济行政机构，把它们的大部分职权转交给企业性的专业公司或联合公司；应该坚决实行按经济规律办事，重视价值规律的作用，注意把思想政治工作和经济手段结合起来，充分调动干部和劳动者的生产积极性；应该在党的一元化领导下，认真解决党政企不分，以党代政，以政代企的现象，实行分级分工分人负责，加强管理机构和管理人员的权限和责任，提高工作效率。

会议还指出，治理经济环境、整顿经济秩序，必须同加强和改善新旧体制转换时期的宏观调控结合起来，而且强调，宏观控制要体现在中央能够说话算数。会议结合邓小平同志的论断指出，在经济生活中，既要搞活，又要制约；既要放开，又要管理。必须综合运用经济的、行政的、法律的、纪律的和思想政治工作的手段，“五管齐下”，进行宏观调控。特别强调了在新旧体制转换时期不能过早地轻率地放弃行政手段，以免出现经济生活的混乱。同时指出，加强行政手段的目的是为了更好地推进改革，而不是走老路。

5. 推进配套改革

会议指出，必须有领导、有秩序地推进相互配套的全面改革。经济体制改革的目标就是要促进社会主义有计划商品经济的发展，逐步实行“国家调节市场，市场引导企业”的经济运行机制，建立社会主义商品经济的新体制。会议指出，不理顺价格就谈不上真正确立新经济体制的基础，但深化改革又不仅仅是一个价格改革问题，而是多方面的综合改革。在多方面的综合改革中，应当特别注重深化企业改革，尤其是大中型国有企业的改革。1989 年的企业改革必须抓紧推进，一要进一步推动政企分开，使有条件的企业真正放开经营；二要认真完善承包制，进行以公有制为主体的股份制试点和发展企业集团试点。通过建立在国家宏观控制下的企业自主经营、自负盈亏、自我约束的机制，提高经济效益。那些对治理通货膨胀有重大作用的改革要抓紧推进。会议确定，要在今后一个时期内，逐步和稳妥地推行价格、工资改革，进一步深化农村改革和企业改革，同时认真搞好其他各方面的综合配套改革。上述任务的提出和逐步实施，对于我国经济、社会的发展，具有重大的意义。

6. 加强党的领导

会议强调，为了保证治理经济环境、整顿经济秩序和深化改革任务的顺利完成，必须加强党的领导，充分发挥中国共产党的政治优势。要特别强调党的领导核心作用和党的纪律，特别强调解决好局部和整体、小局和大局的关系问题，局部要服从整体，小局要服从大局。与此同时，要通过治理、整顿和改革的实践来加强党的建设，充分依靠民主监督的职能，运用法律的、制度的、纪律的、教育的手段，综合治理，克服腐败现象，保持党政机关的廉洁，提高党组织的战斗力，发挥党员的先锋作用。会议把加强和改进思想政治工作列入议程并原则通过了相应的文件。确定要以治理环境、整顿秩序和深化改革为中心内容，向全党和全国人民进行一次广泛、深入的形势教育，并以此作为加强和改进思想政治工作的新起点。全党要像抓经济工作那样去抓思想政治工作，发挥我们的政治优势，确保改革和建设的顺利进行。

三 历史评价

根据十三届三中全会的部署，经过一年左右的治理整顿，一度过旺的社会需求开始得到控制，过高的工业生产速度有所回落。1988 年 11 月，全国计划会议和全国经济体制改革工作会议召开。李鹏主持会议并强调治理经济环境、整顿经济秩序实质上是一次经济调整。他提出治理经济环境、整顿经济秩序与全面深化改革是密切相关的，我们不但要用深化改革的办法来治理和整顿，而且许多治理和整顿本身就是深化改革的内容。经过此次调整，中国经济秩序和经济环境迅速向好，这为进一步探索中国特色社会主义道路稳固了基础。

在我国改革关键时刻召开的十三届三中全会，在总结经验、正确分析当前形势的基础上，提出了治理经济环境、整顿经济秩序和全面深化改革的指导方针和一系列果断措施，对于全党和全国人民进一步统一思想、统一行动，保证改革的顺利进行和经济的稳定发展，产生了深远的影响，主要表现在以下几个方面：

第一，此次会议有力地防止了中国改革开放陷入停滞的风险。1988 年的通货膨胀率接近了 20%（在整个改革开放进程中，仅次于 1994 年），在这种情况下，急剧恶化的经济形势已经威胁到各项改革的顺利推进和社会秩序的安定团结。通过落实“治理经济环境、整顿经济秩序”的方针和加强党的领导，经济环境得以改善，经济秩序得到治理，经济增长在经历两年的低速调整后，迅速回归快速增长通道，同时，各项改革进一步深化的基础也得以夯实。

第二，此次会议有力地加深了对价格改革和经济体制改革问题的认识。对价格问题复杂性的认识进一步加深，也理解了价格改革的难度，从而确定了正确的价格路径，也推进了关于社会主义市场经济体制的研究和讨论，直接推动了党的十四大关于社会主义市场经济论断的重大理论突破。当然，之后的1989年虽然受到政治风波的影响，通货膨胀率仍保持了较高水平，但之后两年通胀率迅速恢复到正常水平。这为我国各项发展与改革事业的迅速深入提供了良好的条件。此轮的调整为1992年邓小平“南方谈话”提供了重要的思想来源。

第三，此次会议强调了稳定对于改革事业的重要性。由于中国处于经济迅速过热的通道之中，各种风险也加速暴露，同时改革前景仍处于探索之中。在面临着多种经济和政治思潮的侵扰下，此次会议强调了良好的经济环境和经济秩序对于全面深化改革的重要性，并立场鲜明地确立了政治工作和党的领导对于保持各项改革事业顺利前行的保障作用。正是这次会议为中国经济平稳应对随后而来的政治风波提供了强大支撑。1989年2—3月，邓小平同志提出“稳定压倒一切”的核心观点，正是从十三届三中全会前后面临的重要形势做出的科学判断，也是对十三届三中全会精神的集中体现。

四　规律总结

第一，中国的改革事业必须坚持党的领导。

十三届三中全会前后的经济、政治和社会形势变化，及十三届三中全会在这一历史过程中所发挥的作用恰恰说明，中国的改革进程只有坚持党的领导，才能贯彻党的基本路线，不走封闭僵化的老路，不走改旗易帜的邪路，坚定走中国特色社会主义道路，始终确保改革正确方向。早在1982年，党的十二大报告就明确指出：重要的是，全党特别是各级党委，一定要坚持四项基本原则，坚持十一届三中全会以来的正确路线，既要反对那种企图回到“文化大革命”和它以前的错误理论、错误政策上去的“左”的倾向，又要反对那种怀疑和否定四项基本原则的资产阶级自由化的右的倾向。1984年十二届三中全会决定也明确提出经济体制改革的目标是“具有中国特色的社会主义应该充满活力，既区别于过去那种僵化的模式，又与资本主义根本不同”。1992年邓小平“南方谈话”讲到，在这短短的十几年内，我们国家发展得这么快，使人民高兴，世界瞩目，这就足以证明十一届三中全会以来路线、方针、政策的正确性，谁想变也变不了。十三届三中全会的重大意义正是在于改革出现强烈波动和巨大风险时，毫不动摇地坚持了党的领导，并有力地证明了党的领导才是保证中国改革事业顺利前进的坚强后盾。

同时，党的领导能力和执政能力也是在一次次考验中得到提升，领导地位和执政地位也不断得到巩固。在十三届三中全会之后，中国不但经受住了1989年春夏之交政治风波的严峻考验，而且经受住了20世纪90年代东欧剧变、苏联解体的冲击和影响。1995年江泽民在十四届五中全会论十二大关系，其中最重要的也是第一大关系，就是正确处理改革、发展与稳定的关系，即改革是动力，发展是目的，稳定是前提。他指出：实践表明，三者关系处理得当，就能总揽全局，保证经济社会顺利发展；处理不当，就会吃苦头，付出代价。而这一论断的主要认识来源，即十三届三中全会前后的复杂经济、政治和社会形势，以及我党政策制定过程中所取得的经验和教训。

第二，改革必须尊重客观规律。

十三届三中全会面临的复杂形势是自改革开放之后所从未遇到过的，在这种形势下，中央的判断确实出现了一定偏差。其原因在于中央未对多方意见进行科学而慎重的权衡。在1988年，来自中国社会科学院的刘国光等经济学家力主不应推进“价格闯关”，但中央过度关注内部研究的政策建议，而力主推出了价格调整政策。而由此导致的一系列措施所引发的全国范围的高通胀和经济混乱，恰恰验证了刘国光等人的判断是正确的。也正因如此，在1988年由李鹏主持的会议上专门对“价格闯关”政策进行了批评与自我批评的分析。“价格闯关”的政策失误表明，改革进程并非一帆风顺，只有广泛听取各方意见，特别是来自专业科研机构的政策建议，才能最大限度地规避改革风险。而对“价格闯关”政策的调整，也表明，我党是一个能够及时发现错误，并勇于自我批评的党，从此次失误的建议中，我党再一次确认了“实践是检验真理的唯一标准”，重新审视并调整了改革政策。十三届五中全会曾指出，我们的教训，“就是往往脱离国情、超越国力、急于求成、大起大落。这种失误，严重挫伤了干部和群众的积极性，造成了巨大损失”。在十三届三中全会之后几年，中央确定了通过进一步治理整顿和深化改革，努力实现国民经济的长期持续稳定协调发展，并指出在整个社会主义现代化建设过程中都要始终坚持，不能动摇。这一认识恰是我党在经历过严厉考验后得到的认识，也是符合中国改革与发展规律的正确认识。

第三，改革需要有纠错机制。

纵观十三届三中全会前后几十年的历史，1988—1989 年的形势最为复杂，也最为严峻。其间中央甚至推出了一些失误的政策，带来了许多严重后果。而最终中国经济发展与改革事业能够顺利渡过难关，很大程度上得益于我党能够及时对自身错误形成清晰认识，并果断做出必要调整。而要确保这种纠错机制能够有效地发挥作用，党和政府需要坚持三个方面的工作，一是把全心全意为人民服务作为自己的根本宗旨，继续发展从群众中来、到群众中去的群众路线；二是加强民主集中制，提高党的战斗力，特别是处理好中央与地方、上级与下级的关系，解决好各级党委加强集体领导和党的纪律等问题；三是加强理论学习，提高党的工作的科学性。只有如此，作为改革开放领导核心的党才能在大是大非面前做出科学决策，才能在改革路径出现偏差的时候，及时认清错误性质，并做出科学调整。真正做到国民经济持续稳定协调发展，是一个很复杂的问题。我党在十三届三中全会之前的决策失误，之所以能够迅速调整，并上升至十五届五中全会确定的持续稳定协调发展路线上，根本上在于我党领导的改革开放事业形成了内在的纠错机制。而这一机制需要长期坚持和不断完善。

十八届三中全会通过了《中共中央关于全面深化改革若干重大问题的决定》，标志着中国的改革开放进入到新的阶段。与此同时，改革面临的深层次矛盾也在不断显现，这与十三届三中全会面临着相似的形势：受自 2008 年以来金融危机和国内的 4 万亿投资计划影响，国内经济形势也存在复杂性，而且改革进入深水区。在这些背景下，十三届三中全会或许提供一些值得借鉴的经验：坚持党的领导，着力提高党在新发展形势下的领导能力、执政能力和决策能力；正视过往政策失误，健全政策纠错机制，直面深层次的体制矛盾；坚持稳定压倒一切，保持改革进程的良好的经济环境和规范的经济秩序。

参考文献

［1］范恒山：《中国：计划与市场探索十三年——十一届三中全会以来计划与市场关系讨论述评》，《经济研究参考》1992 年第 1 期。

［2］方涛：《改革开放以来中共历次三中全会的历史考察——基于比较史学的研究》，《实事求是》2014 年第 4 期。

［3］龚云：《改革开放以来历届三中全会的中心议题》，《团结报》2013 年 11 月 21 日。

［4］纪彭：《十三届三中全会“价格闯关”失利后的治理整顿》，《国家人文历史》2013 年第 11 期。

［5］陆颖：《改革开放以来历届三中全会的议题、成果及意义》，《上海人大》2013 年第 11 期。

［6］王兆铮：《从十一届三中全会到十三届三中全会》，《求实》1989 年第 3 期。

［7］余亦青：《十三届三中全会　为深化改革清扫道路》，《环球人物》2013 年第 11 期。

［8］张丽丽、杨志平：《我国经济体制的改革历程及现实启示——以改革开放以来历届党代会和三中全会为视角》，《长春理工大学学报》（社会科学版）2015 年第 9 期。

［9］钟健英、程传享：《试论改革开放以来的历届三中全会》，《福建党史月刊》2014 年第 6 期。

［10］周明生：《改革开放以来的历届“三中全会”》，《中国改革》2003 年第 8 期。

［11］《中国共产党第十三届中央委员会第三次全体会议公报》，1988 年 9 月 30 日。

第四章　十四届三中全会

——社会主义市场经济制度的确立

中国共产党第十四届中央委员会第三次全体会议（以下简称“十四届三中全会”），1993 年 11 月 11—14 日在北京举行。会议审议通过《中共中央关于建立社会主义市场经济体制若干问题的决定》（以下简称《决定》），充分体现了邓小平同志建设有中国特色社会主义的理论，是对党的十四大提出的建立社会主义市场经济体制目标的具体化、系统化，在理论和实践上都有重要突破和发展，是建立社会主义市场经济体制的行动纲领。也可以说是社会主义市场经济体制的第一个总体设计，我国彻底告别了计划经济体制。

一　历史背景：“南方谈话”

1. 改革有争议，邓小平发表“南方谈话”

中国经济改革无论过去还是现在，都在争议中前行。20 世纪 90 年代初改革争议凸显。随着 1978 年十一届三中全会改革的进展，计划理性与市场激励共同推动经济增长的局面逐渐过去，计划体制与市场经济的矛盾逐渐凸显。“走出‘文化大革命’”的共识逐渐淡化，而“走向何处”的分歧逐渐明晰。到了 20 世纪 80 年代末 90 年代初，国际国内形势发生了重大变化。社会主义阵营遭遇苏联解体、东欧剧变，偌大的一个社会主义大家庭，顷刻间不战自溃，纷纷倒旗落马，西方敌对势力大肆宣扬“共产主义大溃败”。面对复杂的局势，国内一些人对社会主义的前途缺乏信心，一部分干部群众中一度出现了对党和国家改革开放政策的模糊认识。实际是关于姓“资”和姓“社”的问题，要不要坚持以经济建设为中心的党的“一个中心，两个基本点”的基本路线，中国走什么道路的问题。

在这个背景下中国经历了1989—1992年的剧烈动荡。在这关键时刻，邓小平作为中国改革开放的总设计师，勇敢地站出来，力排众议，拨正船头，引导建设有中国特色社会主义的航船驶向光明的彼岸。1992年年初，邓小平发表了震惊中外的“南方谈话”，堵住了苏式体制（党国政治加计划经济）的回归之路，不但经济改革大规模重启，而且首次明确了脱离计划经济、走向市场经济的方向。

改革有争议，改革被放缓甚至出现倒退，此刻需要顶层设计来确立大方向。“南方谈话”就是这个顶层设计，改革再次起航。邓小平“南方谈话”的发表，成为继十一届三中全会以来的第二份宣言书，指引了中华民族沿着中国特色社会主义道路前进的正确航向。“南方谈话”及时深刻地回答了“什么是社会主义，怎样建设社会主义”的重大问题，极大地解放了人们的思想和坚定了人们的社会主义信念，极大地推动了我国改革开放的进程。“南方谈话”在确立社会本质的同时，把市场经济和资本主义相分离，进而论证了社会主义可以发展市场经济。这就深刻回答了长期束缚人们思想的重大认识问题，最终解决了关于市场经济并非资本主义专有属性这一根本问题，使多年来关于计划与市场问题的论争摆脱了意识形态的束缚，为社会主义市场经济体制的确立扫清了理论上的障碍。同时，“南方谈话”迎来思想的大解放，生产力的大解放，从此，一个快速发展的中国屹立于世界的东方。

2. 基本经济制度、分配制度、国企改革等，都需要以市场经济地位的明确为前提

各项经济体制是一个协同整体。经济体制是一个复杂的系统，是一个由各种制度构成的集合体。构成经济体制的各种制度并不是孤立的，而是相互作用、彼此适应的。一种有效的制度一经出现，就要求其他制度与之相适应，以便使整个体制系统和谐、有效地运行。如果某些制度的设计没有适应其他制度的要求，这些设计就会失败。例如，刘瑞明和石磊（2015）发现，鉴于中国的所有制结构改革滞后构成了城市化进程滞后的重要原因，因此，从改革的次序上来讲，所有制改革应该优先于城市化进程的改革。

基本经济制度的公有制是否为主体、多种所有制是否能够存在，分配制度的要素分配是否可行，国企改革的企业制度如何推行，都需要首先明确我国是否可以发展市场经济，发展什么样的市场经济。十四届三中全会肯定了发展市场经济的大方向，同时还注意了社会主义的特殊性。各项经济制度的确立都必须围绕着社会主义市场经济来思量和确定，而这些制度设计在三中全会前尤其是 1992 年“南方谈话”前都是各自一盘棋，又都充满分歧和迷茫。

同时，在改革中也存在许多不协调、不平衡。在发展多种所有制、放开商品市场、扩大对外开放方面相对快一些，而在国有企业改革、要素市场和宏观体制改革方面却明显滞后。部分生产资料如资金、土地等生产要素的价格“双轨制”造成了市场信号和市场秩序的混乱。计划、财政、银行在调控目标和手段上，缺乏有效的配合和协调，助长了投资和信贷的盲目扩张。这些问题，不仅影响着改革的深化以及产业结构的调整和经济的发展，而且影响着社会政治的稳定，迫切要求改革的综合协调和全面性整体推进，需要按照社会主义市场经济的要求进行总体设计。

3. 宏观经济和宏观调控出现一些问题

一方面，价格双轨制逐渐取消，价格并轨过程遭遇挫折。在 1994 年，最后的双轨制价格——双重汇率——被取消，双重价格被统一成单一的市场价格。在这里，借着价格双轨制而成长起来的市场力量起到了关键性作用。乡镇企业和私营企业的原材料和产品都依赖市场价格，它们迫切希望改变双轨制产生的“资源错配”，这在一定程度上推动了双轨价格的并轨。事实上，价格并轨不是一帆风顺的。为了在短期内迅速理顺价格体系，力促价格并轨，1988 年中央政治局会议决定对物价和工资制度进行改革“闯关”。由此导致民众对物价上涨的恐慌心理，出现大规模的抢购商品和大量提取储蓄存款的风潮，三个月后这次价格改革闯关以失败告终。

另一方面，经济过热，通胀压力大。十四届三中全会前我国经济逐渐走向过热，通货膨胀压力加大。1989 年 10 月 28 日《经济学人》杂志发表了一篇以“巨龙因何陷滞胀之困”为题的分析报道。一些人甚至认为，1984 年以来市场力量的不断壮大正是导致物价上涨及恶性通胀的原因。20 世纪 90 年代初，中国充满了不确定性和自我怀疑，经济体制改革陷入停滞。从一定程度上讲，十四届三中全会通过的《决定》提出了国有企业、财税、金融、投资体制等方面的改革措施，是试图通过深化改革来消除过热的制度根源。到 1996 年，CPI 走势趋于平稳，经济增长率仍维持在高位，经济实现了“软着陆”。

同时，国家财政收入不能随着经济发展而同步增长，财政困难没有缓解，尤其是出现了中央财政向地方财政借钱的情况，中央权威受到制约，央地关系不顺畅。这些问题，只有靠加快改革，建立社会主义市场经济体制，才能从根本上解决。

二　改革的基本方向：社会主义市场经济

1992 年 10 月，党的十四大提出经济体制改革的目标是建立社会主义市场经济体制。党的十四大以后，各方面都希望能够再进一步，抓紧制定一个社会主义市场经济的总体规划。1993 年 11 月，十四届三中全会通过了《中共中央关于建立社会主义市场经济体制若干问题的决定》。如果说改革开放是决定当代中国命运的关键抉择，那么实行社会主义市场经济就是改革开放最为重要的核心内容。

（一）有关论述

从 1978 年确定改革的方针直到 1992 年中共十四大报告明确经济体制改革的目标是社会主义市场经济体制，中国在理论和实践两个方面的探索上就一直贯串着“是计划还是市场”的选择问题。关于社会主义市场经济的经典论述源自邓小平的“南方谈话”：计划多一点还是市场多一点，不是社会主义与资本主义的本质区别。计划经济不等于社会主义，资本主义也有计划；市场经济不等于资本主义，社会主义也有市场。计划和市场都是经济手段。同时，邓小平指出：改革开放的判断标准主要看是否有利于发展社会主义社会的生产力，是否有利于增强社会主义国家的综合国力，是否有利于提高人民的生活水平。自此以后，以“三个有利于”为代表的新的“思想大解放”的共识，成为20世纪90年代后中国社会主义市场经济发展的重要价值取向和标准，全社会充溢自由创新的气象。在社会主义的经济建设中，发达资本主义国家在发展市场经济过程中的一切有益的做法和经验都是值得我们借鉴和吸收的，我国经济发展取得长期高增长的奇迹。

同时，十四届三中全会还提出：社会主义市场经济体制是同社会主义基本制度结合在一起的。为实现这个目标，必须坚持以公有制为主体、多种经济成分共同发展的方针，进一步转换国有企业经营机制，建立现代企业制度；建立全国统一开放的市场体系，实现城乡市场紧密结合，国内市场与国际市场相互衔接，促进资源的优化配置；转变政府管理经济的职能，建立以间接手段为主的完善的宏观调控体系，保证国民经济的健康运行；建立以按劳分配为主体，效率优先、兼顾公平的收入分配制度；建立多层次的社会保障制度，为城乡居民提供同我国国情相适应的社会保障，促进经济发展和社会稳定。这些主要环节是相互联系和相互制约的有机整体，构成了社会主义市场经济体制的基本框架。

（二）地位及影响

十四届三中全会通过的《决定》中，建立现代企业制度、培育发展市场体系、建立健全宏观调控体系、建立合理的收入分配制度和社会保障制度，这五个环节有机统一，构成了社会主义市场经济体制框架的基本内容。此后，中国经济体制改革所做的一切，都是在为这座大厦添砖加瓦。

同时，中国的市场经济有其特殊性。世界上有两种市场经济，一种是资本主义市场经济，另一种是社会主义国家的市场经济，我们的市场经济当然是社会主义市场经济。社会主义市场经济有三个特征：一是公有制占主体。我们国家既是市场经济国家，又是社会主义国家，而且还是以公有制为主体的国家。二是以共同富裕为目标。贫穷不是社会主义，我们是社会主义国家，当然追求共同富裕这个社会主义的根本目标。三是实行宏观调控。我们的市场经济在很大程度上受国家管制，从而减少了市场经济的盲目性，这个管制就是国家的宏观调控。三个特征协调合作，共同带动机制变迁和改革的深入，作为整体的制度演进是各局部制度的一致变迁带来的。

十四届三中全会，确立了社会主义市场经济及其基本框架，明确地回答了多年来经常困扰和束缚我们思想的许多重大认识问题，使建设有中国特色社会主义的理论更加系统，形成了科学体系。

三　改革的主要内容：社会主义市场经济体制

根据邓小平同志“南方谈话”的精神，党的十四大明确提出，我国经济体制改革的目标是建立社会主义市场经济体制。目标明确了，怎么建立？十四届三中全会专门研究如何建立社会主义市场经济体制。

社会主义市场经济体制是社会主义基本制度与市场经济的有机结合和兼容。一方面它体现了社会主义的制度特征，另一方面它具有现代市场经济的一般特征。实践证明，十四届三中全会对社会主义市场经济体制的改革举措可以归结为如下四点：市场起基础性作用，建立现代企业制度，用好宏观调控，以及分税制。

（一）发挥市场机制在资源配置中的基础性作用

市场不仅仅是一种扩大范围的调节手段，而且是一种和社会主义相结合的价值层面的路径选择，充分发挥市场在资源配置中的基础性作用已经成为社会主义市场经济发展的本质要求。

让市场起基础性作用其实就是我们所说的市场化。社会主义市场经济具有现代市场经济的一般特征，主要表现在：①从资源配置方式看，以市场作为决定性的手段；②从经济运行机制看，注重发挥价格、供求、竞争的作用；③从微观层面看，企业是独立的市场主体和法人实体。从资源配置遵循的规则角度看市场化的含义，就是由等级规则向产权规则的转变。计划经济条件下的资源配置规则是等级规则，而市场经济条件下的资源配置规则是产权规则。产权明晰化是市场化的必由之路。没有明确的产权界定，也就不可能有真正的市场交换。所以市场化主要包括两点：一是引入市场的资源配置机制，二是改变产权、所有权治理等激励机制。

从一个高度集权的计划经济体制向市场经济体制的过渡应选择什么样的改革方式，不同的转型国家选择了不一样的改革道路。中国选择了一条自上而下的渐进式改革道路。这样一种改革方式在以较低的摩擦成本启动市场化改革方面发挥了重要的作用。由于等级规则与产权规则的冲突，或者说政治与经济的冲突，从理论上说它在完成向市场经济体制的过渡方面存在一系列难以逾越的障碍。但是，实际上，由于采用了渐进式改革道路，不仅中国的市场化进程在不断加快，而且持续保持着较高的经济增长速度。

（二）转换国有企业经营机制，建立现代企业制度

改革开放以来，以公有制为主体，多种经济成分共同发展的格局初步形成，市场在资源配置中的作用迅速扩大。从 1984 年到 1992 年，我国主要是允许私营经济的存在和发展。十四大肯定了建立多种经济成分并存的所有制结构的必要性。在全部国民生产总值中，1978 年国有部门提供的份额占 56%，集体部门占 42%，非公经济占 2%；1992 年国有部门占 35%，集体部门占 53%，非公经济占 12%。十四届三中全会确立社会主义市场经济体制后，国有企业和集体企业的比重进一步下调，国有企业需要和民营企业一起建立更加科学有效的现代企业制度。

现代企业制度是指以市场经济为基础，以完善的企业法人制度为主体，以有限责任制度为核心，以公司企业为主要形式，以产权清晰、权责明确、政企分开、管理科学为条件的新型企业制度。这促使企业真正成为适应市场的法人实体和竞争主体，这就确立了以产权制度改革和企业制度创新为基础的改革思路。国有企业的改革思路，就是逐步摆脱传统的依靠政策调整和利益再分配的模式，而按照建立社会主义市场经济体制的目标要求，在深层次的制度层面寻求突破。其中，理顺产权关系，建立适应市场经济要求的现代企业制度，是建立社会主义市场经济体制的基础和中心环节。

十四届三中全会后国企改革加速，尤其是国企民营化现象加剧。邓小平“南方谈话”之后，广东顺德和山东诸城就开始了国企的民营化。中央政府于1995年出台了“抓大放小”的政策，决定保留500—1000家大型国有企业，允许较小的企业租赁或转让。到2005年年底，1995年的国有工业企业中的76.7%都已经民营化或破产了（Garnaut等，2005）。与民营化相伴随的是国有企业就业数量的下降。裁员的高峰发生在1998年，这一年国有企业中有2000万员工下岗或失业。从1995年到2005年，近5000万国有部门的职工经历了下岗或失业（Garnaut等，2005）。但是，政府没有因此停步不前，而是一方面低调进行民营化，另一方面尽最大可能帮助下岗失业工人再就业。

需要提一下的是，关于现代企业制度的构建，有一个重要的学术会议——京伦会议。十四届三中全会之后，刘遵义和青木昌彦等经济学家召开了“京伦会议”，以建设市场经济的基本框架为重点进行研讨。如果说“巴山轮会议”以宏观经济学为主线，“京伦会议”则以微观经济学为主线，集中讨论了转轨时期的产权、公司治理结构、债务重组、破产程序等企业制度问题。

值得深思的是，国企改革至今仍未完成，1993年提出的改革目标仍未完全实现。如何构建国企改革的理论以更好地指导实践，如何真正实现产权明晰，如何在现代企业制度中嵌入党的领导，如何合理实现分类改革和混合所有制改革，既是国企改革的继续，也是十四届三中全会《决定》的延续。

（三）转变政府职能，建立健全宏观经济调控体系

社会主义市场经济体制的实质和核心内容，就是要使市场在社会主义国家宏观调控下对资源配置起基础性作用。应当看到，在发展社会主义市场经济过程中，市场并不是万能的，建立健全有效的宏观经济调控和社会保障制度，是企业行为和市场机制所不能替代的，因为

企业和市场不具有也不可能有宏观调控和社会保障的功能。宏观调控体系是社会主义市场经济体制的调节器，只有建立以间接手段为主的完善的宏观调控体系，才能确保社会主义市场经济体制的系统性、完整性和统一性。有了这样一个新体制，才能促进经济和社会的稳定，保证国民经济的健康有序运行。

在宏观调控上，社会主义国家能够把人民当前利益与长久利益、局部利益与整体利益结合起来，建立以间接手段为主的完善的宏观调控体系，从而有利于保证国民经济健康运行。在其他国家，宏观调控也是极为重要的。福山（2015）比较了几百年间拉美与美国之间的经济差距发现，当拉美国家采取开明合理的经济政策时，其与美国的"鸿沟"就会停止扩大甚至被缩小。十四届三中全会确立的宏观调控的主要任务是：保持经济总量的基本平衡，促进经济结构的优化，引导国民经济持续、快速、健康发展，推动社会全面进步。可以说，从1993年"软着陆"开始一直到2003年启动新一轮调控之前，这10年是社会主义市场经济体制下的中国宏观调控体系初步成型时期。

除了宏观调控，政府职能转变的另一个表现是机构精简，但在十四届三中全会后效果有限。1993年，中国政府宣布正式开始社会主义市场经济建设。市场经济建设取代有计划的商品经济，这是一个实质性的转变。由此开始，政府朝着市场经济的方向转轨。政府职能全面转变。但当时因为市场经济建设刚刚起步，政府职能的转变刚刚开始，不可能很快到位，机构只能以此为基础进行局部性的精简，所以成果有限，并且存在一定的"精简—膨胀—再精简—再膨胀"的逆向恶性循环现象。

（四）分税制

在中央政府主导的行政性放权的改革中，为了调动地方政府向企业放权的积极性，从20世纪80年代初期开始，中国进行了财政体制改革，即由统收统支的财政体制过渡到财政包干体制。于是，地方政府可支配的预算规模不仅取决于地方政府与中央政府之间分享财政收入的比例，而且与该地方的经济发展水平相联系。1993年，按照建立社会主义市场经济体制的改革目标，十四届三中全会提出：把现行地方财政包干制改为在合理划分中央与地方事权基础上的分税制，建立中央税收和地方税收体系。

分税制在按照社会主义市场经济体制目标要求构建财税体制框架方面迈出了关键性的一步，使政府整体财力特别是中央财政能力得到加强。在税制改革方面，以公平税负和简化税制为核心，建立了以增值税为主体、消费税和营业税为补充的流转税制度。分税制既是中央和地方之间的利益分配机制，也是地方政府的动力机制，直接激励了地方官员积极性，地方政府行为产生变化，追求本地的 GDP 和财政收入。

分税制给了地方官员更大的财政自主权，地方政府经济实力的提高所引起的谈判力量的变化导致了重建新的政治、经济合约的努力。当经济利益独立化的地方政府成为沟通中央政府的制度供给意愿与微观主体的制度创新需求的中间环节时，就有可能突破中央政府设置的制度创新的进入壁垒，进行自发的制度创新，成为第一行动集团。

分税制以来政治企业家逐渐涌现，地方官员“锦标赛”竞争。官员往往利用权力追求其政治目标，为了获得晋升而大力发展经济。而为了做大一方经济，官员则像经营企业那样经营着一个城市或地区，同时为了扶持企业发展，主动招商引资、吸引落户、代表企业向上级要政策，成为改革发展的第一行动集团。例如，吸引投资是中国地方经济考评的重要指标，因此，长期以来招商引资就成了中国地方政府的主要工作之一，并且为了争取企业投资地方政府还竞相出台优惠政策。有学者甚至把区域这一经济实体理解为一种经济组织，不同于一般意义上的经济组织，它是有空间维度的经济组织。地方政府协助企业发展的案例不胜枚举，例如在芜湖市政府领导的努力下，奇瑞从中央政府手中获得了生产汽车的牌照，进而获得成功。

四　历史评价：推进市场化改革

十四届三中全会确立了社会主义市场经济制度，拉开了市场化改革的大幕。市场基础性作用，现代企业制度，分税制和宏观调控至今仍然是我国最基本的基础性经济制度。管窥中国经济改革的路径及其背后隐含的大逻辑，我们认为，这些构成了我国经济改革的基本经验。同时，改革的不止步，以及市场作用的逐步增强成为我国经济改革的基本规律。

（一）基本经验

中国的“增长奇迹”不同于其他国家，正如 Allen 等（2005）指出的，中国目前的司法和其他制度均落后于大多数国家，但多年来中国却是世界上经济增长速度最快的国家之一。这让众多学者试图提供一种符合中国实际情况的解释。综观十四届三中全会，我们发现中国改革成功可以归结为两个放权和一个集权，放权是向企业放权和向地方放权，集权是政治上的集权和宏观调控。

1. 通过市场经济向企业放权

市场经济给了企业自主经营权。松绑了国有企业的一些社会职责，鼓励了更多民营企业平等进入市场。可以说，资源配置信号由计划指标转向市场价格，经济决定主体由政府官员转向企业家，个人权益基础由政府职位转向私有财产。企业自主经营，自负盈亏，可以实现更高的资源配置效率。同时，政府减少计划、干预和管制，也节省了企业的交易成本，提升了企业的经营效率。而且，通过向企业放权，政府和企业各方面关系更加协调。吴敬琏和周小川（1993）主张推进配套改革，在搞活企业、建立和完善社会主义统一市场、实现宏观经济管理模式转换等方面相互协调。

企业家精神得以鼓励，经济增长动力大增。企业是企业家的企业，企业的自主权也就是企业家精神能够更加自由地发挥和施展。中国以建立社会主义市场经济体制为目标的改革，不少情况下既缺少现成的理论作为指引，也缺少具体的经验作为参照。这就需要充分激发来自多元社会经济主体内生或自生的改革力量。一个企业家能够看到、评价和追索机遇，而一个管理者却关注如何利用可能的资源而实现最好的结果。而且企业家是职业投机者，他们有承担风险的比较优势，他们有协调不同时期市场的能力。企业家能够大胆而又富有想象力地突破现行的商业模式和惯例，不断寻求各种机会推出新的产品和新的工艺，进入新的市场并且创造新的组织形式。

企业家发现新的产品、新的市场、新的企业组织方式，企业就有了新的高价值的投资项目，扩大到一个国家，国家也就有了支撑经济发展的新增长点。例如，阿里巴巴带动了电商发展，引发了“互联网+”国家战略，最终导致各行各业的生产效率和投资效率都可能会得到改造和提升。如果不能理解企业家，就不能理解市场经济，不能理解所有权的重要性。

2. 通过分税制向地方政府放权

改革开放以来，中国经济取得了举世瞩目的“中国奇迹”。经济学家在探讨中国经济保持30多年高增长的原因时，除了这段时期较好的世界经济发展的外部环境外，大部分学者将中国自1979年开始的财政以及行政分权化改革的体制性因素作为最重要的原因之一。Qian和Weingast（1997）提出了“中国特色联邦主义”理论，认为政治上集权、经济上适度分权的行政体制是中国地方政府发展经济的根本性的体制性原因。Jin等（2005）采用了1970—1999年的29个省份的面板数据，观察了财政承包制实施的1982—1991年和1994年分税制改革后省级财政收入和财政支出之间的关系。模型结果显示，1994年分税制改革后两者之间的系数变大了，这源于地方财政收入留成由1982—1991年的66%下降到1994年的50%。

很多学者把中国的体制总结为“向地方分权的威权主义体制”，其主要特点是中央对政治、人事权的高度集权与在行政、经济控制权方面向地方高度放权相结合。这两者的紧密结合使中国的体制在世界上独一无二，超出政治学和政治经济学已有的理论范畴。分权式威权制是创造中国地区间竞争的基本的体制结构，是地区竞争和地区实验的制度基础。这个机制解决了地方政府的激励机制问题、信息问题。分权式威权制是创造地方竞争的基本体制，地方竞争是驱动30多年改革和快速增长的基本机制。

地方政府推动制度创新能够成功的重要原因是，企业确实需要这些创新但是又不能自己去实现它。Greenstone和Hanna（2014）认为，制度环境较差是发展中国家的一个基本特征，并导致不少政策以失败告终。政策成功与否在很大程度上取决于人们对此方面政策的需求程度。隐含的逻辑是，需求强度倒逼政策的执行程度。这说明，需求强度大的政策也会在制度环境差的国家实施。而我国地方政府的第一行动集团的作用就是体现在发掘企业最需要的政策，直接提供给企业，或者代表它们向中央索要该政策。同时，中央对地方政府自发改革创新和扶持企业的做法一向是默认的，往往采取事后确认的方式，对相关的“大胆革新”行为是有较高容忍度的。有学者实证发现，官员在参与经济部门活动过程中获得了包括政治升迁和经济利益在内的私人收益，使地方官员竞相为企业谋划发展，而中央政府则表现出了较大容忍，正是中国经济增长的制度特征。

中国以 GDP 为导向的官员晋升机制有其特殊背景。一方面，改革之初中国的经济制度不健全，企业需要依靠政府来获得市场准入以及排他性的经济资源，例如低廉土地和信贷。另一方面，中国官员的经济表现容易被观察和比较。中国具有 M 形的政府结构，决定了各地区的经济表现容易区分和比较，这为官员晋升和经济表现之间的敏感性创造了可观察、可测度这一重要条件。分税制改革的影响范围远远超出了财税领域，涉及中央与地方的关系，甚至是中国经济奇迹的重要推动力。分税制改革在我国是如此的成功和重要，以至于直到今天如何调整国地税的改革才被再次提及。

当然，不能回避的是，分税制下官员晋升机制和传统经济发展模式出现了很多问题，全面深化改革的新阶段必须要对此进行变革。片面追求 GDP，中国的产能过剩、环境问题、资源问题日益严重；官商紧密合作，导致了“寻租”和腐败案件多发；“一把手”权力过大，任人唯亲以及暴力执法、干预司法等问题突出。第一行动集团在带领经济前行的同时，激励机制也越来越扭曲，必须要扭转或破除。例如土地财政问题凸显，地方推动房地产业发展过程中，土地转让金不仅构成地方财政收入的重要来源，更是城市固定资产投资的财源。根据 1994 年至 2009 年土地转让收入与城市固定资产投资的统计数据，研究者估计前者占到后者的 40%—60%。

3. 政治集权、政府宏观调控是中国经济成功的重要制度基础

一方面，政治集权激励官员作为。如前文所述，政治上中央集权，对地方官员晋升具有决定权，这激励地方官员按照中央意图来主动作为。中央看重经济增长，地方官员则唯 GDP 论。这些相关论证不再赘述。在此，我们从相反的方面，简单阐述当前官员不作为的可能原因。中国改革取得显著成功，根本原因就是调动了官员积极性，各地区、各部门到处试点、彼此竞争，就形成了相互促进的局面。而本轮改革在提高中央决策层改革意愿的同时却出现了“中间层不作为”的局面。这个不作为，自然是官员晋升机制的变化所引起的，而最大的变化是 GDP 不再是升迁的唯一目标了。

政治集权没有变，但是当前官员不作为了，是因为其中间机制出现了变化。例如官员晋升的目标呈现多元化。除 GDP 外，现在与官员晋升挂钩的重要指标还有清廉、环保、重大责任事故等方面。从经济学理论看，多任务代理和多委托人代理都是低效率的。一个代理人同时承担多项任务，或者一个代理人同时对多个委托人负责，都会存在较高的偷懒问题和代理成本，因为它很难做到激励相容。多重目标，孰重孰轻，如何才能更好地晋升？许多官员对此迷茫和无所适从。此外，当前法制不健全、权责不对应的现实，致使行无定则、违规施政成为权力运行的普遍现象，而在反腐高压态势下部分官员则不知道如何依法依规施政，产生了“不求有功，但求无过”的消极心态。

另一方面，宏观调控管理中的中性政府、特惠和干部组织等方面保障经济长期增长。中国能够创造出如此优异的成绩，根本原因在于中国具有一个以强势政府和国有经济对社会的强力管控为基本特征的政治和经济制度。这种体制能够“集中力量办大事”，有力地贯彻国家意志，因而能够创造北京奥运、高铁建设和一些地区 GDP 连续两位数增长等“奇迹”。对于我国在过去 30 多年在经济增长上取得的成功，如果要给出一个政治经济学解释，一个简单回答是我们搞了市场化改革。但是我们看到，很多国家都搞了市场化改革，却没有高速发展。因此，反思中国制度的特殊性，很多学者认为宏观调控中表现出

的中性政府、特惠、干部组织是中国改革成功的制度基础。贺大兴和姚洋（2011）认为，中国政府是一个中性政府，即在社会群体之间没有特定长期偏好的政府，这样的政府更可能把资源分配给生产力比较高的社会群体，从而促进经济增长。还有学者提出了“特惠制度”的概念，认为中国制度差，但是对于企业家和资本家却是极为友善的。中国官僚作风严重，行政效率低下，法治和产权保护水平不高。但是，中国对于资本家和企业家极为宽松，行政资源和市场资源向资本家倾斜，低价转让土地、税收优惠、上门招商行政简化、银行信贷、压制劳工等方式，为资本积累和产业发展创造了条件，即“帮助之手”。

干部组织的作用也被有关学者重视。较高的政府质量是社会经济得以发展的必要条件。然而，中国的实践却和该理论不符：自改革开放以来经历了高速经济增长，然而法治却较为薄弱、腐败也颇为严重，政府质量始终在低位徘徊。如何理解这一悖论？Rothstein（2015）认为，政府质量决定经济发展的总体框架是不错的，但在具体应用到中国时可能遗漏了某些制度因素。中国行政管理体制中的干部组织不仅可以抵消法制缺失、腐败严重带来的负面影响，更可以通过服务民众而实现较高的政府质量，最终促进社会经济发展。当忽视这一因素时，政府质量的作用便会被低估。中国干部组织体系强调党政合一，忠诚度和意识形态都是公共决策的重要考虑因素，同时十分重视官员的教育、能力与绩效，注重为民众服务、满足民众需求、获得民众满意。正是这两者的巧妙结合构成了中国独特的干部组织制度。这一组织体系可以有效解决委托—代理关系中的信息不对称及激励不充分问题，进而能够高效地推动经济发展并提升政治合法性。

（二）基本规律

通过观察十四届三中全会的改革举措，并比较它们在后来改革中的调整、完善和深入，不难发现两条基本的规律，一是改革一直在路上，改革是最大的红利；二是市场的作用在逐步加强。

1. 改革不止步，改革是最大的红利

改革是在不改变社会基本制度的前提下，对生产关系和上层建筑的某些方面和环节进行变革。通过改革，可以改变一个社会内部与生产力不相适应的生产关系和与经济基础不相适应的上层建筑，可以实现社会内部的自我调整和自我完善，从而促进生产力发展和社会进步。

诺斯认为，从历史长河中看制度总是不断发展演进的，在一般情况下，制度变迁是一个渐进的、连续的演变过程，是通过制度在边际上不断调整实现的。长期的经济变革之所以发生，新古典经济学所强调相对价格变化。按照科斯交易费用经济学的分析进路，生产建制结构的选择源于经济当事人对交易费用节约的理性计算；而对诺斯来说，制度变迁源于理性的政治和经济企业家为节约交易费用而诉诸的制度创新和变革的种种努力。

虽然某些变化恰好以新古典经济学内含的方式（即个人成本收益的变化导致行为自动改变）在边际上发生，而另一些变化则不是如此。从微观上看，当制度变迁的收益大于其成本时，理性的经济人就应该选择一种更有效率的新的制度安排。然而，制度是一种集体选择的结果，很可能与个人的成本收益权衡相背离。因此，国家层面的顶层设计或者说制度供给非常重要。而制度变迁供给的影响因素主要有意识形态、制度实施的预期成本、制度设计成本、现存制度的安排、上层决策者的利益和来自利益集团的压力，还有现有知识累积及其社会科学知识的进步。

改革就是不断调整制度以节省交易费用、适应技术进步和社会观念的变化、释放生产力。因此，改革不能停歇，改革会持续给我国经济社会发展带来无尽的红利。

2. 市场作用逐步增强

我国对计划与市场关系的认识历程经历了几个阶段：1978—1983年是含有市场机制的计划经济，1984—1986 年是有计划的商品经济，1987—1992 年是社会主义商品经济，1992 年至今是社会主义市场经济。同时，十八届三中全会进一步提出了发挥市场的决定性作用，由基础作用提升为决定性作用。每一次增加市场化，都会带来经济的结构优化和持续增长。如果以国企改革为例，国企改革几乎贯穿了我国改革开放的全过程，历经承包制、放权让利、抓大放小、战略布局、分类改革、混合所有制等阶段。30 多年的改革经验告诉我们，市场机制、市场导向尽管存在缺陷，但它却为中国经济注入了活力。所以，市场化改革应是个基本原则，市场作用应逐步增强。

我国的市场化改革选择了“试点—推广”、增量改革等渐进方式。盛洪（1991）提出了改革成本的概念，并将其与改革带来的财富分配变化联系起来，认为较少改变当下利益格局、但同时具有改善资源配置功能的改革，改革成本较低，改革更易成功。事实上，我国选用了较低成本的改革路径。利用已有的组织资源推进改革，即先经济体制改革，然后再政治体制改革；增量改革，即在不率先触动既得利益格局的前提下，在边际上推进市场取向的改革；先试点，后推广，即先在局部范围内取得改革的经验，然后再在全局范围内推广改革经验。

参考文献

[1] 贺大兴、姚洋：《社会平等、中性政府与中国经济增长》，《经济研究》2011 年第 1 期。

[2] 刘瑞明、石磊：《中国城市化迟滞的所有制基础：理论与经验证据》，《经济研究》2015 年第 4 期。

[3] 盛洪：《寻求改革的稳定形式》，《经济研究》1991 年第 1 期。

[4] 吴敬琏、周小川：《对近中期经济体制改革的一个整体性设计》，《改革》1993 年第 6 期。

[5] ［美］弗朗西斯·福山：《落后之源——诠释拉美和美国的发展鸿沟》，刘伟译，中信出版社 2015 年版。

[6] Allen, Franklin, Jun Qian, and Meijun Qian, "Law, Finance, and Economic Growth in China", *Journal of Financial Economics*, 2005, 77 (1): 57-116.

[7] Garnaut, R., Song, L., Tenev, S. and Yao, Y., "China's Ownership Transformation: Process, Outcomes, Prospects", Washington, D. C.: *The International Finance Corporation*, *The World Bank*, 2005.

[8] Greenstone, M., and Hanna, R., "Environmental Regulations,

Air and Water Pollution, and Infant Mortality in India", *American Economic Review*, 2014, 104 (10): 3038 - 3072.

[9] Jin H., Qian Y, Weingast B. R., "Regional Decentralization and Fiscal Incentives: Federalism, Chinese Style", *Journal of Public Economics*, 2005, 89 (9): 1719 - 1742.

[10] Rothstein, Bo., "The Chinese Paradox of High Growth and Low Quality of Government: The Cadre Organization Meets Max Weber", *Governance*, 2015, 28 (4): 533 - 548.

[11] Qian, Y., Weingast, B., "Federalism as a Commitment to Preserving Market Incentives", *Journal of Economic Perspectives*, 1997, 11: 83 - 92.

第五章　十五届三中全会

——农村和农业的跨越

一　十五届三中全会的历史背景：选择农村、农业、农民作为议题的原因

中国共产党第十五届中央委员会第三次全体会议（以下简称“十五届三中全会”）1998 年 10 月 12—14 日在北京举行，会议审议通过了《中共中央关于农业和农村工作若干重大问题的决定》（以下简称《决定》），对农业发展和农村工作做了部署。

中国经济改革始于农村，而农村改革在 1984 年基本完成了联产承包责任制，改革逐步过渡到城市。1992 年之后再度开始了国有企业改革，以市场经济为目标的改革逐步开始，整个经济获得了快速发展，甚至出现了局部过热的情形。在 1997 年之后，中国经济社会面临新的问题，因而选择农村、农业和农民问题作为十五届三中全会的主题具有如下原因：

第一，农村和农业问题是中国社会经济的基本问题之一，也是能否实现跨世纪战略目标的关键。从国内经济发展看，以投资和改革为主线获得了显著成效。在 1992 年之后，中国经济逐步走出低谷，整体经济形势好转，甚至出现了一些过热的情形，以投资拉动的发展方式取得了显著成效，国民经济保持着极其快速的增长。在改革方面，国有企业转换改制和“抓大放小”也得到一定的实现，整个社会逐渐接受了市场经济的主导模式。

但农村和农业问题依然突出，在农村还有将近9亿人口，农业、农村和农民问题关系改革开放和现代化建设的大局，因而农业问题和农村工作问题成为核心议题。

第二，1998年是十一届三中全会召开的20周年。整体来看，农村改革取得了显著成效，有很多值得借鉴的成功经验，总结农村改革的经验，并就其中尚未突破的问题进行研究，对后续的改革开放具有重要意义。

第三，国际环境与背景。1992年后的快速发展还有一个重要的背景是，通过加大对外开放，中国经济获得了快速发展。企业的竞争力得到了快速提升，外贸的拉动作用日益明显。但1997年亚洲金融危机对中国经济产生了重大影响，靠外需拉动经济出现了较大的困难，因而需要更多地从国内需求着手，考虑如何带动经济进一步发展。而内需中，大量农民的收入水平和需求水平都很低，有必要探索提高农民收入和需求的有效途径。

第四，从国内发展状况看，工业化的进程在推进，但中国广大农村还有着诸多农村劳动力，收入水平低于城镇居民，农业人口正开始向城镇转移，乡镇企业发展有一定的规模，但发展后劲不足，如何更全面地解决农村发展问题成为重大的问题，如何深化农村领域的改革成为紧迫的议题。

二　现实与面临的问题：农村、农业落后的现实

事实上，中国具有较为独特的二元经济结构特征，一方面，城镇居民在工业化和城镇化推动下，生活水平有着快速的提高；另一方面，大量的农民依然集聚在农村和农业，生活水平一直难以提升。

改革开放以前的1952—1978年是城乡二元经济结构持续扩大的时期，二元对比系数由0.201下降到0.144，远低于发展中国家0.38

的平均水平。选择优先发展重工业的工业化战略与不合理的农业资本有机构成从两方面扩大了现代部门与传统部门资本积累的外部性之比，通过不合理的产业结构增强了现代部门扩大资本积累和排斥农村劳动力的内生性要求，使城乡二元经济结构凭借抑制劳动力流动的政策措施而得到强化，从而造成农业劳动生产率急剧下降、大量劳动力滞留农村、城市化受阻等历史性结果。值得一提的是，这种由制度性市场分割引起的城乡二元经济结构具有全国性的普遍影响，它对地区之间的差距并未产生直接的影响。

改革开放以后，基于市场体制逐渐建立、农村内部经济结构加速分化和地区发展战略等因素的综合影响，城乡二元经济结构呈现出跌宕起伏的发展特点。1990 年以前，城乡二元经济结构经历了一个缓解的过程。城乡二元对比系数由 1979 年的 0. 196 提高到 1990 年的 0. 246。在该阶段中，发端于农村的土地制度改革和乡镇企业的崛起是两个弱化城乡二元经济结构的主要因素。其中，来自农村内部的结构转变动因起着主导性的作用，乡镇企业通过自主贸易和吸纳农村剩余劳动力，提高了农村劳动生产力，在部分地区激发了农村居民的收入效应和经济结构多样化的需求溢出效应，从而有效地推动了工业化与城市化进程。然而，在此后的若干年中，乡镇企业的这一角色并未得到维持。政府为保护国有经济部门使其免受竞争，而在税收、信贷获得和技术劳动力供给等领域对乡镇企业的发展实施限制，既直接危害了农业，又间接对国有企业和经济发展产生了不利影响。

20 世纪 90 年代以后，沿海地区加快开放步伐使市场经济体制建设的重点又回到了城市，农村改革陷入停滞，城乡二元对比系数在短暂稳定波动中再次回落，由 1991 年的 0. 219 下降到 2001 年的 0. 18，城乡二元经济结构加深开始集中影响到东西部区域差距的扩大。从城镇居民收入差距来看，1980 年西部相当于东部的 85%，2002 年下降到 71%，下降了 14 个百分点，而从农村居民收入差距来看，在同一时期西部与东部之比由 70% 下降到 46%，下降了 24 个百分点。其中，在各省、市、区内部，又分别嵌套着不同程度的城乡二元经济结构，而且表现出与经济发展水平极不一致的方面，上海、天津、江苏和广东等省市是典型的“发达二元经济”，而江西、内蒙古和广西等省区尽管经济不发达，但是其城乡经济结构的二元差异却表现得并不十分突出。这说明，城乡二元经济结构在不同区域可能会由不同的因素引起。欠发达地区由于制造业和服务业组成的现代部门自身发展水平过低，对要素的吸引和配置能力偏弱，要素的拥有量与产出效率都无法与发达地区竞争，从而使城乡二元经济的结构性矛盾被暂时掩盖起来。在这些地区，发展城市经济尤其是劳动力密集型的制造业和第三产业，以及加快推进市场化进程将有利于弱化潜在经济二元化的影响，并依托城市化来带动地区经济的发展。与此同时，那些发达的省或直辖市则存在显著的工农业发展不平衡问题，现代部门与传统农业部门的劳动生产率差异除受到制度影响以外，还与现代部门的生产性质、市场结构以及分工程度的演进速度相关，而不仅仅体现为劳动力等要素流动的阻滞方面。

1. 农业的落后特征：农业产出与工业服务业的产出差距

在中国改革开放以后，农业产业的比重确实在不断下降（见图5－1），1982年和1983年农业占比超过30%，此后呈现下降趋势，而在2003年和2005年则降至12.6%。工业部门整体保持平稳态势，

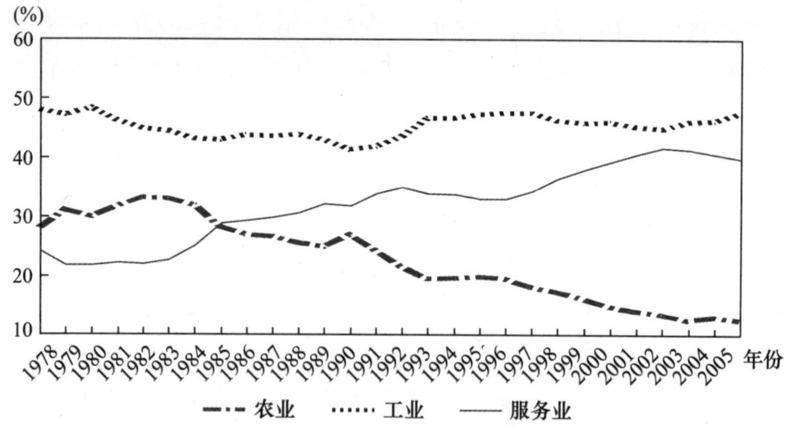

图5－1 三次产业产值比重变化

占比维持在45%左右，即使部分年份有波动，但变动不大。与农业部门相对的是，第三产业大体上呈现增加态势。在80年代其占比为25%左右，但到了1988年以后逐渐增加到30%以上，到了2000年以后占比在40%左右。

同样，关注劳动力或从业人口占比（见图5-2）。第一产业仍然是最主要的劳动力积聚行业，在2005年还占据整个社会劳动力的44.8%，而从历史层面看，该比例在改革开放初期高达70.5%。相对而言，第二产业（工业）部门整体比较稳定，从业人员占比也同样如此，大体维持在20%水平。同样与第一产业相对的是，第三产业从业人员占比呈不断递增的上升趋势。从改革开放初期的12.2%一路上升至2005年的31.4%。

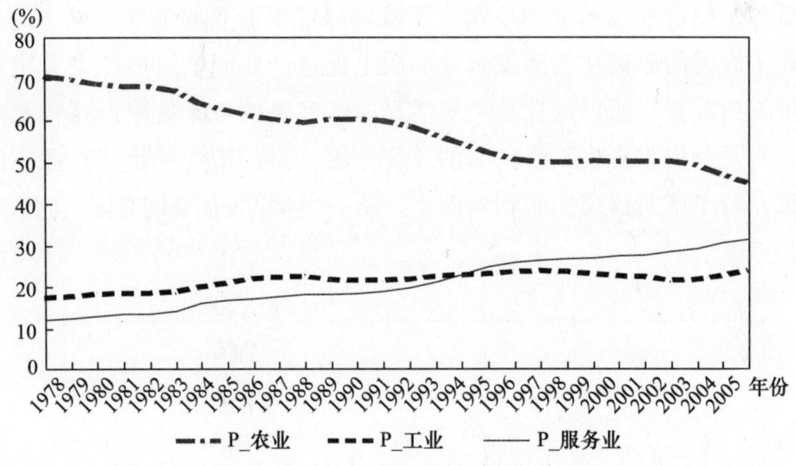

图5-2　三次产业人口比重变化

为了进一步分析二元经济的真实状况，我们设计一种衡量方法，也就是分析不同行业个体的效率。简单地说就是衡量各行业的相对效率。在方法上，如果 V_i 表示各产业的相对生产总值比例，P_i 表示各产业就业人数比重，那么效率 E_i 直接等于 V_i 和 P_i 之比。可以得到各年各产业的效率。为了进一步衡量产业之间的差异，我们还将水平最低的第一产业作为基准，衡量其他产业相对第一产业的差异系数。这样能将产业人均效率差异进一步放大。第二产业对第一产业的相对系数如下：

$I\_M = (V_2/P_2)/(V_1/P_1)$

同理，可以得到第三产业对第一产业的相对系数：

$I\_S = (V_3/P_3)/(V_1/P_1)$。

将各年度的数据替代，可以得到各年度的相对效率指数（见图5-3）。该指数在生产角度上衡量了产业之间的差异，可以认为大体符合所谓的二元特征。从数据可以看到，I_ M和I_ S都显著而且持续大于3。从时间角度看，在改革开放初期，第一产业的效率不断提高，相对效率指数不断下降，到1990年相对差异降低到最低位，这可能意味着农业领域的改革确实改变了农业的生产效率，二元经济有所缓和，但这种缓和主要是农业领域内部效率提升的结果，更多的是提高了农民的积极性，而没有在本质上促进产业间的自由流动和资源的更有效配置，所以这种政策对缓和二元经济的效果有限。这也是此后相对效率指数再次不断扩大的重要原因：第二产业和第三产业不断扩张，效率不断提高，而相对而言，第一产业的发展空间有限，而从业

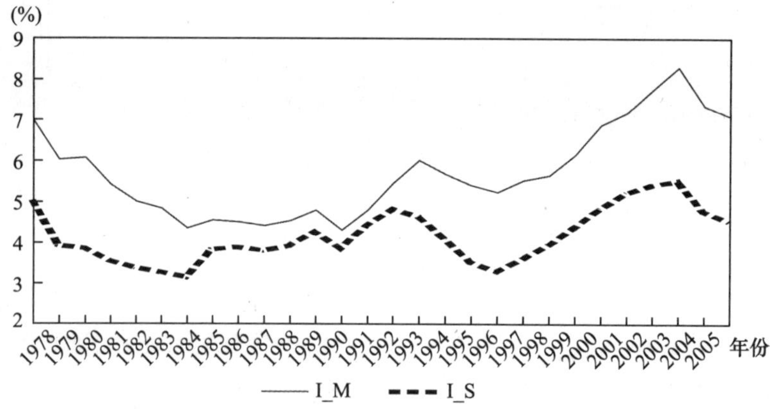

图5-3 第二产业（I_ M）和第三产业（I_ S）相对效率指数

人员和农业人口变化速度有限，直接导致了第一产业的相对效率下降，二元特征明显。当前状况和改革开放初期状况大体相当，可以认为农业和其他行业的二元特征明显，而且该特征几乎没有被逆转的迹象。我们预计二元特征将在很长一段时间内维持。

事实上，如果对行业进行细分，将得到多元特征，比如第二产业和第三产业之间同样存在显著而持续的差异，它们之间也大体可视为存在二元性，因而从产业间看，三元经济客观存在。在改革开放初期，第三产业对第二产业的相对效率指数为1.4—1.5，此后逐渐下降，到20世纪90年代该指标下降到相对差异不是很明显，但从1993年开始，该指标不断提高，现在逐步回到1.5以上水平。两者之间的效率差异也将越来越明显，而且我们预计这种差异难以改变。事实上，第三产业整体上也是劳动力密集型行业，对技术的要求也比第二产业低。在2003年差异达到很高的水平，在2004年和2005年这种差异略有缓和趋势，但仍然保持较高的水平。

产出上的差异表明城乡在生产技术上存在着差异，而总产值比重的变化侧重反映了居民收入水平提高对各自产品的需求产生了变化，就业人口也呈现出积极的迁移趋向，但最重要的各产业人均效率指标却说明，相对效率差距显著。这说明劳动力可能没有完全随着需求变化而进行调整，因而导致技术上的差异最终形成了生产效率的差异。如果市场完全，所存在的摩擦比较小，应该是劳动力大量转移到第二、第三产业，从而达到人均产出水平一致，但现实的状况表明，理想的状况未能出现，而且二元特征有进一步固化和强化的趋势。

2. 农民的收入水平差距

与生产能力对应的是城乡收入差距显著。在改革开放之后，平均差距为2.67，最小差距为1.86，最大差距为3.23。

从时间趋势看，城乡收入差距呈现的是震荡扩大态势。在改革开放初期，收入差距有缩小趋势，并在1985年两者之间的差距水平缩小到1.86，这可能受改革在农村先期试点影响，农民的积极性得到发挥，新的制度安排促进了资源的更有效利用，由此农民的收入大幅度增加。但在此后差异进一步扩大，更多的改革措施是在城市进行的，而农村的潜力有限，技术层面的推进整体缓慢，这使得城乡收入差距再度拉大。在 20 世纪 90 年代中期城乡收入差距有缩小趋势，并在 1997 年降到 2.47，为较低水平，我们认为这主要是和城市发展受到宏观经济波动的影响，而部分原因是农村居民在 1994 年、1995 年和 1996 年收入也出现了较大幅度的增加有关。在 1997 年则主要是由于城市居民收入幅度放缓，使得城乡收入差距相对平缓。1998 年之后城乡收入差距逐步放大，2002 年之后城乡收入差距已经超过 3，近些年来还有进一步拉大的趋势。

应该说，收入是多角度的，包括工资收入和财产收入，财产收入统计有一定的困难。我们大体认为人均收入是这两种收入的综合。源于生产能力的差异导致技术上的差异，而一旦农村居民可以参与第二产业，特别是第三产业，那么他们的收入状况可能会提高，并在相当程度上缓和二元格局。也就是说，城乡之间的劳动力市场是完善的，社会对劳动力资源的配置是有效率并且没有摩擦的话，那么应该保持大体一致的收入水平。如果能够在各产业之间自由转换，那么二元经济将难以形成，但城乡居民的收入显著差异表明，理想的状况确实没有实现，城乡居民在收入上的差距依然显著。

城乡生活水平差异也可以在恩格尔系数上得到一定的印证（见表 5－1 所示）。整体而言，农村居民的家庭恩格尔系数高于城镇居民。虽然城乡生活水平都有不同程度的提高，恩格尔系数不断降低，但城市的恩格尔系数更低。在改革开放初期，两者差别大体在 10% 左右，而在 1989 年甚至出现两者几乎相等的局面，但这种状况没有维持多久，农村居民家庭恩格尔系数再度加大，而整体上城镇居民家庭恩格尔系数不断下降。近几年城市居民家庭恩格尔系数大体维持在 37% 左右水平，而农村则在 45% 的水平。这表明城镇的生活水平高于农村。

大体上可以说，对大部分群体而言，由于城市和乡村生活的差异，会选择从农村移民到城市，移民通常会带来更高的收益，而留在农村获得更高的第二、第三产业的收益比较困难。因而大体上认为，可能不是主观不愿意迁移，而是存在着现实的转移障碍。客观的困难占据主导地位，并由此形成了二元经济特征。

表 5-1　　十五届三中全会前后城乡居民家庭人均收入及恩格尔系数（1978—2005 年）

年份	城镇居民家庭人均可支配收入		农村居民家庭人均纯收入		城乡收入差距指数（农村为 1）	城镇居民家庭恩格尔系数（%）	农村居民家庭恩格尔系数（%）
	绝对数（元）	指数（1978 年 =100）	绝对数（元）	指数（1978 年 =100）			
1978	343.4	100.0	133.6	100.0	2.57	57.5	67.7
1980	477.6	127.0	191.3	139.0	2.50	56.9	61.8
1985	739.1	160.4	397.6	268.9	1.86	53.3	57.8
1989	1373.9	182.5	601.5	305.7	2.28	54.5	54.8
1990	1510.2	198.1	686.3	311.2	2.20	54.2	58.8
1991	1700.6	212.4	708.6	317.4	2.40	53.8	57.6
1992	2026.6	232.9	784.0	336.2	2.58	53.0	57.6
1993	2577.4	255.1	921.6	346.9	2.80	50.3	58.1
1994	3496.2	276.8	1221.0	364.3	2.86	50.0	58.9
1995	4283.0	290.3	1577.7	383.6	2.71	50.1	58.6
1996	4838.9	301.6	1926.1	418.1	2.51	48.8	56.3
1997	5160.3	311.9	2090.1	437.3	2.47	46.6	55.1
1998	5425.1	329.9	2162.0	456.1	2.51	44.7	53.4
1999	5854.0	360.6	2210.3	473.5	2.65	42.1	52.6
2000	6280.0	383.7	2253.4	483.4	2.79	39.4	49.1
2001	6859.6	416.3	2366.4	503.7	2.90	38.2	47.7
2002	7702.8	472.1	2475.6	527.9	3.11	37.7	46.2
2003	8472.2	514.6	2622.2	550.6	3.23	37.1	45.6
2004	9421.6	554.2	2936.4	588.0	3.21	37.7	47.2
2005	10493.0	607.4	3254.9	624.5	3.22	36.7	45.5

3. 城乡消费层面的差距与消费层面的二元特征

在消费格局上，城乡的二元格局同样明显，而且有越来越大的趋势。就历史来看，在改革开放初期，城乡人均消费差异较大，在农村进行家庭承包责任制以后，一度降到低于 2 的水平，但此后继续加大，近年来一直维持在 3 以上水平。同样的，可以从居民生活质量即恩格尔系数反映出，城乡居民的相对恩格尔系数差别同样持久。这在另一个层面证实了二元经济客观存在。

同样，可以从横截面数据上得到印证，也就是在各个省份的城乡消费上得到印证，城市和农村居民的消费差距平均值为3.29，当然各地的相对差异系数不同。最低的是上海（2.1），而最高的是西藏（5.90）。大体上，消费差距指数和绝对值呈现负向关系，两者之间的相关系数高达-0.74。

4. 城乡差距

改革开放以后，经济的快速发展和市场体制逐渐建立，受农村和农业的改革和发展及其区域发展战略等综合影响，城乡二元经济结构呈现反复变化。1990年以前，城乡二元经济结构不断缓和，主要是由于农村的土地制度改革和乡镇企业的出人意料的发展，它们使得城乡二元经济结构有所缓和。其中，来自农村和农业内部的结构转变起着主导性的作用，乡镇企业通过自主贸易和吸纳农村剩余劳动力，提高了农村劳动生产力。然而，此后改革重点主要在城市和工业部门，农业部门和农村发展相对停滞，同样，乡镇企业先天性不足，它的角色最终趋于淡化。因而20世纪90年代以后，市场化改革和向沿海地区倾斜的改革重点又回到了城市，农村改革陷入停滞，城乡二元经济结构加深开始集中影响到东西部区域差距的扩大。这种差距是全方位的，并且是多角度的。从城乡居民的收入差距、产业之间的效率差距、区域之间（东中西、各省等层面）的差距可以得到印证。

总的来看，城乡的二元性是由多个因素造成的：第一，需求规律是潜在因素，由于收入需求弹性，农业所占的份额会降低，也就是通常所称的库兹涅茨事实，同时，这个规律的存在也为部门之间的非平衡增长路径提供了基础，但需求规律仅是潜在因素，并不会必然导致二元经济的客观事实；第二，技术层面的差异是重要因素，各产业技术选择不同比较容易形成二元经济，特别是如果技术选择差异很大，产业的差异将会较大，一旦技术是附带在劳动者上的，就意味着技术进步是以技能为基础的，那么拥有更高技能的劳动者会获得明显高的收入；第三，最为关键和直接的因素是，劳动力市场并不是完美的，而是有摩擦的，在转换和迁移上存在着难以消除的障碍，那么二元性通常会产生。我们的分析表明，城乡在生产上存在显著的差异，这在根本上为城乡二元经济的形成埋下了伏笔；而在收入上的显著差异则表明客观上形成了二元经济，这意味着农村居民并没有完全跨越第一产业，比如在农村从事第二或者第三产业而获得更高的收入；在消费上同样存在差异，这事实上可以认为，迁移的内在动力是存在的，而主要是因为迁移是有障碍的，二元经济形成的条件恰好就是劳动力市场上的摩擦和缺陷，当然另外一个原因是，劳动力本身是需要技能的，迁移的主要因素是技能，而部分农民因在技能上无法满足其他行业的需要而难以顺利迁移。这些因素客观上形成了城乡显著的二元经济特征。

三　挑战

——农业、农村、农民落后的原因分析及改革的艰难性

落后的农村、滞后的农业、贫困的农民，一直是中国社会经济发展的现实。导致这种状况虽然有种种原因，包括历史的、文化的及政治的，等等，但总结起来，无非是如下原因所致：

第一，限制太多，自主权少。对于农村、农民有着诸多限制，并不允许农民自我选择。①无论是文化层面还是实际的经济层面，反复强调农地和粮食的重要性，在“民以食为天”“粮食安全”等思维定式下，粮食的重要性及其威胁被夸大，客观上使得农民被束缚在农地上，这种限制自然使农村和农民难以获得恰当的发展空间，而农业本身随着人口的增加并没有得到充分的发展。②所有权的限制。对于基本的生产资料——土地，高度集中统一的所有制安排，基本排除了农民自主拥有耕地的可能性，这使得在极端气候等情形下，农民的基本生存也面临着非常大的问题。③经营权的限制。在相当长时间内，对农民的基本经营自主权都做了很多限制。在“大一统”的经营模式下，种什么都做了严格的规定，并不允许耕作附加值高的经济作物。④流通环节的限制。在环节上，除了生产严格控制外，即使废除

"大一统"的人民公社后，对化肥农药等生产资料也是严格控制的。⑤销售环节的管制。对销售环节、流通环节也是严格管制的，只允许农民将粮食通过统一的途径上交，后面允许销售时，也是只能通过粮食部门销售，而打击私人收购。⑥再选择的限制。作为自我选择的另外一个严重的障碍——迁移、再选择，同样被严格限制。农民从农村转移到城市途径极其有限。户口制度对农民的约束特别明显。

第二，歧视性措施多，工农差距大，客观上使城市和乡村之间的差距居高不下。即使在20世纪90年代中后期，非正式的自由迁移无法再严格限制，但农民向城市迁移依然受到歧视。在教育、医疗、养老等资源上，通常对农民有着不同程度的歧视措施。

第三，农业领域税费负担重。由于各种主观和客观的原因，很长时间内，整个社会以农耕社会为基础，这就使得税收也以农业税收为主。而农业生产率本身就低，居高不下的税负使农业和农村处于更艰难的境地。1950年之后，我国开始逐步启动工业化进程，而工业化的思路和选择就是集中资源，促进工业的快速发展。服务业并不被重视，反而有所限制，而农业的从业人数多，并且容易征税，就成了主要的选择。因而通过征收大量的农业税费，通过价格"剪刀差"等形式，从农业向工业转移了大量的资源。并且由于集中不是市场化的手段，使得工业本身效益并不好，进一步地，从农业转移更多的资源投向工业，以弥补工业的损失。

四　改革的基本方向

——给予农民更多的财权、选择权，并规范农业税费

稳定联产承包责任制（耕作权利的自主），短期来看，需要稳定基本的财产权和土地使用权；更长远看，需要给予农民基本的财产权，包括土地的更多权利。①随着市场化进程的推进，农地制度的严格管制逐步放松，客观上给农民更多的经营权。虽然存在着小农经济

的争论，但整体上，这种制度安排提高了农业的产量，也解决了农民的温饱问题，粮食产量不断提高。②当然，由于产权上仍然存在着诸多问题，在实践中，对农地的承包权，不少地方做了多次调整，使得农民存在着一定的担忧，担心政策会发生变更，因而农村的改革需要将这种制度安排加以稳定。③从长远看，农民应该有更多的土地支配和使用权，这样才能将集体所有制落到实处，为农村经济的发展奠定坚实的基础。

减少对农民的限制（自由迁移），赋予农民更多的选择权，长远看，农民应有与城镇居民同等的居民权利。①对于经营范围，耕作的选择及其流通领域，尽可能减少限制，一旦限制就意味着有效率损失，也有可能形成行政垄断，而这种垄断往往会牺牲农民的利益。②随着工业化的推进，城镇化也在不断加快，因而需要对农民的迁移和职业再选择给予尊重，给予农民更多的选择权，同时，也为工业化的进程提供更多的劳动力。③在最根本上，需要给予独立决策主体更多的自我选择权利，这样农民也就能获得更多的发展权及发展空间。这种发展权也包括更多地享受全社会的发展机会，包括鼓励更多的农民脱离农村和农业，甚至更多地融入城市化进程。

规范税费（财产支配权）。减负成为农村、农业和农民工作的重心之一。①在整体制度安排和发展战略上，在相当长时间内，农业和农民承担了城市和工业化资金的来源，工业化以牺牲农业为代价，这种结果是农业向工业转移低廉的原材料和大量的资金，农民向城镇居民转移了大量的粮食及农产品，这种从落后的农业和贫困的农民中大量转移的结果则是——农业越来越不发达，农村越来越落后。②农村地区有着很多的行政机构，甚至包括公共教育机构，而这种行政经费是通过农民的各种税费来获得的，这给农民和农村带来巨大的负担，特别是贫困地区，源自这种行政支出的附加费使得农民生活困难，很难有更多的资金用于发展生产及进行其他生产性活动。③在制度上，无论是土地制度还是政治制度，决定了农民很难有足够的影响力改变财产支配权，相反，延续历史上的“种田交税天经地义”更多时候成为一种习惯。因而改革的方向应该是，逐步改变这种从农业和农民转移财富的方式，更多地给农村、农业和农民松绑，尽早改变“农业支持工业”，转向“工业反哺农业”。

五 基本内容总括

——联产承包责任制维持不变、减少各种附加和收费、逐步实施市场化改革

第一，对农村改革进行了总结，高度评价农村改革20年所取得的巨大成就，解放思想、实事求是是根本经验。这些经验深刻揭示了农村改革的基本规律，具有长远的指导意义。

第二，按照十五大确定的基本纲领和总体部署，提出到2010年，建设有中国特色社会主义新农村的奋斗目标，确定了基本方针，分别确立了经济、政治和文化层面的目标。比较完整地提出建设有中国特色社会主义新农村的纲领，描绘了农村社会经济发展的前景。

第三，在任务上，阐述了农村的主要特征，提出需要始终把发展农村经济、提高农业生产力水平作为农村工作的中心，政策需要促进农村经济的活力。

第四，在所有制上，明确以公有制为主体，多种所有制经济共同发展的基本经济制度，在发展壮大公有制的同时，采取有效的政策措施，鼓励个体、私营经济的发展。对农村所有制方面有所放松，对非公有制做了更实际的安排。

第五，在基本经验制度上，有了新的提法：以家庭承包经营为基础、统分结合的双层经营体制，突出强调家庭承包经营的基础地位，认为是农村集体经济的有效实现形式，对农村经营制度有所发展。

第六，在农村改革上，提出坚持以市场为取向的改革，基本建立以家庭联产经营为基础，以农业社会化服务体系、农产品市场体系及农业支持保护体系为支撑，适应市场经济需求的农村经济体制，从而明确了深化农村改革的方向与目标。

第七，强调科技和教育在农村生产力中的作用，并需要大力推进农业现代化。

第八，农村小康建设。不仅提出了小康建设目标，更指出了小康社会的实现途径和方式，一方面，增加农民收入；另一方面，需要减轻农民负担。此外，通过乡镇企业的大发展，多渠道转移农业剩余劳动力，并且力图带动小城镇发展解决农民进城的问题。在物质之外，提出搞好精神文明建设也是小康社会的重要内容。

六　独特的案例与政策评价

——农业费改税及农业补贴政策

中国是世界上历史悠久的农业大国，农业税是我国历史上赋税最早的一个税种。经过夏朝（约公元前21世纪）至今有4000多年的历史演变过程，有历史记载的农业税为春秋时期的鲁国（公元前594年）实施的“初税亩”，汉代为“租赋”，唐朝为“租庸调”，民国时期叫“田赋”①。1949年中华人民共和国成立后，也继续征收农业税，1958年6月3日，颁布《中华人民共和国农业税条例》；1983年开征“农林特产农业税”，并在1994年改为农业特产税，部分省份开征牧业税。2000年开始“费改税”；2004年开始取消牧业税和烟叶以外的农业特产税；2005年大部分省份取消了农业特产税。2005年年底，宣布自2006年起，正式废止《中华人民共和国农业税条例》。至此，中国结束了两千多年历史的农业税。

农业税主要是从征收实物到折算税金的税收形式，其共同的特征是土地及其附着产生的农业收入始终是国家税收的基本来源；税人或税地、纳物或纳钱始终是税收制度设计的主要命题；税收负担的高低始终随着改朝换代和税费改革起伏变化而难以从根本上改变“积累莫返之害”的“黄宗羲定律”。

我们侧重分析1949年后农业税政策的变化过程。

1. 农业税的确立和变革（1978年之前农业税的改革历程）

中华人民共和国成立初期，《新解放区农业税暂行条例》规定实行全

---

① 根据“维基百科”中的“中国农业税”。

额累进税制。土地改革以后，根据农村经济变化情况，改为实行差距较小的全额累进税制，1953—1957 年的第一个五年计划时期，由于稳负政策执行力度的加强，五年平均农业税实际负担率为 11.6%，比国民经济恢复的三年降低 1.4 个百分点，农业其他税收和摊派负担也有一个大幅下降的过程。

1958 年 6 月，第一届全国人大常委会通过《中华人民共和国农业税条例》，主要有以下规定：

（1）纳税人为从事农业生产、有农业收入的单位和个人。农业生产合作社和兼营农业的其他合作社，有自留地的合作社社员，个体农民和有农业收入的其他公民，国营农场、地方国营农场和公私合营农场，有农业收入的企业、机关、部队、学校、团体和寺庙。

（2）以下农业收入需征收农业税：粮食作物和薯类作物的收入，棉花、麻类、烟叶、油料、糖料和其他经济作物的收入，园艺作物的收入，经国务院规定或者批准征收农业税的其他收入。农业税率：全国的平均税率规定为常年产量的 15.5%；各省、自治区、直辖市的平均税率，由国务院根据全国平均税率，结合各地区的不同经济情况，分别加以规定，最高不得超过 25%。

（3）地方附加一般不得超过纳税人应纳农业税税额的 15%；在种植经济作物、园艺作物比较集中而获利又超过种植粮食作物较多的地区，地方附加的比例可以高于 15%，但最高不得超过 30%。

（4）农业税分夏秋两季征收。夏收较少的地区，可以不进行夏征，在秋季一并征收。征收的时间，由省、自治区、直辖市人民委员会规定。农业税以征收粮食为主。对于交纳粮食有困难的纳税人，可以改征其他农产品或者现款。

《中华人民共和国农业税条例》最突出的特点是贯穿着轻税和促进农业生产发展这一根本方针。但由于人民公社化给农业税带来思想和工作上的混乱，“大跃进”运动引致的高指标、高征购又直接提高了农民负担，严重破坏了农业生产力。1958—1960 年农业税的实际负担率分别为 12.5%、14.3% 和 13.8%，负担水平和中华人民共和国成立初期的 1949 年和 1951 年的高负担率基本持平；而“大跃进”期间的“平调”运动无偿地抽调农民的劳力、物质和资金，对农民负担的影响是最深重的。1960 年冬，提出国民经济“调整、巩固、充实、提高”的八字方针，1963—1965 年农业税占实际产量的比例下降到 7.5%。

“文化大革命”时期，计算农业税以生产单位——主要以生产队实际产量核算征收，实际上仍旧以三年困难时期按法定亩核定的标准征收；其他农业生产组织则按照实际种植的农作物或其他经济作物的收获、收入核算。农民负担稳中有降，中央采取积极措施，对安徽、新疆、湖北等省（自治区）内农民税负畸轻畸重现象作了适当调整，农业税负进一步下降。如表 5－2 所示。

表 5－2　　农业税负担（1965—1975 年）　　单位:%

年份	1965	1966	1967	1968	1969	1970	1971	1972	1973	1974	1975
负担率	7	6.5	6.1	6.7	6.7	6.2	5.9	5.6	5.4	5.1	4.9

注：负担率＝农业税/实际产量×100%。

资料来源：《中国农村经济统计大全》（1949—1986），农业出版社 1989 年版。

2. 1978—2000 年我国农业税的变化过程

1978 年中国开始了家庭联产承包责任制改革，农业生产力得到飞跃进步。以生产队为主体的基本核算单位转变为一家一户的农户，因此农业税的征税分解到各个农户。在一个生产队内，平均每法定亩征收的税率相同。按照农户承包的法定亩数量分摊到农户，故此称为“田亩税”。有的工作粗暴的基层组织（主要为生产大队）在核算和协助征收农业税的时候，简单地按照人口计算方式来平摊税负，故被戏称为“人头税”。为了平衡农村各种作物的税收负担，促进农业生产的全面发展，1983 年，开征“农林特产农业税”，规定凡从事农林特产品生产，取得农林特产收入的单位和个人，都应当按照《中华人民共和国农业税条例》及本规定缴纳农业税，具体办法由各省、自治区、直辖市来定。

（1）农林特产收入的征税范围：园艺收入，包括水果、茶、桑、花卉、苗木、药材等产品的收入；林木收入，包括竹、木、天然橡胶、柞树（养柞蚕）、木本油料、生漆及其他林产品的收入；水产收入，包括水生植物、淡水养殖、滩涂养殖产品的收入；各省、自治区、直辖市人民政府认为应当征收农业税的其他农林特产收入。

（2）各种农林特产收入的核定计算方法及具体征税办法，由各省、自治区、直辖市人民政府根据具体情况制定。农林特产农业税的税率一般定为5%—10%。在此范围内，由各省、自治区、直辖市人民政府按照不同农林特产的获利情况，在不低于粮田实际负担水平的原则下，分别规定不同产品的税率。对少数获利大的产品，可以适当提高税率，但最高不得超过15%。

1994年农林特产农业税改为农业特产农业税和牧业税（畜牧区）；农业税制实际包括农业税、农业特产税和牧业税三种形式。1994年1月31日发布的《国务院关于对农业特产收入征收农业税的规定》征收的范围为除粮食作物以外的其他种植业、渔业、林业和畜牧业等产品，包括烟叶产品（31%）、园艺产品（毛茶为16%，柑桔、香蕉、荔枝、苹果、梨一律为12%，其他水果干果为10%，果用瓜和蚕茧为8%）、水产产品（海淡水、滩涂养殖和海淡水捕捞及水生植物为8%）、林木产品（原木原竹8%、生漆和天然树脂10%、天然橡胶8%）、牲畜产品（牛皮、猪皮、羊皮、羊毛、兔毛、羊绒、驼绒，一律为10%）、食用菌（黑木耳、银耳、香菇、蘑菇，一律为8%）和贵重食品（海参、鲍鱼、干贝、燕窝、鱼唇、鱼翅，一律为25%）；纳税对象为农业特产品的生产单位和个人。对主要产品实行全国统一税目和税率，税目未及产品由省、自治区、直辖市人民政府在5%—20%的幅度内规定。税额按照农业特产品实际收入和规定的税率计算征收，实际收入由当地征收机关按照农业特产品实际产量和国家规定的收购价格或者市场收购价格计算核定。

20世纪80年代，连续出台减轻农民负担措施，实行“基数在组、任务到户、按户缴纳结算”的办法，由征收粮食为主，改为折征代金等，以后随着粮食产量提高，农民缴纳农业税的负担逐年下降。但是从90年代开始，各地出台一系列相关政策，无端向农民收取费用，相应增加了农民税外负担，形成了“一税轻、二费重”的情况，给农村经济发展带来一定的影响，农民“增产不增收”的现象已经初现端倪，例如，1996 年农民人均纯收入比上年实际增长 9%，1997 年增幅降至 4.6%，1998 年进一步降至 4.3%。“三农”问题渐显，且越来越严重。

3. 2000 年后中国农村税费改革过程

为了减轻农民负担，解决“三农”问题，国家连续出台一系列措施。2000 年 3 月 2 日，发出《中共中央、国务院关于进行农村税费改革试点工作的通知》，决定在安徽进行农村税费改革试点，取得了成效。2002 年国务院确定包括湖北在内的 16 个省、自治区、直辖市扩大农村税费改革试点。此次以“三个取消”（生猪屠宰税、乡镇统筹款、农村教育集资等专向农民征收的行政事业性收费和政府性基金收费），“一个逐步取消”（用三年时间逐步减少直至全部取消统一规定的劳动积累工和义务工），“两个调整”（调整后的农业税以第二轮土地承包面积为计税面积，以 1998 年前 5 年的粮食单产为计税产量，以 7% 为地区差别比例税率上限，以政府粮食收购保护价为计税价格。在农业税计税面积上种植农林特产，不许与农业税重复征收）和“一项改革”（改革村提留征收和使用办法，以农业税税额的 20% 为上限征收农业税附加，替代原来的村提留）为主要内容；改革的目标是借此建立一个以农业税、农业特产税及其附加，以及村级一事一议、筹资筹劳为主要内容的农村税费制度框架。2003 年 5 月 18 日，《国务院关于全面推进农村税费改革试点工作的意见》提出：对部分农业特产品（除烟叶外）不再单独征收农业特产税，改为征收农业税。随着我国经济的发展，农业税占财政收入的比重越来越低，由 1952 年的 13.8% 降低到 4%（2002 年），取消农业税时机逐渐成熟。

4. 农业税的取消

2004 年，《政府工作报告》提出五年内取消农业税，《中共中央、国务院关于促进农民增加收入若干政策的意见》提出加大中央转移支付力度，降低农业税税率 1 个百分点，提出有条件的地方，可以进一步降低农业税税率或免除农业税，对种粮农户实行直接补贴、对粮食主产区的农户实行良种补贴和对购买大型农机具的农户给予补贴；吉林、黑龙江等8个省份全部或部分免征了农业税，河北等11个粮食主产省区降低农业税税率3个百分点，其他地方降低农业税税率1个百分点。

2005年上半年，中国22个省免征农业税；2005年年底28个省区市及河北、山东、云南三省的210个县（市）全部免征了农业税。

2006年1月1日全国取消农业税。值得注意的是，在统计数据上显示，2006年以后仍然有农业税统计，其原因在于：2006年以前，农业各税包括农业税、牧业税、耕地占用税、农业特产税、契税和烟叶税；从2006年起，农业各税仍然征收包括耕地占用税、契税和烟叶税等形式的农业税。

5. *农业税的特点*

第一，农业税征收方式。长期以实物方式为主，具体以当地的主要粮食折合计算征收，各地粮食部门主要完成具体征购任务。由于对粮食的评价与质量等品质无关，所以在实际征收中，存在较多的随意性。对稻谷的干燥程度也存在争议。

由于是实物，客观上也造成了大量的运输和储藏成本。只是随着农业人口不断向城镇转移，农户从事更多的非农工作之后，政府才逐渐采纳农户缴纳现金的做法，在2000年以后就大多以缴纳现金的方式取代缴纳实物。

第二，农业税的税率具有随意性且地方差异大。按照《中华人民共和国农业税条例》平均税率规定为常年产量的15.5%；但同时，规定各省、自治区、直辖市的平均税率，由国务院根据全国平均税率，并结合各地区的不同经济情况，分别加以规定；只是限定最高不得超过常年产量的25%。

事实上，在实际运作过程中，各地在农业税的基础上增加了不少附加的税费。而这种增加更多的是地方政府未通过公开程序征收。一度造成了农业负担很重的局面。另外，常年产量并未能进行恰当的调整，主要还是依据20世纪60年代初期的三年困难时期粮食产量确定。

种植粮食作物的收入，按照粮食作物的常年产量计算；种植薯类作物的收入按照同等土地种植粮食作物的常年产量计算；种植棉花、麻类、烟叶、油料和糖料作物的收入，参照种植粮食作物的常年产量计算；园艺作物、其他经济作物的收入由省、自治区、直辖市自行规定计算标准，所以各地对各税率的确定差距悬殊。

第三，根据产量征税，属于不公平税负。农业税属于不公平税负，主要的原因在于征税是根据产量，而并不考虑成本。通常的税收要将成本排除，对实际收入征收，而且有一定的免征的额度，比如个人所得税。但农业税并没有起征点和免征额，无论土地常年产量是多少，是自用还是外销都要纳税，按全额计征，不符合税收公平原则。

事实上，税收政策最初设计是按照比例税实施的，规定按照农业最终常年产量核定，而随着农业单位产量的提高，并没有相应地核实每年的产量。这在客观上使得农业税随着农业生产效率提高而降低，因而中国经历了较高的农业税、低农业税到取消农业税的过程。

6. *农业税的经验*

从整个时间区间看农业税收，确实影响着农业的生产，但从局部区间看，税收对生产影响不大。根据理论假设，比例税会对实际生产形成负面的影响，不是最优的税制安排，这就意味着中国的独特的农业税整体上确实不是最优的税收制度，对农业生产具有负面影响。但很有意思的是，从局部区间看（1962—2003 年）中国农业税存在着定额税特征，税收，无论是税额还是税率，对农业生产都没有实质性的影响。整个时间段存在着负面影响，可能也与税制的调整和税制设计是按照比例税设计有关。

整体而言，在整个时间段内，税收的总额对生产没有显著影响。主要原因可能是，税收是定额的，定额税不会对资本投入和最终产出产生实质性的影响。但由于时间长度有限（不是理论模型中的无限期限），如果产出在增加，此时原先政策设计的固定比例的定额税，将会变更为不断下降的比例税，而税率的下降又会进一步地在一定程度上促成产量的不断增加。

这大体意味着，税率的变动在短期内会产生显著的影响。不管是固定税还是比例税，如果时间段较短，即使是固定税，也可能实质上成为比例税。这导致了税率的变更会对产量产生一定的影响。

根据我们的研究，税率较低，税额大体不变，而农业产量增加，农业税大体变为固定税额，这种税制对生产的影响不大，因而2005年之后的农业税取消对生产的提高作用可能有限，在短期内可以提高产出，但随着时间推移，这种固定税的取消，对农业生产的效应有限，但并不表明这种税制改革没有效应，这种税制改革可能更多地提高了农民的消费和福利。而且如果没有进行这样的税制改革，农业生产可能会进一步恶化。

七　十五届三中全会的基本评价和历史经验
——市场化改革与农民自我选择的意义

（一）对十五届三中全会决定的整体评价

整体而言，十五届三中全会对农业、农村和农民的发展起着推动作用。第一，稳定了农村的产权制度安排，对于联产承包责任制没有做过多的变更。客观上对农民的生产积极性起着保护作用。在更多的地方，所承包的耕地没有进行再分配和调整，为农地的延续性提供了支持。

第二，经营自主权得到了逐步的扩展，通常不再限定耕作的范围，对于经济作物，一般不做太多的限制，生产资料也逐步开放，随着时间的推移，对农民缴纳的农业税也可以采取货币的形式，因而市场化的进程得以加快。

第三，乡镇企业得到了更大程度上的放开，农民经营非农业经济活动得到了许可。

第四，农民进城务工得到了更大程度上的推进，更多的农民从农业和农村转移到城市。

第五，最为突出的是，延续相当长历史的农业税最终被取消。农民不再缴纳各种收费，更无须缴纳农业所得税，这为农民减负提供了实质性的制度保障。同时，逐步开启了农业补贴的步骤。

（二）从历史层面总结十五届三中全会五年后的历史经验

第一，在改革方面，如果存在着实质性的和难以逾越的障碍，那么保持不变更和不干预将是最好的选择。选择不争论具有实用性价值，可以避免不必要的争议，减少对实际经济活动的干扰。

在所有制方面，基本没有发生根本性的变动，这就避免了不必要的争议，稳定了农业生产。一方面，土地制度没有变化，所存在的问题——规模小、抗风险能力低、流动性不足等没有解决，公私等属性的争议仍然存在；另一方面，由于对土地使用权没有做实质性的更改，这就减少了干扰，而在经营层面，变得更加宽松。其成功的经验就在于减少不必要的变动和干扰，最大限度地发挥了农民的积极性。

第二，逐步实施市场化的改革，减少集中和大一统的计划模式。从理论上说，集中的决策能够弥补市场的缺陷，通过社会计划者（Social Planner）的角色，达到社会福利最大化。但通常而言，这种集中决策需要充足的信息，并且要求决策者没有利益牵涉其中，更不能由此产生新的扭曲或垄断。因而更多时候，采取市场化的分散决策更为可行。政府虽然在理论上可以解决一些分散决策中的缺陷，但过度扩大集中的范围或扩大计划决策者的能力，往往会导致更多的问题，效率有可能极低。更为严重的是，有可能严格束缚微观主体的行为及积极性，并带来致命的后果。相反，通过市场化的改革，给予行为主体充足的自主权，能在更大程度上激发参与者的积极性，最大限度地发挥微观主体的作用。农业领域的管制放松反而使得农业产量不断增加、农民生活水平提高、农村经济不断好转。

第三，逐步实现城乡居民等同的居民待遇，实质性解决农民的问题。对于农民的进城等努力，采取更多宽容的政策导向，客观上使得农村务工人员进城。不仅满足了城镇建设所需要的劳动力，为工业化提供了更多劳动，同时，也有效缓解了农村和农业的剩余劳动力。这种劳动力的转移非但没有降低农业生产和粮食产量，反而提高了农业生产，为经济发展提供了充足的农产品和原材料等支持，也客观上提高了农业人口的收入水平。

第四，在经济层面的改革相对较为成功，特别是税费制度。对于税费改革，采取了逐步试点的办法，首先，规范费用，切实减轻了农民的负担；其次，取消农业税，真正意义上为农民和农业松绑，也并未给财政带来不可承受的负担；最后，逐步与国际惯例接轨，实施农业补贴。

总的来看，农村的改革无非是产权改革与税制改革。换句话说，无非是“权”和“钱”的配置问题。而中国的道路大体是渐进式的。尽量减少阻力，而没有采取激进的措施。减少了阻力，但也留下了后遗症。

从理论层面看，放松管制、自由进出（减少扭曲、减少折腾）对经济的发展具有重要借鉴意义。而下一步的改革方向仍然是：减少扭曲、减少行政垄断及限制。

第六章　十六届三中全会

——推进市场经济的新节点

一　基本情况及历史背景：全球经济一体化加深

中国共产党第十六届中央委员会第三次全体会议（以下简称十六届三中全会）于 2003 年 10 月 11 日至 10 月 14 日在北京举行，会议审议通过了《中共中央关于完善社会主义市场经济体制若干问题的决定》（以下简称《决定》）。从历史的脉络来看，十六届三中全会《决定》承前启后：前承 1993 年十四届三中全会上通过的《中共中央关于建立社会主义市场经济体制若干问题的决定》，后启 2013 年十八届三中全会上通过的《中共中央关于全面深化改革若干重大问题的决定》。可以说，这三份《决定》都是统领相应时期经济体制改革的总括性、纲领性文件。本章中，我们着重对十六届三中全会《决定》的历史背景、基本内容以及重点改革领域进行研究。

首先来看十六届三中全会召开之际的历史背景和经济环境。

2003 年前后，中国经济面临的形势可以简单地概括为阵痛初愈，含苞待放。国内经济方面，在经历了 20 世纪 90 年代中期国有企业改革、大规模职工下岗的阵痛之后，经济慢慢走出了通货紧缩的阴霾。2003 年上半年发生的“非典”疫情给经济发展和社会情绪造成了不小的负面影响，但到 6 月底警报已经解除，社会恢复了常态。外部环境方面，东南亚经济在经受了金融危机的冲击之后渐趋于平稳，美国互联网泡沫破裂的影响也基本消除。2001 年，美国高盛公司的首席经济师吉姆·奥尼尔（Jim O' Neill）首次提出“金砖国家”（the BRIC）的概念[①]，新兴市场经济体的增长前景被普遍看好。2001 年 12 月 11 日，中国正式加入世界贸易组织（WTO），在制度上完成了经济对外开放的重要一步。

从事后的角度来看，2003 年到 2008 年国际金融危机之前这段时期也是中国经济高速增长、加快融入全球分工体系的几年。2002 年，以 GDP 衡量的中国经济规模为 12.1 万亿元，2008 年达到 31.7 万亿元，GDP 年均增长率超过 11.3%（见图 6－1）。到 2010 年，中国超越日本成为世界第二大经济体。与此同时，中国经济与世界的融合在这段时期内快速加深，2008 年的进口总值和出口总值分别是 2002 年的 3.8 倍和 4.4 倍。文献中常用“进出口总额/GDP”来衡量一个经济体的相对开放程度，2002 年，中国经济的这一指标是42%，到2007

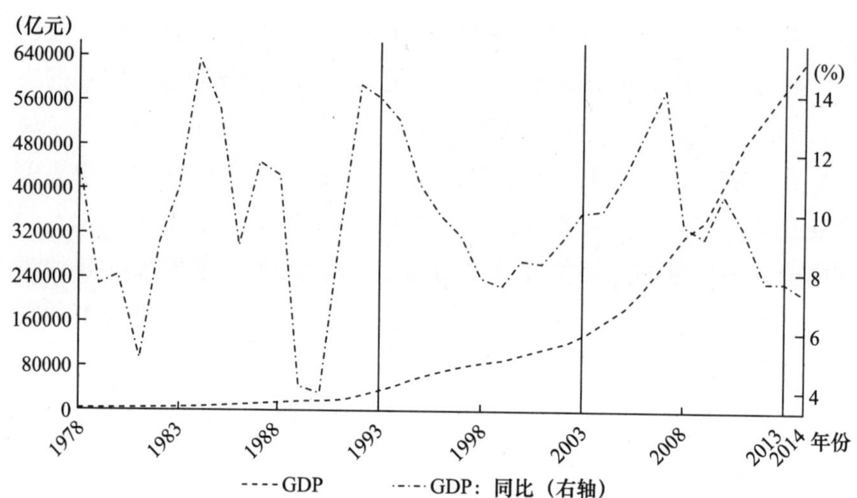

图 6－1　中国 GDP 与 GDP 增速（1978—2014 年）

资料来源：Wind 数据库。

① 最初的“金砖国家”包括巴西、俄罗斯、印度、中国四个国家，2010 年又加入了南非，成为“BRICS”。

年这一指标高达62%。应当说，这些进展的取得与十六届三中全会之后的经济体制改革是密不可分的。

二　面临的问题及挑战

经过1978年十一届三中全会开始改革开放、1992年党的十四大确定社会主义市场经济体制改革目标以及十四届三中全会作出《中共中央关于建立社会主义市场经济体制若干问题的决定》几个阶段的改革和发展，进入21世纪之后，社会主义市场经济体制在中国已经初步建立，主要表现在如下四个方面：一是公有制为主体、多种所有制经济共同发展的基本经济制度已经确立；二是在绝大部分产品领域，市场已经成为资源分配、产品交易的主要形式；三是全方位、宽领域、多层次的对外开放格局基本形成；四是市场经济的意识已经深入人心，普通民众对市场配置资源的接受度大大提高。

另外，由计划经济体制向市场经济过渡的转轨过程尚未完成，特别是在要素领域，仍存在体制机制性的障碍。例如，银行体系背负着沉重的历史包袱，坏账问题严重，僵化单一的金融体系难以适应实体经济快速发展的新形势。又如，尽管经历了20世纪90年代中期之后大规模的“抓大放小”①，但国有企业距离健全的现代企业制度尚存在较大距离，效率仍待提高，其市场化主体地位仍备受争议。再如由于户籍制度的制约，大大限制了劳动力市场的活力。可以说，1978年之后的市场化改革是以“非对称”的方式推进的：产品市场先行于要素市场。从转轨经济学的角度而言，这种非对称的经济体制改革路径很可能是旧有利益格局下最容易的一种推进路径。但是由于其向劳动者和消费者征税、补贴生产者的特质，长期积累，不可避免地造成了一些负面问题，主要体现在：经济结构不合理、收入分配

① 1995年9月十四届五中全会通过的《中共中央关于制定国民经济和社会发展“九五”计划和2010年远景目标的建议》中对国企改革提出了“抓大放小”的思路。

不平等加剧、资源环境压力加大、在国际竞争中经济整体竞争力不强等。

导致这些问题的根源，既有基础薄弱、资源约束等方面的客观限制，也有体制机制性的障碍。整体而言，中国仍然是一个处于转轨中的发展中国家，市场经济体制尚不健全，经济发展水平与发达国家相比仍存在很大差距。面对这些问题，进一步深化经济体制改革具有紧迫性。十六届三中全会就是在这样的背景下提出了完善社会主义市场经济体制的目标，要加快推进改革、破除体制性障碍，促进经济发展和社会全面进步。

三　基本内容概括：深化经济体制改革

《决定》共分为12部分，42小节。其中第一部分是总纲，分析当前面临的形势，指出深化经济体制改革的重要性和紧迫性，并提出了任务和目标、指导思想和原则。

《决定》提出深化改革要按照“五个统筹”的要求进行，即统筹城乡发展、统筹区域发展、统筹经济社会发展、统筹人与自然和谐发展、统筹国内发展和对外开放。完善社会主义市场经济体制的目标是“更大限度地发挥市场在资源配置中的基础性作用，增强企业活力和竞争力，健全国家宏观调控，完善政府社会管理和公共服务职能，为全面建设小康社会提供强有力的体制保障”。《决定》提出了七方面的主要任务：一是完善公有制为主体、多种所有制经济共同发展的基本经济制度；二是建立有利于逐步改变城乡二元经济结构的体制；三是形成促进区域经济协调发展的机制；四是建设统一开放、竞争有序的现代市场体系；五是完善宏观调控体系、行政管理体制和经济法律制度；六是健全就业、收入分配和社会保障制度；七是建立促进经济社会可持续发展的机制。① 这七项任务可以大致归为三类：第一类是

① 详见《中共中央关于完善社会主义市场经济体制若干问题的决定》。

完善基本经济制度；第二类是建设市场体系；第三类是政府职能的定位与调整。

《决定》第十二部分，即最后一部分，是“加强和改善党的领导”。除此之外，中间的十个部分分别围绕上述七项任务展开，列出具体任务和细项目标。经过梳理分析，我们将这七项任务及其细项汇总，如表 6－1 所示。

表 6－1　　　　十六届三中全会《决定》主要内容梳理

	主要任务	具体任务	细项
完善基本经济制度	完善公有制为主体、多种所有制经济共同发展的基本经济制度	进一步巩固和发展公有制经济，鼓励、支持和引导非公有制经济发展	推行公有制的多种有效实现形式
			大力发展和积极引导非公有制经济
			建立健全现代产权制度
		完善国有资产管理体制，深化国有企业改革	建立健全国有资产管理和监督体制
			完善公司法人治理结构
			加快推进和完善垄断行业改革
	建立有利于逐步改变城乡二元经济结构的体制	深化农村改革，完善农村经济体制	完善农村土地制度
			健全农业社会化服务、农产品市场和对农业的支持保护体系
			深化农村税费改革。改善农村富余劳动力转移就业的环境
发挥市场在资源配置中的基础性作用	形成促进区域经济协调发展的机制		
	建设统一开放竞争有序的现代市场体系	完善市场体系，规范市场秩序	加快建设全国统一市场
			大力发展资本和其他要素市场
			建立健全社会信用体系
		深化涉外经济体制改革，全面提高对外开放水平	完善对外开放的制度保障
			更好地发挥外资的作用
			增强参与国际合作和竞争的能力

续表

<table>
<tr><th></th><th>主要任务</th><th>具体任务</th><th>细项</th></tr>
<tr><td rowspan="21">政府职能的定位与调整</td><td rowspan="7">完善宏观调控体系、行政管理体制和经济法律制度</td><td rowspan="3">继续改善宏观调控，加快转变政府职能</td><td>完善国家宏观调控体系</td></tr>
<tr><td>转变政府经济管理职能</td></tr>
<tr><td>深化投资体制改革</td></tr>
<tr><td rowspan="4">完善财税体制，深化金融改革</td><td>分步实施税收制度改革。推进财政管理体制改革</td></tr>
<tr><td>深化金融企业改革</td></tr>
<tr><td>健全金融调控机制</td></tr>
<tr><td>完善金融监管体制</td></tr>
<tr><td rowspan="3">健全就业、收入分配和社会保障制度</td><td rowspan="3">推进就业和分配体制改革，完善社会保障体系</td><td>深化劳动就业体制改革</td></tr>
<tr><td>推进收入分配制度改革</td></tr>
<tr><td>加快建设与经济发展水平相适应的社会保障体系</td></tr>
<tr><td rowspan="11">建立促进经济社会可持续发展的机制</td><td rowspan="5">深化科技教育文化卫生体制改革，提高国家创新能力和国民整体素质</td><td>营造实施人才强国战略的体制环境</td></tr>
<tr><td>深化科技体制改革</td></tr>
<tr><td>深化教育体制改革</td></tr>
<tr><td>深化文化体制改革</td></tr>
<tr><td>深化公共卫生体制改革</td></tr>
<tr><td rowspan="4">深化行政管理体制改革，完善经济法律制度</td><td>继续改革行政管理体制</td></tr>
<tr><td>合理划分中央和地方经济社会事务的管理责权</td></tr>
<tr><td>全面推进经济法制建设</td></tr>
<tr><td>加强执法和监督</td></tr>
<tr><td rowspan="2">加强和改善党的领导，为完善社会主义市场经济体制而奋斗</td><td>加强和改进党风廉政建设</td></tr>
<tr><td>坚持社会主义物质文明、政治文明和精神文明协调发展</td></tr>
</table>

资料来源：笔者根据《中共中央关于完善社会主义市场经济体制若干问题的决定》整理。

四　重点领域的改革进展与评述

如上所述，《决定》是一份统领经济社会多领域全面改革的纲领性文件，其内容涵盖了经济体制的各个方面。下面，我们选取几个重点领域的改革对其进展进行梳理。

（一）国有资产管理体制改革

国有资产管理体制改革是经济体制改革的重要方面。1978 年之后的国有资产管理体制改革经历了如下几个阶段。首先是赋予和扩大国有企业自主经营的权利，同时进行利税改革，对国有企业进行“放权让利”。这一阶段从 1979 年到 1984 年。1984 年之后，国有企业改革的基本思路被确定为“两权分离”，即将所有权和经营权分离，也就是通常所谓的“政企分开”。1986 年 8 月，沈阳市防爆器械厂宣告破产，成为改革开放之后第一家正式破产的国有企业。与此同时，部分地区开始了国有企业的股份制改革试点。到 1988 年年底，有 800 家国有企业进行了股份制改造，并有 60 家发行了股票。这是第二阶段，大致从 1984 年到 1992 年。从 1993 年开始，国企改革确立了建立现代企业制度的改革方向，并提出要在市场竞争中实现国有企业的优胜劣汰。紧接着开始了大范围的政策性关闭破产。国企的股份制改造仍在推行，但进展速度比较有限。1993 年到 2002 年的这段时期可以称为国企改革的第三个阶段。可以说，在经历了上述三个阶段的改革和发展之后，国有企业改革取得了一定的成绩，但整体来看国有企业的效率仍然比较低下，距离现代企业的目标仍有差距。

在这样的背景下，《决定》针对国有资产管理体制改革提出了三方面的指导思想：第一，按“有进有退”的原则加快国有经济的布局结构调整。对于关系国家安全和国民经济命脉的重要行业和关键领域，要增强国有经济的控制力；对于其他行业和领域的国有企业，通过资产重组和结构调整，在市场公平竞争中优胜劣汰。第二，要继续推进国有企业股份制改革，鼓励集体资本和非公有资本参股国有企业的混合所有制经济，实现投资主体的多元化。《决定》明确提出，要“使股份制成为公有制的主要实现形式”。第三，要发展若干具有国际竞争力的大公司大企业集团。在上述指导思想下，《决定》提出了三方面的具体改革任务：一是要建立健全国有资产管理和监督体制。除继续实行政企分开、将政府的公共管理职能与国有资产出资人职能区分开来之外，《决定》提出要建立国有资本经营预算制度和企业经营业绩考核体系，建立健全国有金融资产、非经营性资产和自然资源资产等的监管制度。二是要完善公司法人治理结构。《决定》对在国有企业建立现代企业制度提出了明确要求，例如要规范公司股东会、董事会、监事会和经营管理者的权责；完善企业领导人员的聘任制度。同时，要坚持党管干部的原则，并同市场化选聘企业经营管理者的机制相结合。三是要加快推进和完善垄断行业改革。《决定》提出，垄断行业要放宽市场准入，引入竞争机制。有条件的企业要积极推行投资主体多元化。对自然垄断业务要进行有效监管。继续推进和完善电信、电力、民航等行业的改革重组。加快推进铁道、邮政和城市公用事业等改革，实行政企分开、政资分开、政事分开。

应当说，《决定》中确立的上述原则主导了接下来近十年的国企改革。首先是国资委的成立。2003 年 4 月，根据第十届全国人民代表大会第一次会议批准的国务院机构改革方案和《国务院关于机构设置的通知》成立了国有资产监督管理委员会（以下简称“国资委”）。国资委是国务院直属的正部级特设机构，国务院授权其代表国家履行出资人职责。在国资委成立之前，政府对国有企业实行多头管理，例如某家能源行业的央企在专业上归能源部或后来的能源局管，其资产归财政部管，投资事项归计委管，外贸事项归外经贸部。不同的管理权限之间存在重叠，常常一项投资决策要经过多个部门审批盖章，而一旦出了问题各家却相互推诿。这种多头管理的情形被舆论形象地称为“九龙治水”。国资委成立之后，扮演了“大管家”的角色，在一定程度上解决了国有资产多头管理、出资人不到位的顽疾。

国资委成立之后开始主推国有企业，其中最具代表性的是中央企业（以下简称“央企”）的改革。央企改革提出的口号是“做大做强央企”，主要思路可以概括为两条：一是战略重组，二是股份制改造和上市。

通过大规模的兼并重组，央企的数量大幅减少，但资产规模不断壮大，竞争力和盈利能力也有所提高。2003 年到 2012 年，国资委管理的央企数量由 196 家减少到 117 家，平均每年减少超过 8 家①（见图 6－2）。从实际效果来看，“做大”的目标基本实现了——大规模的合并重组加之这段时期中国经济稳定高速增长的宏观环境确保了央企规模和利润的不断扩大。2003 年，央企的利润总额为 2903 亿元②，到 2012 年提高到了 12684 亿元，9 年间增长了 3.4 倍。但关于央企是否在做大的过程中真正实现了“做强”，则存在激烈的争论：一方面，越来越多的央企进入世界 500 强行列，从 2003 年的 11 家增加到 2012 年的 69 家，成为全球市场上不可忽视的“巨无霸”企业；而另一方面，央企的效率仍受到质疑，有研究认为央企的高盈利是由其垄断地位、优惠政策、特殊的政商关系等因素导致的，而非自身的效率或竞争力，一旦考虑到国有企业在信贷、土地使用权等方面享有的优惠政策之后，央企的效率实际上被高估了（吴延兵，2013；刘瑞明，2013）。但是，也有研究认为，在竞争性行业中，国有企业的效率与非国有企业不存在显著差异；在垄断行业，国企的效率还要更高（张晨、张宇，2011）。胡鞍钢、魏星、高宇宁（2013）的研究认为，与其他国家的大企业相比，中国国有企业面临的问题不是垄断，而是市场集中度过低。

现实中，“做大”与“做强”之间的关系并非简单线性的。对于植根于中国这样一个大型经济体，且享有独特地位和优势的央企而言，“做大”不难，难的是“做强”。困难不仅存在于实践层面，也存在于理论层面。即便从理论层面来看，区分“做大”和“做强”都不是一件容易的事情。受益于稳定高速发展的宏观经济环境，大部分国有企业在 2003 年到 2008 年金融危机之前这段时期内经营状况良

---

① 资料来源：Wind 数据库。

② 同上。

好，规模不断壮大，利润持续增长。直观上看，或许可以给出“规模壮大表示做大，利润增加表示做强”的简单结论，但答案显然并不如此简单。一个经典的案例是“中国远洋”。中国远洋在 2003 年到 2007 年借助国内外经济上行周期、依靠与国内煤电油铁企业的良好关系，业务飞速扩张，实现了资产规模和利润的高速增长，并跻身世界 500 强；但金融危机之后，前期积累的运力无法消化，连年亏损，甚至被戏谑地戴上了央企“亏损王”的帽子。中国远洋的案例并非绝无仅有，其兴衰起伏自然有经济周期和行业周期因素在起作用，但同时也更需要从制度层面反思改进。

这一时期的国企改革还出现了另外一个问题：不少国企在兼并重组、谋求做大的过程中业务范围不断延伸、主业越来越不突出。更重要的是，在“做大国企”思想的带领下，1998 年之后国企改革秉承的退出竞争性行业的原则被有意无意地偏离了。混业经营是现代市场经济中普遍存在的企业形态；但如果国企一方面享受着特殊的优惠政策和体制内资源，而另一方面却与民营企业在竞争性领域同台竞技，这不仅有与民争利之嫌，而且这样的竞争也很难说是公平的。一个饱受争议的例子是国有企业在房地产行业的活动。房地产本是竞争性行业，但由于其在特定经济发展阶段的暴利特征，不少国企、央企参与到与民营企业的竞争之中，利用信贷优势大肆囤地牟利。这事实上违背了《决定》中“其他行业和领域①的国有企业在市场公平竞争中优胜劣汰”的改革原则。

这些问题为进一步深化国有企业改革提出了迫切要求。最近的动态是，2015 年 8 月，中共中央、国务院下发了《关于深化国有企业改革的指导意见》。该指导意见根据之前国企改革中出现的突出问题，将国有企业明确划分为商业类和公益类，并进一步将商业类国企区分为“主业处于充分竞争行业和领域”的商业类国企和“主业处于关系国家安全、国民经济命脉的重要行业和关键领域、主要承担重大专

---

① 这里的“其他行业和领域”指的是除“关系国家安全、国民经济命脉的重要行业和关键领域”之外的行业和领域。

项任务”的商业类国企。对于第一类商业类国企，原则上都要实行公司制股份制改革，要引入其他资本实现股权多元化，国有资本可绝对控股，也可相对控股或者参股。对于第二类商业类国企，要保持国有资本的控股地位，支持非国有企业参股。对于公益类国企，可以采取国有独资形式，也可以推行投资主体多元化，鼓励非国有企业参与经营。①

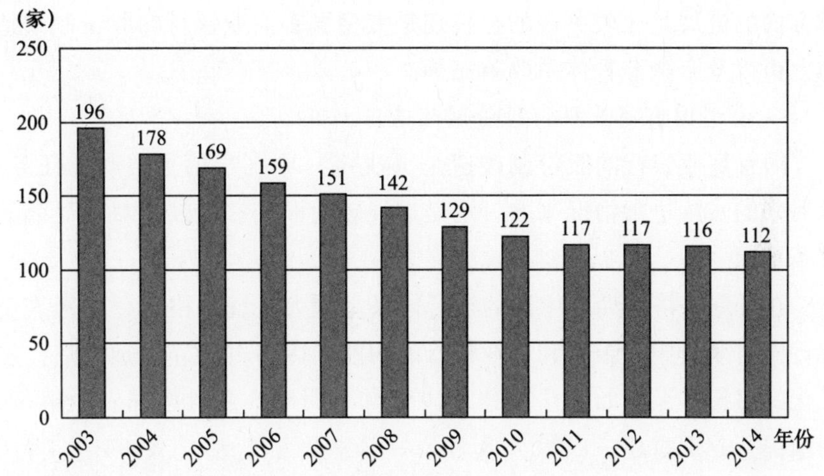

图 6-2　央企数量（2003—2014 年）

注：以上数据不包括金融央企。

资料来源：国资委网站。

（二）金融领域改革

金融领域的改革也是经济体制改革的重要方面，而且由于其基础性要素的特性，在改革过程中牵涉面更广、涉及的利益格局变动更为复杂。2002 年之前，金融领域的改革是落后于整个经济的市场化进程的。《决定》从三个方面对金融领域的深化改革做出了部署。首先是深化金融企业的改革，确立了向现代金融企业迈进的目标。其中最困

① 详见《关于深化国有企业改革的指导意见》。

难、最复杂的是大型国有商业银行的改革（王元龙，2001）。《决定》指出，要选择有条件的国有商业银行实行股份制改造、创造条件上市，并且为了推动这一过程要加快解决历史包袱，包括处置不良资产、充实资本金等。其次是在宏观层面要健全金融调控机制，具体目标包括推进利率市场化、完善人民币汇率形成机制、逐步实现资本项目可兑换、建设完善支付清算系统等。最后是要完善金融监管体制，提高金融监管水平。应当说，十六届三中全会之后几年在金融体制改革方面的进展是比较可观的，特别是大型国有商业银行的股份制改造与上市以及金融监管体系改革完善。

1. 大型国有商业银行股份制改造与上市

国有商业银行的股份制改造是《决定》中列出的重要改革任务，就后来的实际进展情况来看，也是进展较为顺利、成效相对较显著的改革事项之一。

在计划经济时期，中国的银行体系呈现大一统的格局，中国人民银行同时兼具中央银行和商业银行的职能。1978 年改革开放之后，多元化的银行体系开始逐步重建。1979 年 2 月和 3 月，中国农业银行、中国银行分别重建。1979 年 8 月，中国建设银行成立。1984 年 1 月，中国工商银行成立，中国人民银行开始专门履行中央银行的职能。此后，四大国有银行逐渐开始打破原有的分工界限，银行业竞争格局初步呈现。1993 年国务院颁布的《关于金融体制改革的决定》确立了商业银行企业化改革、商业化经营的方针，同年，国家开发银行、中国进出口银行、中国农业发展银行三大政策性银行成立。1995 年，《中华人民共和国商业银行法》正式颁布实施。至此，商业银行体系初步建立。伴随着 90 年代中期大规模的国企改革，国有商业银行积累了大量的不良资产，坏账问题严重。1998 年，财政部发行 2700 亿元特别国债，为四大国有商业银行补充资本金。1999 年，四大资产管理公司先后成立，分别接收四大国有商业银行剥离的不良资产。这为商业银行的进一步改革和市场化运作奠定了基础。

2003 年，十六届三中全会明确提出了“选择有条件的国有商业银行实行股份制改造，加快处置不良资产，充实资本金，创造条件上市”的改革方向。紧接着，中央汇金投资有限责任公司成立。通过采用汇金公司注资、坏账剥离等方式，2004—2007年，中国银行、中国建设银行、交通银行、中国工商银行相继完成股份制改造并成功上市。2010年7月，中国农业银行在上海和香港同时上市，标志着大型国有银行股份制改造完成。

大型商业银行股份制改造的完成和成功上市是整个经济体制改革历史进程中非常重要的一步。尽管仍不是完全自主经营的市场主体，但上市之后，大型国有商业银行距离成为现代金融企业的目标越来越近了，也为日后更加激烈的市场竞争和国际化运营奠定了基础。

表6－2　　国有商业银行股份制改造历程

1979年2月，中国农业银行重建
1979年3月，中国银行从中国人民银行中分设出来
1979年8月，中国建设银行成立
1984年1月，中国工商银行成立
1993年，《关于金融体制改革的决定》颁布
1993年，国家开发银行、中国进出口银行、中国农业发展银行成立
1995年，《中华人民共和国商业银行法》颁布实施
1998年，财政部发行2700亿元特别国债，补充四大国有商业银行资本金
1999年，四大资产管理公司先后成立，接收四大国有商业银行1.4万亿元不良资产
2003年11月，十六届三中全会明确提出商业银行股份制改造、创造条件上市的改革方向
2003年12月，中央汇金投资有限责任公司成立
2004年1月，国务院动用450亿美元外汇储备，通过中央汇金公司为中国银行和中国建设银行补充资本金
2004年5月，国有商业银行进行了第二次大规模不良资产处置，总共剥离7791亿元坏账
2004年8月26日，中国银行股份有限公司成立
2004年9月17日，中国建设银行股份有限公司成立
2005年6月23日，交通银行在香港上市

续表

2005 年 10 月 27 日，中国建设银行在香港上市
2005 年 10 月 28 日，中国工商银行股份有限公司成立
2006 年 6 月 1 日，中国银行在香港上市，同年 7 月 5 日，在上海证券交易所上市
2006 年 10 月 27 日，中国工商银行在上海和香港同时上市
2007 年 5 月 15 日，交通银行在上海证券交易所上市
2007 年 9 月 25 日，中国建设银行在上海证券交易所上市
2009 年 1 月 16 日，中国农业银行股份有限公司挂牌成立
2010 年 7 月 15 日及 16 日，中国农业银行分别在上海 A 股和香港 H 股挂牌上市

资料来源：笔者根据相关公开资料整理。

2. 金融监管体制改革

《决定》在金融监管方面提出的目标和要求是："建立健全银行、证券、保险监管机构之间以及同中央银行、财政部门的协调机制，提高金融监管水平。"事实上，在这次会议召开的半年前，银行业监督管理委员会已经挂牌成立。银监会作为国务院直属的正部级事业单位，在国务院的授权下统一监管银行、金融资产管理公司、信托投资公司以及其他存款类金融机构。加上 1992 年成立的证监会和 1998 年成立的保监会，至此，金融业"一行三会"（中央银行 + 银监会、证监会、保监会）的分业监管格局形成。分业监管在一定程度上适应了接下来一段时期金融行业飞速发展的需要，在规模不断壮大、业务形态日趋复杂的情况下，保证了监管效率。

但随着经济的高速发展，既有的一行三会分业监管体制也开始面临着新的挑战。主要体现在如下三个方面：首先，金融混业经营与分业监管体制之间的矛盾越来越明显，旧有监管体制难以适应金融混业经营的发展态势。一是机构间存在协调难题，从而导致重复监管或监管遗漏；二是监管人员存在知识不足，难以适应日益复杂多元的新业务形态。其次，金融监管的主要职责在于规范行业发展和保护金融消费者权益，但在既有监管体制下，"三会"特别是银监会和证监会都在很大程度上担负着维护宏观经济稳定的职能，却在一定程度上轻视了监管责任。例如，银监会需要通过控制信贷投放来参与宏观调控、证监会试图“维护”证券市场指数的走势等。最后，既有的监管体制缺失宏观审慎管理。2008 年国际金融危机之后，主流经济学界和政策界开始对传统的宏观经济学理论加以反思。反思的重要成果之一就是应当在传统的逆周期宏观调控和微观监管之外，纳入宏观审慎管理（周小川，2011；马勇、陈雨露，2013；王爱俭、王璟怡，2014）。

鉴于以上挑战，金融监管体制有待沿着如下两个方向进一步改革完善：第一，在现有的“一行三会”分业监管的框架下，对不同机构的职能进行补充或调整；具体而言，由中央银行负责货币政策和宏观审慎管理，将银监会、证监会和保监会原来承担的宏观调控职责剥离，“三会”今后仅对金融市场经营主体进行微观监管，负责规范市场秩序、维护投资者和消费者权益。第二，加强各监管机构之间的统筹协调。尽管银监会、证监会和保监会早在 2003 年就建立了“监管联席会议机制”，2013 年国务院又批复同意由中国人民银行牵头建立“金融监管协调部际联席会议制度”；但直到目前这些机制更多的是一个信息交流平台，而并未起到切实有效的协调监管的职能。[①] 未来应将强化上述机制的作用或考虑在国家层面成立高于“一行三会”的“金融稳定委员会”。

（三）涉外经济体制改革与对外开放

关于涉外经济改革，《决定》分别在对外贸易、吸引外商直接投资和参与国际合作三方面提出了目标要求，并作出改革规划。

（1）在对外贸易方面。2001 年年底，中国正式加入 WTO。在进行“入世”谈判的过程中，中国政府做出了一系列的承诺，这其中包括：国民待遇原则、海关关税减让、进口许可证要求及招标要求取消、取消进口配额、对外贸易权扩大、特定领域对外资开放等。[②] 大部分承诺需要在十六届三中全会之后的一段时期内完成。对此，《决

---

① 详见 http：//wallstreetcn. com/node/226334。

② 详见《中国入世承诺》，http：//www. mofcom. gov. cn/aarticle/Nocategory/200612/20061204000376. html。

定》提出要“按照市场经济和世贸组织规则的要求”，加快推进国内贸易和对外贸易的一体化进程。随着经济开放度的提高，维护国家经济安全的重要性也会随之凸显。因而，《决定》中还提出了建立健全外贸运行监控体系和国际收支预警机制的要求。在接下来的几年里，海关和国家外管局分别建立了相应的监控体系，对外贸易和资本跨境流动数据的公开可得性有所提高。但在 2008 年国际金融危机之前，由于出口繁荣和人民币汇率升值的预期，国际收支始终呈现“双顺差”的格局，对于国际收支的担心主要在于热钱流入和外汇储备是否超过最优量（孙华妤、马跃，2005；周光友、罗素梅，2011）。直到金融危机之后，特别是 2014 年以来，人民币贬值压力和对资本外流的担心才成为国际收支预警的首要关注对象。

（2）在吸引外资方面。吸引利用外资是我国在改革开放之后经济发展的基本经验之一。《决定》进一步提出，要结合国内产业结构调整升级，扩大利用外资规模；同时要把吸引外资与发展加工贸易结合起来，“吸引跨国公司把更高技术水平、更大增值含量的加工制造环节和研发机构转移到我国”，从而引导加工贸易转型升级。

外贸和吸引外资方面的改革使中国紧紧抓住了加入 WTO 之后的战略机遇期，获得了丰富的开放红利。2002 年，中国的进口、出口金额分别为 2952 亿美元和 3256 亿美元；2012 年分别增长到 18184 亿美元和 20487 亿美元，十年间增长了 5 倍多（见表 6－3）。实际利用外商直接投资金额 2002 年是 527 亿美元，2012 年翻一番至 1117 亿美元。

这段时期内中国经济和世界经济的繁荣之间是相互依存、相互促进的关系。一方面，稳定繁荣的外部经济环境为“中国制造”走向世界创造了条件；另一方面，中国经济高速增长对能源、矿产品等原材料的需求带动了澳大利亚、巴西、智利等自然资源出口国的经济，同时，中国将其储蓄资源中的一部分用来购买发达国家尤其是美国的金融产品，客观上促进了赤字国的消费和需求。从实际 GDP 的增长速度可以看出，2002 年之前，中国经济与世界经济走势之间并无明显的相关性，而在此之后，两者的相关性显著提高（见图 6－3）。

表 6-3　　中国进出口金额及实际利用外资额　　单位：亿美元

年份	出口金额	进口金额	实际利用外资额
2002	3256	2952	527
2003	4382	4128	535
2004	5933	5612	606
2005	7620	6600	603
2006	9690	7915	630
2007	12205	9561	748
2008	14307	11326	924
2009	12016	10059	900
2010	15778	13962	1057
2011	18984	17435	1160
2012	20487	18184	1117

资料来源：Wind 数据库。

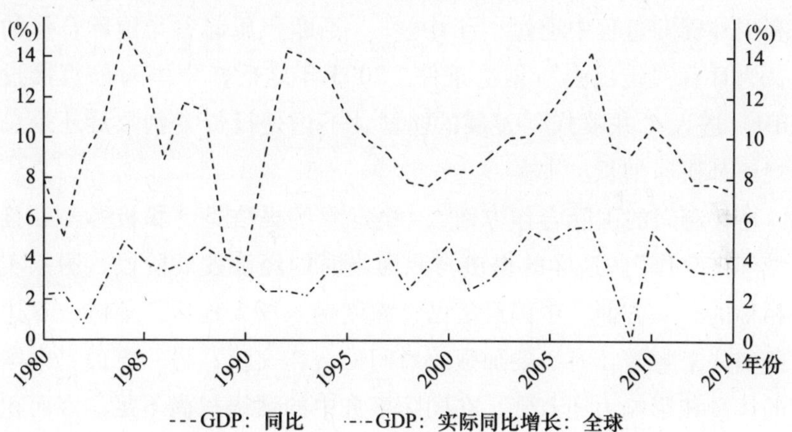

图 6-3　全球经济增长率（1980—2014 年）

资料来源：Wind 数据库。

但经济开放度的提高逐渐带来一个新的问题，那就是国际收支的不平衡。进出口差额/GDP 比值持续上升，在 2007 年甚至高达 7.6%。顺差的扩大至少导致了两方面的矛盾：首先，一国的国际收支顺差总是对应着其他国家的国际收支逆差。中国出口额超出进口额的部分越来越大，而与此同时，美国的贸易赤字规模也不断增加。于是，美国议会和政府要求人民币升值的呼声不断加强。2008 年国际金融危机之后，甚至有学者和政府官员认为中国经济的结构性失衡以及与之密切相关的“全球不平衡”（Global Imbalance）是导致金融危机的经济学原因（Bernanke B. S. , 2005）。其次，依靠出口拉动经济增长的模式是难以持续的。随着中国经济规模占世界总量的份额越来越高，中国的出口不可能无限制增长；而一旦出口增速下降，内需不足就可能成为制约中国经济可持续发展的障碍。经济结构调整刻不容缓。

（3）在参与国际合作方面。主要是推动中国企业的“走出去”以及参与和推动政府间层面的区域经济合作。改革开放之后的很长一段时间里，中国企业参与国际经济合作的主要方式是通过进出口贸易或吸引利用外资。与对外贸易和利用外资相比，中国企业在对外投资上进展得相对比较晚。但不可否认的是，中国经济在长期的对外贸易与利用外资的过程中通过“干中学”，不断积累起参与国际合作的经验，为日后“走出去”创造条件。2003 年之后，中国对外直接投资（ODI）进入“井喷式”发展的阶段，不论是投资案例数量还是总投资规模都快速增长。

在政府间的国际合作方面，《决定》的提法是“积极参与和推动区域经济合作”。这样的提法与我国当时的经济发展阶段、国家实力是相称的。一方面，中国经济已经深度融入亚太地区产业链，双边多边经贸往来频繁，有必要加强政府间的合作交流；另一方面，中国经济的体量和影响力还有限，在国际事务中的话语权尚不足。因而积极参与并适度推动的做法是务实的。应当说，十六届三中全会之后几年时间里中国政府在国际合作方面的努力为日后更加有所作为奠定了基础。例如，尽管“金砖国家”之间正式的政府间合作机制尚未建立，但中国与俄罗斯、印度、巴西、南非五国在这段时期国际合作范围的扩大为 2009 年“金砖国家”领导人首次会晤以及日后成立“金砖国家新开发银行”和“金砖国家应急储备安排协议”（the BRICS Contingent Reserve Arrangement，CRA）奠定了基础（潘庆中、李稻葵、冯明，2015）。又如，上海合作组织（SCO）成员国之间在打击恐怖主义、分裂主义及军事合作、信息安全等领域的合作在这一时期不断加深。再如，1999 年成立的 G20（“二十国集团”）作为一个国际经济合作论坛，因为覆盖面广、代表性强，有逐渐取代 G8（“八国集团”）之势。中国政府积极参与 G20 论坛，并通过这一平台联合其他发展中国家呼吁推动世界银行和国际货币基金组织（IMF）等既有国际组织的改革。2005 年 10 月，中国作为主席国承办了 G20 第 7 次会议。2016 年 9 月，第 11 次“G20 首脑峰会”在中国杭州召开。① 最后，中国与周边国家的区域经济合作及一体化进程也在这段时期有所加强。2002 年，中日韩三国领导人峰会提出了建立“中日韩自由贸易区”的设想。此后，三国之间建立了 17 个部长级会议机制和 50 多个交流对话机制；遗憾的是，受历史、领土纷争等问题的影响，中日韩自贸区谈判进程并不顺利。直到 2012 年 11 月，中日韩自贸区谈判才启动。中国与东盟国家之间的经济合作也不断加强，分别于 2004 年和 2007 年签署了《中国—东盟全面经济合作框架协议货物贸易协议》和《中国—东盟全面经济合作框架协议服务贸易协议》，2009 年又签署了《中国—东盟全面经济合作框架协议投资协议》。

五　基本评价和经验

整体而言，《决定》在总结之前 25 年改革经验教训的基础上，结合当时国内经济社会发展面临的突出问题以及国际经济形势，提出了完善社会主体经济体制的目标，并在完善基本经济制度、市场体系建设、政府职能定位等方面为之后一段时期的改革做出了部署。这次会议之后的几年，国有资产管理和国有企业改革、金融改革、涉外体制改革和对外开放三个领域的深化改革取得了较为显著的进展。

① 2008 年国际金融危机之后，“二十国集团”在全球经济金融协调治理中的重要性有所加强，开始举办“G20 首脑峰会”，每年两次。

市场经济体制的不断完善使中国紧紧抓住了加入 WTO 之后的战略机遇期，为中国经济在 2003 年到 2008 年金融危机之前这段时期的高速增长提供了制度保障。我们从十六届三中全会之后几年的改革中可以总结出三点经验：一是通过破除体制性障碍能够起到释放和激发经济主体活力、促进经济发展的效果，改革能够创造红利；二是紧紧抓住当时制约经济社会发展的特定领域，进行有针对性的改革突破；三是要不断推动中国经济与世界经济的双向融合，利用开放促进产业升级和经济发展。

尽管取得了许多成绩，但经济体制改革的道路尚未完成。而且在经济社会高速发展的过程中又产生了一些新问题，例如经济结构不合理、收入分配不平等加剧、自然环境急速恶化等。新老问题相互交织，需要通过进一步的深化改革、完善社会主义市场经济体制来化解。

参考文献

[1] Bernanke, B. S., The Global Saving Glut and the US Current Account Deficit. Board of Governors of the Federal Reserve System (US) Speech (Mar. 2005).

[2] 胡鞍钢、魏星、高宇宁：《中国国有企业竞争力评价（2003—2011）：世界 500 强的视角》，《清华大学学报》（哲学社会科学版）2013 年第 1 期。

[3] 马勇、陈雨露：《宏观审慎政策的协调与搭配：基于中国的模拟分析》，《金融研究》2013 年第 8 期。

[4] 刘瑞明：《中国的国有企业效率：一个文献综述》，《世界经济》2013 年第 11 期。

[5] 潘庆中、李稻葵、冯明：《“新开发银行”新在何处——论金砖国家开发银行成立的背景、意义与挑战》，《国际经济评论》2015 年第 2 期。

[6] 商务部：《中国入世承诺》，http://www.mofcom.gov.cn/aarticle/Nocategory/200612/20061204000376.html。

[7] 孙华好、马跃：《化解热钱流入形成的升值压力：市场自动调节

机制和政策措施》,《世界经济》2005 年第 4 期。

[8] 王爱俭、王璟怡:《宏观审慎政策效应及其与货币政策关系研究》,《经济研究》2014 年第 4 期。

[9] 王元龙:《中国国有商业银行股份制改革研究》,《金融研究》2001 年第 1 期。

[10] 吴延兵:《国有企业双重效率损失研究》,《经济研究》2012 年第 3 期。

[11] 张晨、张宇:《国有企业是低效率的吗》,《经济学家》2011 年第 2 期。

[12] 周光友、罗素梅:《外汇储备最优规模的动态决定——基于多层次替代效应的分析框架》,《金融研究》2011 年第 5 期。

[13] 周小川:《金融政策对金融危机的响应——宏观审慎政策框架的形成背景、内在逻辑和主要内容》,《金融研究》2011 年第 1 期。

第七章　十七届三中全会

——农村改革与新农村建设

一　背景：城乡差距仍然在扩大

中国共产党第十七届中央委员会第三次全体会议（以下简称“十七届三中全会”），于2008年10月9—12日在北京举行。

分税制改革后中国经济发展向城市中心的转移，导致农业、农村和农民“三农”问题逐步暴露：粮食减产、农民增收缓慢、农村发展滞后。十七届三中全会聚焦于农村改革与发展，《中共中央关于推进农村改革发展若干重大问题的决定》（以下简称《决定》）及时回应了当时社会非常关注的“三农”问题，体现出中国改革最明显的“问题导向”特征。农村改革是中国经济发展到每一个新阶段的重要命题，“三农”问题事关全局。《决定》定位于以改革促发展，重新认识了农村改革对于中国经济发展新阶段的工业化、城市化的重要意义，提出建设“生产发展、生活宽裕、乡风文明、村容整洁、管理民主”的社会主义新农村。通过历史视角分析，认为十七届三中全会既是改革开放30年之际的阶段性回顾，也是新一轮改革的重要起点。

伴随着1994年分税制改革后中国以市场化为导向的工业化的迅速推进，开发区的快速成长取代了乡镇企业的原有地位，中国经济发展的重心正式从农村向城市转移。受此影响，农业、农村和农民的问题不断凸显。粮食产量从1998年开始连续五年下降，从1998年的

51230万吨下降到2003年的43070万吨，下降了16%（见图7-1）；人均粮食产量从1998年的410.6公斤，下降到2003年的333.3公斤，下降了近19%，是改革开放以来下降最严重的一次。农业生产形势异常严峻。

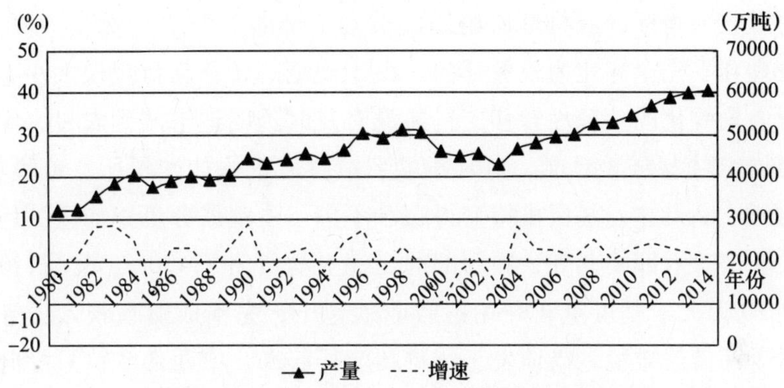

图7-1 改革开放以来的粮食产量和增速

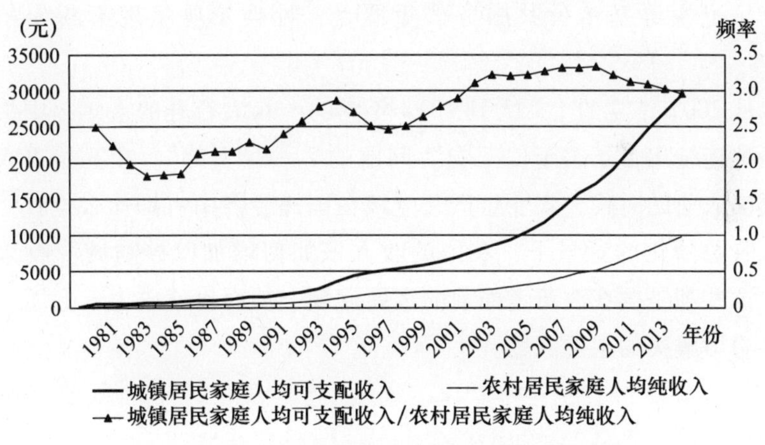

图7-2 改革开放以来的城乡收入差距

农民收入增速不断下滑，从1997年的4.6%下降到2000年的2.1%，这是改革开放以来农民收入增速的最低点。城乡收入差距日益扩大，从1985年的1.9增加到分税制改革时期的2.6（蔡昉、杨涛，2000），在20世纪最后五年经历短暂收敛后重新开始震荡扩大并迅速超过了前期高点，2007年城镇居民人均可支配收入与农村居民人均纯收入的比值达到了创纪录的3.3倍（见图7－2）。

农村方面存在的突出问题是社会事业发展滞后。分税制改革导致的财力上收和事责下放，在农村得到了集中爆发。为了完成层层加码的财政收入指标，农村基层组织成员几乎全部上街“收税”，基层组织管理几乎完全异化为税务部门。由于规范的转移支付规模太小，基于财力均等化的一般性转移支付又没有及时透明地下放到农村，农村基层组织财力异常困难。同时新增乡镇政府机构如国税所、地税所、财政所不断设立，基层机构变得臃肿不堪。乡镇债务负担加重。1998年农业部等六部委调查，中西部的乡镇平均负债是400万元，村级负债是20万元。基层重新开始财政收入包干，完不成财政收入任务的农村干部借债缴税，借债发工资重新流行起来。中西部乡镇只好向农民摊派各种苛捐杂税，例如“人头税”，干群关系异常紧张，2000年农民上访上告的总数第一次超过了城镇（陆学艺，2005）。基层教育、医疗、卫生等基本公共服务严重匮乏，社会矛盾呈现不断累积的风险。

从2002年党的十六大到2012年党的十八大召开的十年，中央不间断地连续出台了关于“三农”问题的“一号文件”。在开始进入工业反哺农业的时代，农业生产又应该在国民经济中占据什么位置？在收入日益分化的背景下，农民的收入该如何增加以控制城乡收入差距？这些都是摆在改革者面前的重要问题，从而也就成为十七届三中全会着力解决的主要问题。

二　改革主题：“三农”问题的提出

（一）一号文件

毫无疑问，2003—2012年最重要的经济和社会问题是“三农”问题。从2003年开始，具有明确政策导向的中央“一号文件”，连续聚焦“三农”问题。

2003 年的《国务院关于全面推进农村税费改革试点工作的意见》提出：农村税费改革是现阶段减轻农民负担的治本之策，不仅有力地促进了农民收入恢复性增长，得到了广大农民群众的衷心拥护，而且带动了农村各项改革，推进了农村经济的持续发展和农村社会的全面进步。

2004 年的《中共中央国务院关于促进农民增加收入若干政策的意见》，提出：坚持“多予、少取、放活”的方针，调整农业结构，扩大农民就业，加快科技进步，深化农村改革，增加农业投入，强化对农业支持保护，力争实现农民收入较快增长，尽快扭转城乡居民收入差距不断扩大的趋势。着重解决农民增收中的两个难点和两个重点：粮食主产区种粮农民和贫困地区未解决温饱及未稳定解决温饱的贫困农民。逐步降低农业税税率，2004 年农业税税率总体上降低 1 个百分点，同时取消除烟叶外的农业特产税。有条件的地方，可以进一步降低农业税税率或免征农业税。

2005 年的《中共中央国务院关于进一步加强农村工作　提高农业综合生产能力若干政策的意见》，提出：稳定、完善和强化各项支农政策，切实加强农业综合生产能力建设，继续调整农业和农村经济结构，进一步深化农村改革。继续加大“两减免、三补贴”等政策实施力度；切实加强对粮食主产区的支持；建立稳定增长的支农资金渠道；坚决实行最严格的耕地保护制度，切实提高耕地质量；加强农田水利和生态建设，提高农业抗御自然灾害的能力；加快农业科技创新，提高农业科技含量等。2005 年 12 月 29 日，第十届全国人民代表大会常务委员会第十九次会议决定：《中华人民共和国农业税条例》自 2006 年 1 月 1 日起废止。终结了中国历史上存在了两千多年的“皇粮国税”，农民不再交公粮。

2006 年的《中共中央国务院关于推进社会主义新农村建设的若干意见》，提出：要完善强化支农政策，建设现代农业，稳定发展粮食生产，积极调整农业结构，加强基础设施建设，加强农村民主政治建设和精神文明建设，加快社会事业发展，推进农村综合改革，促进农民持续增收，确保社会主义新农村建设有良好开局。

2007 年的《中共中央国务院关于积极发展现代农业扎实推进社会主义新农村建设的若干意见》，提出：发展现代农业是社会主义新农村建设的首要任务，要用现代物质条件装备农业，用现代科学技术改造农业，用现代产业体系提升农业，用现代经营形式推进农业，用现代发展理念引领农业，用培养新型农民发展农业，提高农业水利化、机械化和信息化水平，提高土地产出率、资源利用率和农业劳动生产率，提高农业素质、效益和竞争力。

2008 年的《中共中央国务院关于切实加强农业基础建设进一步促进农业发展农民增收的若干意见》，强调：按照统筹城乡发展要求切实加大“三农”投入力度，巩固、完善、强化强农惠农政策，形成农业增效、农民增收良性互动格局，探索建立促进城乡一体化发展的体制机制，并制定一系列政策措施。加强以农田水利为重点的农业基础设施建设是强化农业基础的紧迫任务。

党的十七大报告提出：我们的工作与人民的期待还有不小差距……城乡、区域、经济社会发展仍然不平衡；农业稳定发展和农民持续增收难度加大。在这种背景下，2008 年年底召开的十七届三中全会聚焦农业、农村、农民“三农”问题显得理所应当，既保持了改革的延续性，又保证了宏观政策的稳定性。

（二）“三农”问题的由来

在当时的背景下，“三农”问题引起的社会关注度极高。2000 年 3 月，时任湖北省监利县棋盘乡党委书记的李昌平写信给朱镕基总理，反映了农村基层存在的严重问题，指出“农民真苦，农村真穷，农业真危险”，引起中央对“三农”问题的关注，成为以基层身份、用数据说话、系统提出“三农”问题的第一人。朱总理批示：“农民真苦，农村真穷，农业真危险。”① 2000 年 9 月，曹锦清的《黄河边的

---

① 2002 年 1 月，李昌平的专著《我向总理说实话》由光明日报出版社出版。杜润生先生为这本书作序：“李昌平不是第一个提出‘三农’问题的人，但以一个乡党委书记身份，系统提出、用数据说话、用切身经历讲话的，他是第一个。”

中国：一个学者对乡村社会的观察与思考》正式出版，成为反映“三农”问题的又一力作。该书同样采用了1996年河南、河北两地大量乡野调查数据来说明农村治理的滞后、农村社会的分化和农民生活的困苦。

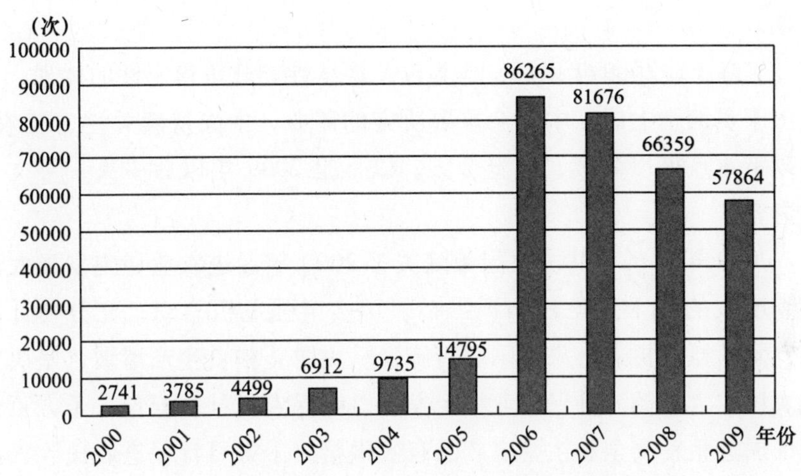

图7－3　媒体关于“三农”问题的报道强度

资料来源：来自李仕权（2010）。原文是对中国知网“中国重要报纸全文数据库”中检索“三农”或“农业”“农民”“农村”的统计结果。

从2004年开始，“三农”问题正式进入中央文件并引起广泛的社会关注，媒体对于“三农”的报道也迅速升温。2004年报道频数为9735次，2005年就达到了14795次，比上年增加了50%以上，2006年随着农业税的全面取消更是达到了创纪录的86265次（见图7－3），是2005年的5.8倍。随后几年都保持在较高水平，预示着新一轮关于农业、农村改革的新高潮马上到来。

（三）十七届三中全会之后的“三农”问题

2008年10月9日至12日的中国共产党第十七届中央委员会第三次全体会议就是在这样一个历史和社会背景下召开的，全会主题也自然集中于“三农”问题，会议最终通过了《中共中央关于推进农村改革发展若干重大问题的决定》，提出：农业是安天下、稳民心的战略产业，没有农业现代化就没有国家现代化，没有农村繁荣稳定就没有全国繁荣稳定，没有农民全面小康就没有全国人民全面小康。我国总体上已进入以工促农、以城带乡的发展阶段，进入加快改造传统农业、走中国特色农业现代化道路的关键时刻，进入着力破除城乡二元结构、形成城乡经济社会发展一体化新格局的重要时期。

实际上，2009 年以后，作为改革连续性和政策稳定性的体现，也是出于贯彻十七届三中全会重要决定的需要，中央持续关注“三农”的政策重点得以延续，直至今天。以下是 2009 年以后中央一号文件的内容。

2009 年的《中共中央国务院关于 2009 年促进农业稳定发展农民持续增收的若干意见》强调：必须切实增强危机意识，充分估计困难，紧紧抓住机遇，果断采取措施，坚决防止粮食生产滑坡，坚决防止农民收入徘徊，确保农业稳定发展，确保农村社会安定。千方百计保证国家粮食安全和主要农产品有效供给，千方百计促进农民收入持续增长，为经济社会又好又快发展继续提供有力保障。

2010 年的《中共中央国务院关于加大统筹城乡发展力度进一步夯实农业农村发展基础的若干意见》提出：我国农业的开放度不断提高，城乡经济的关联度显著增强，气候变化对农业生产的影响日益加大，农业农村发展的有利条件和积极因素在积累增多，各种传统和非传统的挑战也在叠加凸显。面对复杂多变的发展环境，促进农业生产上新台阶的制约越来越多，保持农民收入较快增长的难度越来越大，转变农业发展方式的要求越来越高，破除城乡二元结构的任务越来越重。

2011 年的《中共中央国务院关于加快水利改革发展的决定》虽然不是以“三农”命名，但内容是与农业密切相关的水利建设。文件提出：促进经济长期平稳较快发展和社会和谐稳定，夺取全面建设小康社会新胜利，必须下决心加快水利发展，切实增强水利支撑保障能力，实现水资源可持续利用。

2012 年的《中共中央国务院关于加快推进农业科技创新持续增

强农产品供给保障能力的若干意见》提出：实现农业持续稳定发展、长期确保农产品有效供给，根本出路在科技。把农业科技摆上更加突出的位置，下决心突破体制机制障碍，大幅度增加农业科技投入，推动农业科技跨越发展，为农业增产、农民增收、农村繁荣注入强劲动力。文件强调：要依靠科技创新驱动，引领支撑现代农业建设，重点抓好种业科技创新。

值得注意的是，党的十八大召开以后的一号文件也是聚焦“三农”。每一轮改革都从农业、农村起步，似乎已经成为一种传统。2013 年的《中共中央国务院关于加快发展现代农业进一步增强农村发展活力的若干意见》提出：着力构建集约化、专业化、组织化、社会化相结合的新型农业经营体系。尊重和保障农户生产经营的主体地位，培育和壮大新型农业生产经营组织。必须健全农村集体经济组织资金资产资源管理制度，依法保障农民的土地承包经营权、宅基地使用权、集体收益分配权。用 5 年时间基本完成农村土地承包经营权确权登记颁证工作；加快推进征地制度改革。

2014 年的《中共中央国务院关于全面深化农村改革加快推进农业现代化的若干意见》提出：坚决破除体制机制弊端，坚持农业基础地位不动摇。要鼓励探索创新，在明确底线的前提下，支持地方先行先试，尊重农民群众实践创造；要因地制宜、循序渐进，不搞“一刀切”、不追求一步到位，允许采取差异性、过渡性的制度和政策安排。要以解决好“地怎么种”为导向，加快构建新型农业经营体系；以解决好“地少水缺”的资源环境约束为导向，深入推进农业发展方式转变，以满足吃得好吃得安全为导向大力发展优质安全农产品，努力走出一条生产技术先进、经营规模适度、市场竞争力强、生态环境可持续的中国特色新型农业现代化道路。

2015 年的《中共中央国务院关于加大改革创新力度加快农业现代化建设的若干意见》提出：要主动适应经济发展新常态，按照稳粮增收、提质增效、创新驱动的总要求，继续全面深化农村改革，全面推进农村法制建设，推动新型工业化、信息化、城镇化和农业现代化同步发展，努力在提高粮食生产能力上挖掘新潜力，在优化农业结构上开辟新途径，在转变农业发展方式上寻求新突破，在促进农民增收上获得新成效，在建设新农村上迈出新步伐。

三 《中共中央关于推进农村改革发展若干重大问题的决定》具体内容

十七届三中全会通过的《决定》共一万五千多字，分六个部分，分别是：①新形势下推进农村改革发展的重大意义；②推进农村改革发展的指导思想、目标任务、重大原则；③大力推进改革创新，加强农村制度建设；④积极发展现代农业，提高农业综合生产能力；⑤加快发展农村公共事业，促进农村社会全面进步；⑥加强和改善党的领导，为推进农村改革发展提供坚强政治保证。

第一部分论述了新形势下推进农村改革发展的重大意义。首先，“三农”问题并不是一个局部问题，而是全局问题，是革命和建设时期国家的战略重点。农业、农村、农民问题关系党和国家事业发展全局。在革命、建设、改革各个历史时期，我们党坚持把马克思主义基本原理同我国具体实际相结合，始终高度重视、认真对待、着力解决农业、农村、农民问题，成功开辟了新民主主义革命胜利道路和社会主义事业发展道路。其次，“三农”问题关系到四个现代化、全国的繁荣稳定和全面小康建设。农业是安天下、稳民心的战略产业，没有农业现代化就没有国家现代化，没有农村繁荣稳定就没有全国繁荣稳定，没有农民全面小康就没有全国人民全面小康。

第二部分是推进农村改革发展的指导思想、目标任务、重大原则。分为城乡一体化、农业现代化、农民人均纯收入、农村行政事业建设和农业可持续发展五个方面，《决定》提出农村改革发展的基本目标任务是，到2020年农村经济体制更加健全，城乡经济社会发展一体化体制机制基本建立；现代农业建设取得显著进展，农业综合生产能力明显提高，国家粮食安全和主要农产品供给得到有效保障；农民人均纯收入比2008年翻一番，消费水平大幅提升，绝对贫困现象基本消除；农村基层组织建设进一步加强，村民自治制度更加完善，农民民主权利得到切实保障；城乡基本公共服务均等化明显推进，农村文化进一步繁荣，农民基本文化权益得到更好落实，农村人人享有接受良好教育的机会，农村基本生活保障、基本医疗卫生制度更加健全，农村社会管理体系进一步完善；资源节约型、环境友好型农业生产体系基本形成，农村人居和生态环境明显改善，可持续发展能力不断增强。

《决定》提出必须遵循的重大原则包括了农业基础地位、保障农民权益、解放和发展农村社会生产力、城乡经济社会发展和党管农村工作五个方面。在农业基础地位方面始终把解决好十几亿人口吃饭问题作为治国安邦的头等大事；在保障农民权益上，始终把实现好、维护好、发展好广大农民根本利益作为农村一切工作的出发点和落脚点；在解放和发展农村社会生产力上，始终把改革创新作为农村发展的根本动力；在城乡经济社会发展上，始终把着力构建新型工农、城乡关系作为加快推进现代化的重大战略；在党管农村工作上，始终把加强和改善党对农村工作的领导作为推进农村改革发展的政治保证。

第三部分是大力推进改革创新，加强农村制度建设。包括农村基本经营制度、农村土地管理制度、农业支持保护制度、现代农村金融制度、城乡经济社会发展一体化制度、农村民主管理制度六个方面。

农村基本经营制度涉及农村土地承包经营制度稳定，农业经营体制机制创新，即“赋予农民更加充分而有保障的土地承包经营权，现有土地承包关系要保持稳定并长久不变。推进农业经营体制机制创新，加快农业经营方式转变”。加强统分结合，发挥各自优势。家庭经营要向采用先进科技和生产手段的方向转变，增加技术、资本等生产要素投入，着力提高集约化水平；统一经营要向发展农户联合与合作，形成多元化、多层次、多形式经营服务体系的方向转变，发展集体经济、增强集体组织服务功能，培育农民新型合作组织，发展各种农业社会化服务组织，鼓励龙头企业与农民建立紧密型利益联结机制，着力提高组织化程度。

农村土地管理制度包括耕地保护制度、节约用地制度和城乡统一的建设用地市场。在耕地制度上，坚决守住十八亿亩耕地红线。划定永久基本农田，建立保护补偿机制，确保基本农田总量不减少、用途不改变、质量有提高。在节约用地制度上，从严控制城乡建设用地总规模。在城乡统一的建设用地市场上，对依法取得的农村集体经营性建设用地，必须通过统一有形的土地市场、以公开规范的方式转让土地使用权，在符合规划的前提下与国有土地享有平等权益。

农业支持保护制度包括农村基础设施和社会事业发展的投入支持制度和农业补贴制度。在农村基础设施投入上，大幅度增加国家对农村基础设施建设和社会事业发展的投入，大幅度提高政府土地出让收益、耕地占用税新增收入用于农业的比例，大幅度增加对中西部地区农村公益性建设项目的投入；在农业补贴制度上，扩大范围，提高标准，完善办法，特别要支持增粮增收，逐年较大幅度增加农民种粮补贴。完善与农业生产资料价格上涨挂钩的农资综合补贴动态调整机制。健全农产品价格保护制度，稳步提高粮食最低收购价。

现代农村金融制度，包括财政政策和货币政策工具、农业农村金融体系两方面。拓宽融资渠道，综合运用财税杠杆和货币政策工具，定向实行税收减免和费用补贴，引导更多信贷资金和社会资金投向农村。坚持农业银行为农服务的方向，拓展农业发展银行支农领域，扩大邮政储蓄银行涉农业务范围，改善农村信用社法人治理结构，规范发展多种形式的新型农村金融机构和以服务农村为主的地区性中小银行，允许农村小型金融组织从金融机构融入资金，允许有条件的农民专业合作社开展信用合作。

城乡经济社会发展一体化制度，集中于规划、产业、基础设施和公共服务一体化四个方面。促进公共资源在城乡之间均衡配置、生产要素在城乡之间自由流动，推动城乡经济社会发展融合。

农村民主管理制度，包括基层政权、社会管理和公共服务、农村法治等。基层政权建设就是扩大村民自治范围，保障农民享有更多更切实的民主权利。逐步实行城乡按相同人口比例选举人大代表，扩大农民在县乡人大代表中的比例，密切人大代表同农民的联系。乡镇政府社会管理和公共服务职能是指健全村党组织领导的充满活力的村民自治机制，深入开展以直接选举、公正有序为基本要求的民主选举实践；加强农村法制建设方面，要培育农村服务性、公益性、互助性社会组织，采取多种措施增强基层财力，逐步解决一些行政村运转困难问题，积极稳妥化解乡村债务。

第四部分是积极发展现代农业，提高农业综合生产能力，包括粮食安全、农业结构调整、农业科技创新、农业基础设施建设、农业社会化服务体系、农业可持续发展和农业对外开放七个方面。

粮食安全的主要内容是实施粮食战略工程，推进国家粮食核心产区和后备产区建设，加快落实全国新增千亿斤粮食生产能力建设规划，支持粮食生产的政策措施向主产区倾斜，建立主产区利益补偿制度，加大对产粮大县财政奖励和粮食产业建设项目扶持力度，加快实现粮食增产、农民增收、财力增强相协调，产销平衡区和主销区要加强产粮大县建设，确保区域内粮田面积不减少、粮食自给水平不下降。

农业结构战略性调整主要是构建现代农业产业体系和产业布局规划。构建现代农业产业体系要以市场需求为导向、科技创新为手段、质量效益为目标。产业布局规划就是科学确定区域农业发展重点，形成优势突出和特色鲜明的产业带，引导加工、流通、储运设施建设向优势产区聚集。

农业科技创新包括加大农业科技投入，加强农业技术研发和集成，加快开发多功能、智能化、经济型农业装备设施，推进农业信息服务技术发展，加快农业科技创新体系和现代农业产业技术体系建设，加强对公益性农业科研机构和农业院校的支持，稳定和壮大农业科技人才队伍，加快农业科技成果转化，继续办好国家农业高新技术产业示范区，发挥国有农场运用先进技术和建设现代农业的示范作用。

农业基础设施建设包括国土整治、农田水利和节水灌溉三方面，国土整治即加快中低产田改造，鼓励农民开展土壤改良，大幅度增加高产稳产农田比重，搞好水利基础设施建设，加快病险水库除险加固。农田水利是采取以奖代补等形式，鼓励和支持农民广泛开展小型农田水利设施、小流域综合治理等项目建设；节水灌溉方面，支持农用工业发展，加强良种繁育体系和农产品批发市场网络建设，加快建设现代粮食物流体系和鲜活农产品冷链物流系统。

农业社会化服务体系包括公共服务机构、合作经济组织、龙头企业和社会力量。加快构建以公共服务机构为依托、合作经济组织为基础、龙头企业为骨干、其他社会力量为补充，公益性服务和经营性服务相结合、专项服务和综合服务相协调的新型农业社会化服务体系。加强农业公共服务能力建设。

农业可持续发展，主要是通过发展节约型农业、循环农业、生态农业，加强生态环境保护。继续推进林业重点工程建设，延长天然林保护工程实施期限，巩固退耕还林成果，开展植树造林，提高森林覆盖率。实施草原建设和保护工程，加强水生生物资源养护，保护珍稀物种和种质资源，多渠道筹集森林、草原、水土保持等生态效益补偿资金，逐步提高补偿标准。积极培育以非粮油作物为原料的生物质产业，加强农村工业、生活污染和农业面源污染防治。

农业对外开放包括农产品进出口规划和调控、检验检疫和监管、外商投资发展现代农业、建立外商准入制度、培育农业跨国经营企业和参与国际农产品贸易规则与标准制定六个方面。加强国际市场研究和信息服务，提高出口优势产品附加值和质量安全水平。健全符合世界贸易组织规则的外商经营农产品和农业生产资料准入制度，建立外资并购境内涉农企业安全审查机制。培育农业跨国经营企业，逐步建立农产品国际产销加工储运体系。积极参与国际农产品贸易规则和标准制定，促进形成公平合理的贸易秩序。

第五部分是加快发展农村公共事业，促进农村社会全面进步。包括农村文化、农村教育、农村医疗卫生、农村社会保障、农村基础设施和环境、农村扶贫、农村防灾减灾能力和农村社会管理八大方面。

农村文化包括农村公共文化服务体系和农村精神文明建设、文物保护和农村体育，农村公共文化服务体系包括推进广播电视村村通、文化信息资源共享、乡镇综合文化站和村文化室建设、农村电影放映、农家书屋等重点文化惠民工程，建立稳定的农村文化投入保障机制。农村精神文明建设包括扶持农村题材文化产品创作生产，重视丰富农民工文化生活，广泛开展文明村镇、文明集市、文明户、志愿服务等群众性精神文明创建活动。此外还有加强农村文物、非物质文化遗产、历史文化名镇名村保护。

农村教育包括义务教育体系、职业教育和高校服务“三农”人才能力，目标是巩固农村义务教育普及成果，提高义务教育质量，加快普及农村高中阶段教育，重点加快发展农村中等职业教育并逐步实行免费。保障和改善农村教师工资待遇和工作条件，健全城乡教师交流机制，发展农村学前教育、特殊教育、继续教育。

农村医疗卫生包括新型农村合作医疗制度、农村药品配送和监管、农村爱国卫生运动。新型农村合作医疗制度要提高筹资标准和财政补助水平，建立健全农村三级医疗卫生服务网络，加强农村卫生人才队伍建设。农村药品配送和监管要求扩大农村免费公共卫生服务和免费免疫范围，加大地方病、传染病及人畜共患病防治力度。农村爱国卫生运动包括农村妇幼保健和住院分娩补助政策。

农村社会保障包括新型农村社会养老保险制度、被征地农民社会保障、农村最低生活保障制度和农村养老服务等。农村社会养老保险制度，重点是创造条件探索城乡养老保险制度有效衔接办法。完善农村最低生活保障制度，全面落实农村五保供养政策，完善农村受灾群众救助制度，落实好军烈属和伤残病退伍军人等优抚政策，发展以扶老、助残、救孤、济困、赈灾为重点的社会福利和慈善事业，发展农村养老服务，促进农村残疾人事业发展。

农村基础设施和环境，包括农村饮水、公路、电力等方方面面，目标是：五年内解决农村饮水安全问题，确保“十一五”期末基本实现乡镇通油（水泥）路，扩大电网供电人口覆盖率，推广沼气、秸秆利用、小水电、风能、太阳能等可再生能源技术，实施农村清洁工程，加快改水、改厨、改厕、改圈，开展垃圾集中处理，推进广电网、电信网、互联网“三网融合”，发展农村邮政服务，健全农村公共设施维护机制。

农村扶贫包括国家扶贫战略和政策体系、老少边穷地区扶贫和党政机关定点扶贫与东西扶贫协作。国家扶贫战略和政策体系包括实行新的扶贫标准，重点提高农村贫困人口自我发展能力，对没有劳动力或劳动能力丧失的贫困人口实行社会救助。老少边穷地区扶贫即加大对革命老区、民族地区、边疆地区、贫困地区发展扶持力度。党政机关定点扶贫和东西扶贫协作重点是充分发挥企业、学校、科研院所、军队和社会各界在扶贫开发中的积极作用。

农村防灾减灾能力主要包括加强灾害性天气、地质灾害、地震监测预警，加强防洪排涝抗旱设施和监测预警能力建设，加快农村危房改造，提高农村道路、供电、供水、通信设施抗灾保障能力，提高农村学校、医院等公共设施建筑质量，落实安全标准和责任等。

农村社会管理包括农村信访、农村政法和农村应急管理体制。农村信访要拓宽农村社情民意表达渠道。农村政法要求农村广大干部进村入户做好下访工作，推进农村警务建设。农村应急管理体制的核心是提高危机处置能力。

第六部分是加强和改善党的领导，为推进农村改革发展提供坚强政治保证，包括党领导农村工作体制机制、农村基层组织建设、农村基层干部队伍建设、农村党员队伍建设和农村党风廉政建设五个方面。①党领导农村工作体制机制重点是把农村工作摆上重要议事日程，在政策制定、工作部署、财力投放、干部配备上切实体现全党工作重中之重的战略思想。②农村基层组织建设，要创新农村党的基层组织设置形式，推广在农村社区、农民专业合作社、专业协会和产业链上建立党组织的做法。③农村基层干部队伍建设，应当注重从农村致富能手、退伍军人、外出务工返乡农民中选拔村干部，引导高校毕业生到村任职，鼓励党政机关和企事业单位优秀年轻干部到村帮助工作，加大从优秀村干部中考录乡镇公务员和选任乡镇领导干部力度。④农村党员队伍建设，要扩大党内基层民主，广泛开展党员设岗定责、依岗承诺、创先争优等活动，建立健全城乡一体党员动态管理机制。⑤农村党风廉政建设就是要全面推进政务公开、村务公开、党务公开，健全农村集体资金、资产、资源管理制度，做到用制度管权、管事、管人。

四 实施情况分析

本部分将参照《决定》中农村改革发展的基本目标任务，分析和评估《决定》的后续进展，重点分析《决定》中提出的与基本目标相关的问题是否得到解决，《决定》的目标是否能够实现。

上文已经论述了十七届三中全会之后历年中央一号文件的内容。通过分析我们发现，十七届三中全会之后各年度中央一号文件也是基本集中于“三农”问题，甚至包括十八大以后的中央一号文件。具体来看，2009 年中央一号文件关注农业稳定发展和农民持续增收问题，2010 年中央一号文件关注统筹城乡发展和农业农村基础，2011 年的一号文件关注水利事业，2012 年中央一号文件关注农业科技创新和农产品供给保障能力，2013 年中央一号文件关注农村发展活力问题，2014 年中央一号文件关注全面深化农村改革和加快推进农业现代化问题，2015 年中央一号文件关注加快农业现代化建设等，已经从工作重点的角度保持了对“三农”问题的政策稳定性和改革连续性，体现了对于《决定》方向的贯彻和执行。

回顾农村改革发展的基本目标任务，即到 2020 年，农村经济体制更加健全，城乡经济社会发展一体化体制机制基本建立；现代农业建设取得显著进展，农业综合生产能力明显提高，国家粮食安全和主要农产品供给得到有效保障；农民人均纯收入比 2008 年翻一番，消费水平大幅提升，绝对贫困现象基本消除；农村基层组织建设进一步加强，村民自治制度更加完善，农民民主权利得到切实保障；城乡基本公共服务均等化明显推进，农村文化进一步繁荣，农民基本文化权益得到更好落实，农村人人享有接受良好教育的机会，农村基本生活保障、基本医疗卫生制度更加健全，农村社会管理体系进一步完善；资源节约型、环境友好型农业生产体系基本形成，农村人居和生态环境明显改善，可持续发展能力不断增强。

在2015年11月2日公布的《深化农村改革综合性实施方案》中，深化农村改革的总目标基本沿袭了《决定》的方向并进行了深化和细化：到2020年，农村各类所有制经济尤其是农村集体资产所有权、农户土地承包经营权和农民财产权的保护制度更加完善，新型农业经营体系、农业支持保护体系、农业社会化服务体系、农业科技创新体系、适合农业农村特点的农村金融体系更加健全，城乡经济社会发展一体化体制机制基本建立，农村社会治理体系和农村基层组织制度更加完善，农民民主权利得到更好保障，农业农村法律法规进一步完善并加强，农村基层法治水平进一步提高，农业现代化水平和农民生活水平进一步提升，农村经济社会发展更具活力。当前和今后一个时期，深化农村改革要聚焦农村集体产权制度、农业经营制度、农业支持保护制度、城乡发展一体化体制机制和农村社会治理制度五大领域。

这些问题在十七届三中全会后都得到了不同程度的解决。在农村制度建设层面，农村基本经营制度、农村土地管理制度、农业支持保护制度、现代农村金融制度、城乡经济社会一体化制度、农村民主管理制度建设都取得了长足发展。

在农村基本经营制度上，后续的工作集中于构建符合国情和发展阶段的以农户家庭经营为基础、合作与联合为纽带、社会化服务为支撑的立体式、复合型现代农业经营体系。主要内容包括土地经营权流转、农民合作社建设、农业社会化服务机制、培养职业农民、健全工商资本租赁农地的监管和风险防范机制以及农垦改革发展和供销合作社综合改革等。

在农村土地管理制度上，农村土地承包经营制度保持稳定，农业经营体制机制创新不断。为适应土地流转的需要，土地承包权、经营权二次分离的实践正在推进，深化农村土地制度改革的基本方向是：落实集体所有权，稳定农户承包权，放活土地经营权。一方面开展农村土地征收、集体经营性建设用地入市、宅基地制度改革试点。另一方面则将不动产统一登记扩展到农村，修改有关法律以落实中央关于稳定农村土地承包关系并保持长久不变的重大决策。主要内容涉及土地利用总体规划，加强了耕地保护，正在开展永久基本农田的划定工作。进行农村集体资产确权到户和股份合作制改革，深化林业和水利改革。

农业支持保护制度与农村金融制度相结合，重点是保障主要农产品供给、促进农民增收、实现农业可持续发展，主要内容包括建立农业农村投入稳定增长机制、完善农产品价格形成机制和农产品市场调控制度，完善农业补贴制度，建立农田水利建设管理新机制，深化农业科技体制改革，加快农村金融制度创新和建立农业可持续发展机制等。

城乡经济社会一体化，目标是形成以工促农、以城带乡、工农互惠、城乡一体的新型工农城乡关系。主要改革内容包括城乡发展一体化的规划、农村基础设施建设投入和建管机制、形成城乡基本公共服务均等化的体制机制、城乡劳动者平等就业制度和户籍制度改革等，户籍制度的改革比较令人瞩目。

农村民主管理制度建设主要是围绕乡镇服务型政府建设，完善村民自治组织民主制度，形成规范有序、充满活力的乡村治理机制。整顿软弱涣散的村党组织，推进“三严三实”教育。改革内容包括加强农村基层党组织、农村基层民主管理制度、农村精神文明建设、农村扶贫开发体制机制和深化农村行政执法体制改革等。随着中共中央关于“十三五”规划建议的发布，未来五年扶贫开发将会有重大举措，精准扶贫将成为政策主流。

观察数量指标，目标是到2020年，保证农村居民人均纯收入比2008年翻一番，绝对贫困现象基本消除。经过6年的发展，农村居民人均纯收入已经从2008年的4760元增加到2014年的9892元，增加了1.08倍；人均消费性支出已经从2008年的3660元增加到2014年的8383元，增加了1.29倍。按照可比价格计算，2014年的农村居民人均纯收入已经是2008年的1.77倍（见图7－4）。在剩下的6年中，只要保持2.1%的平均实际增速就能完成任务。

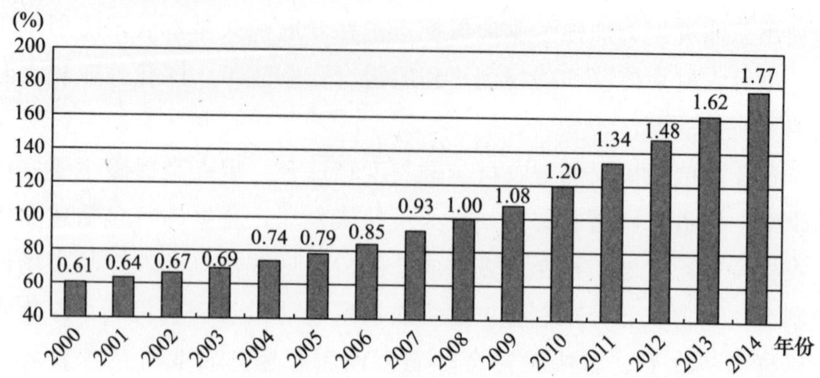

图 7－4　农村居民人均纯收入指数（2000—2014 年）

注：2008 年指数等于 1。

资料来源：Wind 资讯。

国家统计局公布的数据显示，2014 年中国农村贫困人口为 7017 万人，贫困发生率为 5.2%，贫困人口主要集中在 14 个集中连片特困地区、592 个国家扶贫开发重点县。“十三五”规划提出：到 2020 年，通过产业扶持，可以解决 3000 万人脱贫；通过转移就业，可以解决 1000 万人脱贫；通过易地扶贫搬迁，可以解决 1000 万人脱贫，总计 5000 万人左右。还有 2000 多万完全或部分丧失劳动能力的贫困人口，可以通过全部纳入低保覆盖范围，实现社保政策兜底脱贫。

五　从历史视角看十七届三中全会

前面论述了十七届三中全会主题——“三农”问题的来源，改革内容和后期的改革措施，改革目标的累进与实现情况。本部分是最后总结。在总结中，就像在全文所讲的那样，我们坚持历史视角，将十七届三中全会放在特定的历史环境中加以分析。

中国的市场化改革从农村起步，在改革开放 30 年后的 2008 年再次回归农村。这既是一轮改革完成的写照，也是新一轮农村改革重新从农村起步的征兆。这个时期的中国正走在科学发展的道路上，经历着中国宏观经济有史以来最好的时期：经济保持平稳快速增长，通胀水平保持适度低位，中国的工业竞争力不断增强，对外收支连年顺差，财政收入连年超收，使得中央财政能力和财政的总体汲取能力不断增强，两个比重回升明显，国库充盈，2011 年的“两会”上，吴邦国委员长宣布“中国特色社会主义法律体系已经形成”。

在这样一个宏观经济背景下，改革聚焦于“三农”问题也就显得非常自然。农村改革是中国经济发展到特定阶段的客观产物，决策者是站在一个新的起点去谋划未来的改革与发展，正如十六大报告所言：“统筹城乡经济社会发展，建设现代农业、发展农村经济，增加农民收入，是全面建设小康社会的重大任务。”党的十七大报告再次强调：“解决好农业、农村、农民问题，事关全面建设小康社会大局，必须始终作为全党工作的重中之重。”在这样一个时期，“三农”问题事关中国工业化、城市化的可持续性，涉及中国经济发展的方方面面。

十七届三中全会《决定》较好地处理了改革与发展的关系，对发展的着墨远远超过改革，强调以改革促发展，为发展而改革，从而属于典型的增量改革特征。改革不是从某一个特定的理念出发，而是从实实在在影响经济发展的问题出发，从经济发展的制度约束出发。虽然略显保守，但是却符合典型的“问题导向”特征，保证了改革方案的针对性和时效性。

参考文献

[1]《中共中央关于推进农村改革发展若干重大问题的决定》，新华网（http：//www. xinhuanet. com）。

[2]《深化农村改革综合性实施方案》，新华网（http：//www. xinhuanet. com）。

[3] 蔡昉、杨涛：《城乡收入差距的政治经济学》，《中国社会科学》2000 年第 4 期。

[4] 陆学艺：《中国“三农”问题的由来和发展》，《当代中国史研究》2005 年第 3 期。

[5] 于霞:《十六大以来党的“三农”理论创新研究》，博士学位论文，大连海事大学，2013 年。

[6] 李仕权:《“三农”报道中农民主体地位的考察与分析（2004—2009 年)》，博士学位论文，中国社会科学院研究生院，2010 年。

第八章　十八届三中全会

——改革走向全面和深化

一　全会背景

党的十八大之后，中国经济社会发展进入新阶段，站在了新的历史起点上。与此同时，全球经济处于深刻再平衡过程中，中国发展阶段、发展条件也正在发生深刻变化，既存在难得的机遇，也面临前所未有的挑战。在新的国内外形势下，中国共产党第十八届中央委员会第三次全体会议（简称“十八届三中全会”）于 2013 年 11 月 9—12 日在北京召开。这是一次顶层设计、系统谋划全面改革的重要历史性会议，将决定未来十年中国经济与社会的重大走向。与 1978 年十一届三中全会确定改革开放战略、1994 年十四届三中全会确立“社会主义市场经济”地位的意义相当，本次会议承载着“全面深化体制改革的顶层设计和总体规划，明确提出改革总体方案、路线图、时间表”的重大使命，是我国改革开放历史中一个重要节点上的延续和传承。

（一）背景之一：改革进入“深水区”

回顾过去，中国改革开放已经走过整整 35 年。35 年以来的历届三中全会，几乎每届都已成为中国改革发展的关键。1978 年召开的十一届三中全会，确立了以经济建设为中心的重大决策，农村生产力得到极大解放；1984 年召开的十二届三中全会，通过了关于经济体制改革的决定，改革从农村走向城市；1993 年召开的十四届三中全会，确定了建立社会主义市场经济体制；2003 年召开的十六届三中全会，通过了《中共中央关于完善社会主义市场经济体制若干问题的决定》。

如果说改革初期重在冲破思想观念的障碍，那么现阶段的改革则更多地要突破利益固化的樊篱；且越往前走，牵扯的利益越复杂，触及的矛盾越深，遭遇的阻力也就越大。毫不夸张地讲，我国现阶段的改革已经到了“牵一发而动全身”的程度。但改革不能停滞倒退、畏缩不前。在这场只有进行时没有完成时的变革中，固然需要敢闯敢试、“摸着石头过河”，也呼唤更为系统、更为完善的顶层设计；既要善于在增量利益上做突破，也要敢于在存量利益上做调整。毫无疑问，未来的改革更需要改革者“壮士断腕”的决心。

中共中央领导在不同场合持续表达了改革的决心，2013 年 7 月，习近平总书记在武汉考察时，从六个方面提出了全面深化改革需要深入调查研究的重大问题。习近平提出，应对当前中国发展面临的一系列矛盾和挑战，关键在于全面深化改革。“进一步形成全国统一的市场体系，要把更好发挥市场在资源配置中的基础性作用作为下一步深化改革的重要取向”“进一步增强经济发展活力”“进一步提高宏观调控水平，处理好政府和市场的关系”“进一步增强社会发展活力”等六个重大问题，是需要深入调查研究的六个方面。可以说，六个“进一步”已明确表达了新一届中共中央领导群体的共识，即当前中国经济增长的模式亟须改变，并必须依靠新一轮改革激发活力；同时，也为十八届三中全会勾勒出新一轮全面改革的总体蓝图，即未来中国的改革不仅仅局限于经济领域，而且涵盖了经济、政治、社会、文化、生态文明以及党的建设等多个方面。

可以判断，不同于以往的改革举措，十八届三中全会所定位的改革是一次全方位立体式的改革，其主要体现在以下三个方面：

首先，在微观层面加速市场化改革进程。在微观层面，国有企业的改革是我国市场化改革的主体。经过 20 世纪末国企改革的整顿，近年来我国国有企业表现良好，总体利润稳步提升，但部分国有企业的行业垄断问题突出，同时仍存在定位不清、经营效率低下、竞争力不强等问题。十八届三中全会有针对性地对国有企业进行调整，国企改革将着力于打破行业垄断，降低行业准入门槛，同时完善国有企业的公司治理结构，并进一步明确国有资产职能定位，鼓励国有企业进入非竞争性领域，以实现国家能力提升和社会利益最大化目标。

改革开放以来，我国已经基本形成了社会主义市场经济体系，但要素市场的市场化改革则相对滞后，未来要素市场将成为十八届三中全会后市场化改革的重点。以金融市场为例，预计十八届三中全会后金融行业的市场化步伐将加速，未来将以利率、汇率市场化进程为突破口，建立充分发挥市场配置资源基础性作用的资金价格形成机制，并推进资本市场改革与创新，建立有利于推动资本形成、促进资本市场持续健康发展的体制机制；同时，改革和完善金融调控机制和金融监管体系，建立高效、稳健服务实体经济的金融管理架构，以防范化解金融领域存在的风险隐患。

其次，在宏观层面重新定位政府与市场之间的关系。如果说中国改革的逻辑起点是政府主导的计划经济体制，改革方向是向市场经济体制转变，那么改革的核心问题就是界定政府与市场的关系，而这必将涉及市场在体制中的作用和政府职能的转变。早在 1993 年的十四届三中全会上，全会决议就指出“建立社会主义市场经济体制，就是要使市场在国家宏观调控下对资源配置起基础性作用”。其后，历经 20 年的改革，中国已经基本确立了市场配置资源的基础性地位，但目前政府对市场的干预过多、以行政权力直接配置资源的问题还未根本扭转，政府仍然是资源的主要支配者，保持着对微观经济活动的诸多干预权力；再加上地区与地区之间的行政壁垒，国有企业的资源垄断和行业垄断，政府和国有企业使用行政手段凌驾于市场规律之上的局面并未根本改观。在这种情况下，重新定位政府与市场的关系，强化市场机制，把市场对资源配置的作用提升到更高的地位上是十八届三中全会着力解决的重要问题。

在重新定位政府与市场之间的关系方面，中国（上海）自由贸易试验区的设立做出了初步尝试。早在 2013 年 9 月上海自贸区挂牌之前，国务院在提请全国人大常委会审议《关于授权国务院在中国（上海）自由贸易试验区等国务院决定的试验区内暂时停止实施有关法律规定的决定（草案）》中明确提出“转变政府职能，探索负面清单管理”，负面清单的管理模式向我国当前的行政管理方式转变提出了挑战，并且为未来建立“以准入后监督为主，准入前负面清单方式许可管理为辅”的投资准入管理体制做好了前期准备。

最后，以经济、政治、社会、文化、生态文明以及党的建设等多个层次全方面的改革彰显改革核心价值、消弭社会矛盾。回顾我国已经走过的35年改革历程，经济、政治、文化、社会、生态环境等领域的成就与矛盾相伴而生，中国经济飞速发展的同时，社会阶层固化，社会矛盾开始凸显。在这种情况下，为了让改革中受益较少的困难群体、弱势阶层摆脱边缘化、底层化的命运，真正实现改革成果社会共享，社会公正问题已经成为当前亟须解决的问题。另外，是否突出社会公正的改革价值观，并以此回应社会期待，也决定了改革的社会认同度和参与度，也正因如此，在多个场合，习近平总书记一再谈到改革促进社会公平正义的话题；李克强总理也多次指出，激发改革这个最大的红利，目的是要让人民群众普遍得到实惠。

总体而言，新一轮改革之所以要在经济、政治、社会、文化、生态文明以及党的建设等多个层次全面推进，不仅因为其为经济发展注入新的动力，更重要的是，多层次的改革更是一个社会之间相互沟通、重新凝聚合力的过程，这就是改革力求的“最大公约数”。立足当前复杂的社会局面，寻求改革的“最大公约数”，关键是找到社会共同的价值诉求，而其中最基本的就是社会公正；同时，也只有以社会公正为核心价值观的改革才能实现社会相互沟通，弥合分歧，找到利益分配的平衡点。

（二）背景之二：经济进入“新常态”

国际金融危机之后，中国经济运行的特征悄然变化，尤其是2012年以来，中国经济增速和通货膨胀均出现了趋势性下滑，下滑的经济增速和温和的通胀水平已成为中国经济“新常态”的一个最基本特征（见图8－1）。

就经济增速来看，我国经济增长已落入8%以下增长区间，鉴于要

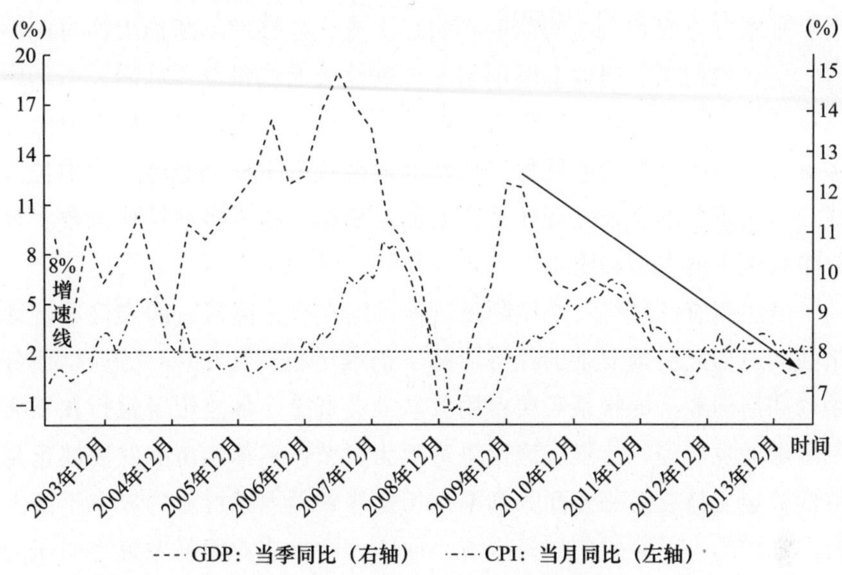

图8-1　中国经济增速和通货膨胀率

资料来源：Wind 资讯。

素投入和全要素生产率的“瓶颈”，未来经济增长的动力要通过一系列的要素重组和组织价格调整来达到，这是一个长期任务，并非短期内可通过经济刺激计划实现。换言之，在新常态经济下，由于潜在增长率已然下降，宏观经济调控的政策权衡空间变小，如若重拾金融危机期间大规模的经济刺激计划，虽然短期内可以实现经济形势好转，但强经济刺激的结果必然将造成通货膨胀重现。

值得注意的是，虽然在新常态经济下，我国通胀水平已随经济增速下滑而趋于温和，但政策权衡空间缩小意味着通货膨胀仍会对我国宏观经济构成潜在威胁。在最近的一轮经济周期中，我国通货膨胀问题十分突出，尤其在金融危机后的经济刺激计划带动下，2008 年上半年我国 CPI 指数上升至 7.9% 的顶峰。2012 年以后，我国的通货膨胀形势更为复杂，不仅 CPI 持续下降，PPI 更是连续三年多呈负增长，经济衰退和通货紧缩压力增大。

除此之外，我国当前正处于前期大规模刺激政策的消化期。在金融危机后的 4 万亿大规模刺激和 2012 年的数次降准和降息的带动下，近年来地方政府和企业的债务率明显上升，杠杆率不断加大；与此同时，金融机构虽然通过金融创新、规避监管而获得巨大利润，但坏账率也开始呈现上升态势。面临产能过剩、地方债务以及房地产泡沫等多重经济风险，如若继续保持传统的依靠政府主导刺激经济的增长方式，不仅不可能实现经济转型，反而会延误、推迟经济结构调整，最终带来更大的风险和隐患。

虽然政府已经将大规模刺激政策排除在外，但现有的宏观经济政策在面对如此纷繁复杂的经济形势下仍难免相形见绌。一方面，债务困局和泡沫经济的维系需要占用大量社会资金，加之影子银行和互联网金融的发展使社会资金流通渠道更为复杂，实体经济的发展缺乏足够的资金支持；另一方面，利率市场化导致国内银行业的成本不断上行，进而提高了企业的融资成本，而广大中小企业面临融资难的压力比之前更为严重。

另外，结构性失衡和结构性调整是中国经济长期面临的问题。虽然很早就为人们所关注，但受制于原有生产经营方式对各产业的渗透，加上中国国有体系的市场化程度不高，以及企业和政府缺乏“硬约束”，结构失衡问题长期以来并未得到解决，这造成结构性问题越发严重，结构调整的难度越来越大。从目前来看，我国处于产业结构、支出结构、区域结构、收入结构的多重结构失衡之中是新常态经济的显著特征，具体体现在：在产业结构上，工业比重偏高，服务业比重偏低；在支出结构上，投资和外贸依存度较高，消费比重不足；在区域结构中，区域经济发展差距较大；在收入结构上，初次分配和再分配机制存在较大问题。比较而言，在经济政策的带动下，我国产业结构和区域结构相对优化，但是支出结构及收入分配结构的问题则长期被束之高阁，而其对经济发展乃至社会稳定的负面作用日益明显。

结构性失衡和结构性调整是一项长期而艰巨的任务，并非短期的总量扩张的经济政策所能解决的，在某种程度上甚至超越了宏观调控政策本身的职能范围。正因如此，结构性调整更需要全面、系统化、前瞻性的改革设计，以改革为未来经济增长注入新动力；而宏观调控则应强调稳定，以政策微调和定向调控引导社会预期，为系统性改革营造良好的宏观经济环境。

（三）背景之三：国际经济形势纷繁复杂

自国际金融危机以来，美国政府已经推出了多轮量化宽松政策，释放了大量流动性。比较而言，金融危机之前，美联储长期将基础货币稳定在8000亿美元的水平上；而在2008年，美联储新增发基础货币高达8294亿美元，同比增速达100%。截至2014年7月，美国基础货币存量已接近4万亿美元，接近危机前的四倍水平。但是，由于金融危机造成的实体经济快速萎缩，货币流通速度和货币乘数锐减，货币乘数从危机前的接近9倍以上降至2.85倍，缩减了2/3，也因此并未造成货币供应量的快速增长。这是因为，在经济不景气时期，大量的货币以超额准备金的形式由金融机构返存于美联储账户之中，而并未真正得到释放（见图8－2）。但持续的流动性的放松在长期必然带来通货膨胀的压力，美国经济早在2009年就进入了复苏期，尤其进入2014年以来，美国失业率已降至7%以下，而以核心CPI度量的通货膨胀率再次上升接近2%（见图8－3）。

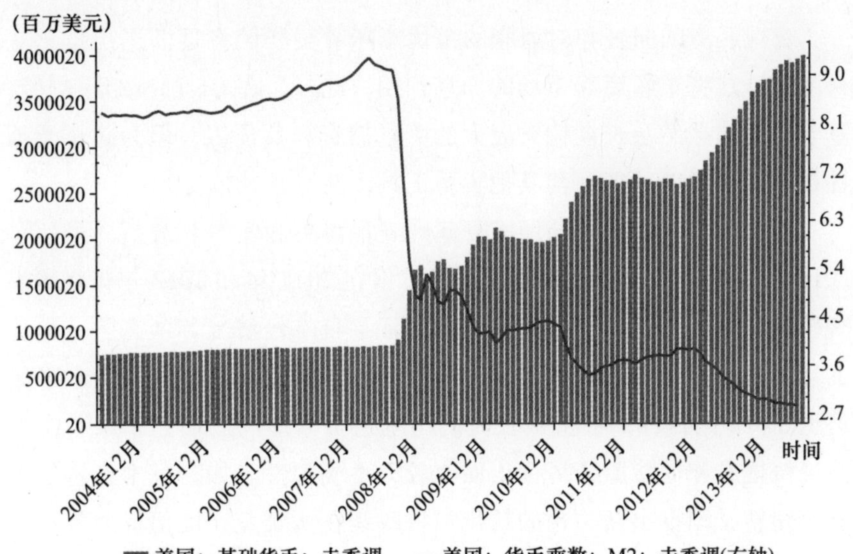

图8－2 美国基础货币和货币乘数

资料来源：Wind资讯。

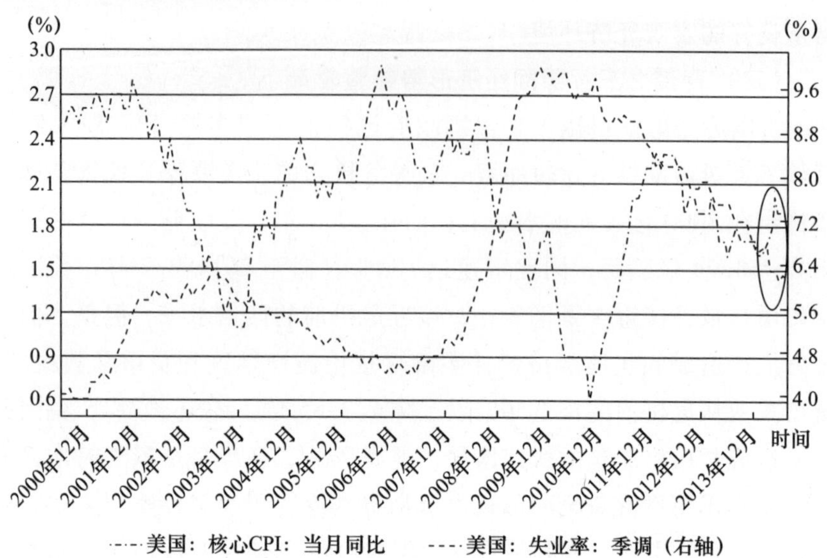

图 8－3　美国通货膨胀和失业率

资料来源：Wind 资讯。

宏观经济的向好和对通胀的担忧意味着美联储将逐渐退出量化宽松政策，这将重新燃起市场的加息预期，此外，在 QE 削减结束以后，基于美联储虽然会长期持有庞大的美联储资产负债表，但为防止流动性过剩，美联储可能配套其他货币工具逐渐对其减持。

与美国相比，日本的经济复苏则表现得更为缓慢和波折。虽然自 2010 年以来，日本经济恢复了增长，但在 2011 年和 2012 年年底均出现较长时期的负增长。就业情况也印证了日本经济复苏的态势；但从通货膨胀来看，金融危机以来至 2016 年年初，日本国内通胀水平始终低于 2% 的目标，甚至很长时间出现通货紧缩的局面，未来日本保持经济增长和通货膨胀目标仍面临较大不确定性。如若日本经济复苏势头扭转，则推出新一轮的量化宽松政策在所难免，即便目前复苏势头得以维持，预计日本仍将在很长一段时期保持总量宽松的宏观经济政策。

同日本的情况类似，受欧洲债务危机的影响，欧元区整体经历了两轮经济衰退，虽然于2016年年初走出整体衰退的阴影，但欧元区国家整体失业率仍高居11.5%，2014年8月通货膨胀率也降至0.3%的历史新低，远低于欧洲央行2%的通货膨胀目标。未来，债务危机带来的紧缩效应仍将长期影响欧元区国家，欧元区整体经济形势仍不容乐观。

二　全面深化改革的具体内容

中共十八届三中全会于2013年11月9日至12日在北京举行，全会审议通过了《中共中央关于全面深化改革若干重大问题的决定》（以下简称《决定》），对中国未来十年的改革开放和发展制定了一个纲领性的规划，内容涵盖15个领域、60个具体任务，改革力度巨大。

具体来看，《决定》全文包含15个领域，可进一步总结为七大内容：第一大内容是明确改革开放的重要性以及指导思想，即《决定》中的第一部分“全面深化改革的重大意义和指导思想”。第二大内容是经济体制改革，包括《决定》内容中第二部分至第七部分，分别为“二、坚持和完善基本经济制度；三、加快完善现代市场体系；四、加快转变政府职能；五、深化财税体制改革；六、健全城乡发展一体化体制机制；七、构建开放型经济新体制”。第三大内容是政治体制改革，包括《决定》中的第八部分至第十部分，分别为“八、加强社会主义民主政治制度建设；九、推进法治中国建设；十、强化权力运行制约和监督体系”。第四大内容是文化体制改革，是《决定》中的第十一部分，为“十一、推进文化体制机制创新”。第五大内容是社会体制改革，包括《决定》中的第十二部分和第十三部分，分别为“十二、推进社会事业改革创新；十三、创新社会治理体制”。第六大内容是生态体制改革，是《决定》中的第十四部分，为“十四、加快生态文明制度建设”。第七大内容为除经济、政治、文化、社会和生态体制改革之外的其他内容，主要包括《决定》中的第十五部分和第十六部分，分别为“十五、深化国防和军队改革；十六、加强和改善党对全面深化改革的领导”。

（一）明确改革开放的重要性及主导思想

第一，《决定》重申改革和开放的重要性。实践发展永无止境，解放思想永无止境，改革开放永无止境。面对新形势新任务，全面建成小康社会，进而建成富强、民主、文明、和谐的社会主义现代化国家、实现中华民族伟大复兴的中国梦，必须在新的历史起点上全面深化改革，不断增强中国特色社会主义道路自信、理论自信、制度自信。在对改革开放重要性有充分认识的基础上，改革的动力会更强，改革的成效会更好。

第二，全面深化改革的指导思想。高举中国特色社会主义伟大旗帜，以马克思列宁主义、毛泽东思想、邓小平理论、“三个代表”重要思想、科学发展观为指导。

第三，全面深化改革的总目标。完善和发展中国特色社会主义制度，推进国家治理体系和治理能力现代化，这是首次从制度层面提出的现代化目标。必须更加注重改革的系统性、整体性、协同性，加快发展社会主义市场经济、民主政治、先进文化、和谐社会、生态文明，让一切劳动、知识、技术、管理、资本的活力竞相迸发，让一切创造社会财富的源泉充分涌流，让发展成果更多更公平地惠及全体人民。

第四，改革的重点。经济体制改革是全面深化改革的重点，核心问题是处理好政府和市场的关系，使市场在资源配置中起决定性作用和更好发挥政府作用。当前我们仍处于社会主义初级阶段，发展仍是解决我国所有问题的关键，必须以经济建设为中心。因此经济体制改革是全面深化改革的重点。

对于市场的定位问题，《决定》将此前的“市场在资源配置中起基础性作用”，改为“发挥市场在资源配置中的决定性作用”，从“基础性”到“决定性”更加强调市场的作用。这与我们此前的判断一致，完善社会主义市场经济、减少政府干预是大方向。在这一部分中，《决定》还明确了政府的主要职能和作用包括：保持宏观经济稳定，加强和优化公共服务，保障公平竞争，加强市场监管，维护市场秩序，推动可持续发展，促进共同富裕，弥补市场失灵。政府将由经济建设型政府向社会服务型政府转变。

第五，改革推进的思路及短期目标。改革推进的整体思路是加强顶层设计和“摸着石头过河”相结合，整体推进和重点突破相促进。中国的问题是过去30年形成的，不可能完全靠顶层设计、“全国一盘棋”去推进。新秩序的建立，是以顶层设计+“摸着石头过河”相结合，在成熟的情况下，可以顶层设计推进；未成熟的时候，要“摸着石头过河”。如国有企业改革，要发挥主观能动性，“摸着石头过河”。短期目标是到2020年，在重要领域和关键环节改革上取得决定性成果，完成《决定》提出的改革任务，形成系统完备、科学规范、运行有效的制度体系，使各方面制度更加成熟更加定型。

总体而言，十八届三中全会报告更加注重改革制度的整体性、系统性、配套性。整体性体现在十八届三中全会报告更加重视顶层设计，推动自上而下的改革，而以前，更多的是单个领域的逐个推进。十八届三中全会报告的核心是建成市场经济体制，推进的改革包括政治、经济、文化、社会和生态等各个方面。系统性体现在，十八届三中全会延续十八大提出的“五位一体”的改革布局，“五位一体”的改革布局是一个有机整体，互为条件、缺一不可。配套性体现在，政治、经济、文化、社会和生态的改革方方面面，非常庞大，每项改革推进的条件也是不尽相同的，要做好配套和协同。

（二）坚持和完善基本经济制度

关于基本经济制度，我们仍然是“公有制为主体、多种所有制经济共同发展的基本经济制度”，这个表述没有发生变化。由于我们是社会主义制度，这个基本经济制度“是中国特色社会主义制度的重要支柱，也是社会主义市场经济体制的根基”。但是公有制为主体，并不意味着国有经济在社会各领域占有绝对控制地位，按照十八大的表述为“推动国有资本更多投向关系国家安全和国民经济命脉的重要行业和关键领域”。鼓励、支持、引导非公有制经济发展的大方向没有变化，更值得期待的是政策落实，毕竟我们在2005年出台了“非公36条”，在2010年出台了“新非公36条”，至今非公有制经济的发展仍面临很多问题。在基本经济制度的完善方面，推进国有企业和国有资本管理体制是重点。

《决定》提出国有企业和国有资本管理体制改革的方向是：

第一，完善国有资产管理体制，以管资本为主加强国有资产监管，改革国有资本授权经营体制，组建若干国有资本运营公司，支持有条件的国有企业改组为国有资本投资公司。国有资本投资运营要服务于国家战略目标，更多投向关系国家安全、国民经济命脉的重要行业和关键领域，重点提供公共服务、发展重要前瞻性战略性产业、保护生态环境、支持科技进步、保障国家安全。我们预计我国将采取类似新加坡淡马锡的模式，特点是：政企分离、产权明晰，政府对企业的经营活动做到监管但不干预，重大事项审核但不承诺，鼓励大胆自主经营但不失控；政府通过抓班子、立指标、定范围和看效益等手段和措施，实现国有资产保值增值，扩大国有经济的控制力，并培育和造就一批国际水平的现代企业；一视同仁，强调在平等条件下公平竞争。

第二，发展混合所有制。国有资本、集体资本、非公有资本等交叉持股、相互融合的混合所有制经济；允许更多国有经济和其他所有制经济发展成为混合所有制经济。国有资本投资项目允许非国有资本参股。国有与非国有经济的界限模糊化，二者公平参与竞争，对非国有资本的诸多限制逐渐取消。

第三，分类推进国企改革。界定不同国有企业功能。国有资本加大对公益性企业的投入；国有资本继续控股经营的自然垄断行业，实行以政企分开、政资分开、特许经营、政府监管为主要内容的改革，根据不同行业特点实行网运分开、放开竞争性业务，推进公共资源配置市场化。如电网、铁路路网、油气运输管网具有自然垄断特性，但发电和售电环节、油气上游开采和下游炼化销售以及铁路客户运输等环节都可以引入竞争。

第四，提高国企社会责任。划转部分国有资本充实社会保障基金。完善国有资本经营预算制度，提高国有资本收益上缴公共财政比例，2020 年提到 30%，更多用于保障和改善民生。

（三）完善现代市场体系

关于现代市场体系，十八届三中全会提出：必须加快形成企业自主经营、公平竞争，消费者自由选择、自主消费，商品和要素自由流动、平等交换的现代市场体系。

1. 建立公平开放透明的市场规则

《决定》指出：实行统一的市场准入制度，在制定负面清单基础上，各类市场主体可依法平等进入清单之外领域。探索对外商投资实行准入前国民待遇加负面清单的管理模式。市场准入领域大大放宽。此外，推进工商注册制度便利化，削减资质认定项目，由先证后照改为先照后证，把注册资本实缴登记制逐步改为认缴登记制。由先证后照改为先照后证，透露出未来“宽进＋严管”的政策导向，有助于进一步激发市场活力；注册资本实缴登记制逐步改为认缴登记制，有望使广大创业者直接受益。

2. 继续推进要素价格改革

现代市场体系需要由市场决定要素价格，推进水、石油、天然气、电力、交通、电信等领域价格改革，放开竞争性环节价格。政府定价范围主要限定在重要公用事业、公益性服务、网络型自然垄断环节。

除了传统的这些价格改革，土地作为市场的重要因素之一，也是土地改革重点。《决定》提出：建立城乡统一的建设用地市场。在符合规划和用途管制前提下，允许农村集体经营性建设用地出让、租赁、入股，实行与国有土地同等入市、同权同价。农村集体经营性建设用地是指村组织将集体建设用地租赁、转让给企业、个人使用。这些建设用地多数已经成为厂房、仓库、商业市场等。目前各地区的试点，尚未突破城乡二元体制分割，主要通过各种手段增加建设用地指标，并未实现集体土地的自由流转。预计城乡统一的建设用地市场的建立，还需要很长的时间。未来土地改革不仅仅是农村土地制度的改革，城镇土地制度也面临改革。未来城镇土地制度改革的方向是开放土地市场，实行同地同价。进一步完善商地和住房用地的招拍挂制度，完善土地拍卖收入的支出，更多分配到公共服务支出方面。通过房产税等市场化方式调控房地产市场，减少投机性需求，降低开发商对住房用地的需求热情。提高城镇土地的使用效率，促进存量商业用地升级改造、盘活存量建设用地、促进工业用地集约利用，如将城市中企业旧厂房、旧厂址由原来的工业用地转变为建设用地，提升土地使用效率。

3. 现代市场体系需要有完善的金融体系

金融市场改革涵盖：①金融业的对内对外开放。在加强监管前提下，允许具备条件的民间资本依法发起设立中小型银行等金融机构。②健全多层次资本市场体系，推进股票发行注册制改革，多渠道推动股权融资，发展并规范债券市场，提高直接融资比重。③完善人民币汇率市场化形成机制，加快推进利率市场化，健全反映市场供求关系的国债收益率曲线。④推动资本市场双向开放，有序提高跨境资本和金融交易可兑换程度，建立健全宏观审慎管理框架下的外债和资本流动管理体系，加快实现人民币资本项目可兑换。⑤建立存款保险制度，完善金融机构市场化退出机制。鼓励民间资本设立银行等金融机构，健全多层次资本市场，发展债券市场，推动人民币汇率市场化、资本项目可兑换以及建立存款保险制度等。建立存款保险制度和实现金融机构退出制度，是实现利率市场化的重要前提，改变目前的刚性兑付，实现真正的风险自担，建立资金价格的市场形成机制，有助于改变当前资金价格扭曲的格局，促进金融更好地服务于实体经济。

未来我国理想的多层次证券市场架构应当是：主板蓝筹市场、创业板市场、现代场外交易市场以及分散的柜台市场，各层次市场间分工明确，并且相互连接，整体构成一个体系健全的“梯级市场”（见图8－4）。

人民币汇率市场化就是人民币与外汇的兑换比率，完全由市场上外汇（或者人民币）的需求和供给决定。推进人民币汇率市场化，需要推进的改革措施主要有：

（1）扩大波动幅度，完善人民币汇率形成机制。当前人民币对美元汇率在我国汇率体系中处于核心地位，央行应不断扩大人民币对美

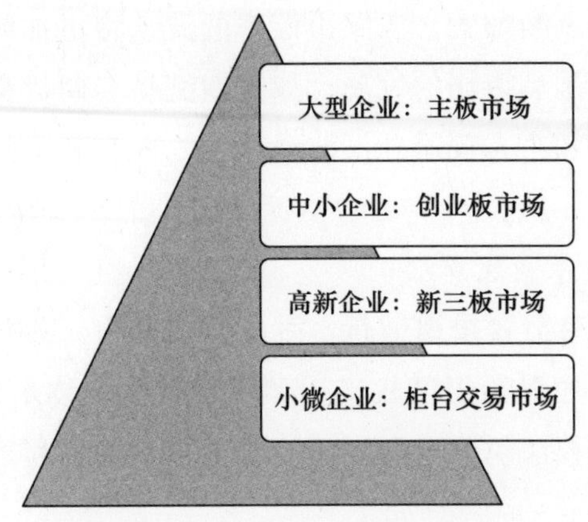

图8－4　未来资本市场的梯级结构

元汇率的波动幅度，由市场供求决定合理的人民币对美元汇率。同时人民币对非美元货币的汇率波动主要受到人民币对美元汇率和国际市场上美元对非美元货币汇率的影响，市场化程度也有待提高，中国人民银行发布公告，自2012年4月16日起，银行间即期外汇市场人民币兑美元交易价浮动幅度由0.5%扩大至1%，但是并未涉及人民币兑非美元货币。未来随着人民币对美元市场化汇率改革的推进，人民币对非美元货币的汇率波动幅度也要逐渐扩大，形成人民币对美元和非美元货币的汇率市场化，最终实现人民币汇率市场化体系。

（2）结合利率市场化改革的推进，实现依赖利率变动调控人民币汇率的机制，实现人民币汇率和利率的变动由本币资金市场和外币资金市场供求决定。汇率的市场化离不开利率的市场化。

（3）加快外汇管理体制改革。我们已经实现经常项目的放开，企业可以保留全部的经常项目外汇收入，居民个人年度购汇总额已经提高到5万美元，境内个人的用汇需求基本满足，未来要做的是逐步放宽企业和个人对外投资的汇兑限制和业务限制，满足企业和居民在国际市场优化资金配置，提高投资收益的同时，能够充分反映外汇市场的供给和需求，推动人民币汇率的市场化。

（4）加快外汇衍生工具市场的发展。随着人民币对美元和非美元汇率波动幅度的不断加大，人民币汇率的波动将更加频繁和剧烈，需要加快外汇衍生工具市场的发展，如远期交易、期货交易和期权交易等，有利于企业和个人规避外汇波动风险，也有利于推进人民币汇率的市场化。

4. 深化科技体制改革

现代市场体系需要重视创新，激发市场活力。《决定》提出推进科技体制改革，加强知识产权运用和保护，健全技术创新激励机制，探索建立知识产权法院。对产权保护的重视，将有利于鼓励创新，激发市场活力。

（四）加快转变政府职能

根据《决定》的内容，政府职能转变主要体现在以下几方面，政府减少对市场的干预，加强公共服务提供，改变官员考核以及建立权责统一的大部门制是重点。

1. 深化行政审批制度改革

进一步简政放权，最大限度地减少中央政府对微观事务的管理，市场机制能有效调节的经济活动，一律取消审批，对保留的行政审批事项要规范管理、提高效率；直接面向基层、量大面广、由地方管理更方便有效的经济社会事项，一律下放地方和基层管理。

2. 加快事业单位分类改革，加大政府购买公共服务力度

推动公办事业单位与主管部门理顺关系和去行政化，创造条件，逐步取消学校、科研院所、医院等单位的行政级别。建立事业单位法人治理结构，推进有条件的事业单位转为企业或社会组织。

具体而言，国务院2011年3月下发了《关于分类推进事业单位改革的指导意见》，对事业单位分类改革进行了顶层设计。按照社会功能将现有事业单位划分为承担行政职能、从事生产经营活动和从事公益服务三个类别。对承担行政职能的，逐步将其行政职能划归行政机构或转为行政机构；对从事生产经营活动的，逐步将其转为企业；对从事公益服务的，继续将其保留在事业单位序列、强化其公益属性。事业单位分类制改革将按照这样的思路继续推进。

3. 完善发展成果考核评价体系

纠正单纯以经济增长速度评定政绩的偏向，加大资源消耗、环境损害、生态效益、产能过剩、科技创新、安全生产、新增债务等指标的权重，更加重视劳动就业、居民收入、社会保障、人民健康状况。地方考核将不再简单地以 GDP 增速作为考核依据，而是把民生、社会进步、生态效益等指标和实绩作为重要内容，从原来的注重短期经济增长向注重长远可持续发展转变；从原来的注重经济数量和增长速度向注重增长质量和效益转变；从原来的注重经济发展向注重人与自然、社会的和谐发展转变。官员考核评价体系的变化，有助于推动国内改革向预期目标推进，加快经济增长方式的转变。

4. 优化政府组织结构

优化行政区划设置，有条件的地方探索推进省直接管理县（市）体制改革。

（五）财税体制改革

财税体制改革方面，《决定》首次提出“建立事权和支出责任相适应的制度”，从《决定》中列出的财税体制改革的方向看，财税体制改革主要表现在以下几个方面。

第一，中央和地方按照事权划分相应承担和分担支出责任。国防、外交、国家安全、关系全国统一市场规则和管理等作为中央事权；部分社会保障、跨区域重大项目建设维护等作为中央和地方共同事权，逐步理顺事权关系；区域性公共服务作为地方事权。

第二，完善地方税体系，逐步提高直接税比重。通过税收体制改革，构建与个人财产行为类有关的地方税收体系，税收体制改革主要集中在“营改增”、消费税、资源税、房产税、个人所得税，以及财产税、遗产税的征收等。

第三，从《决定》看，提出：推进增值税改革，适当简化税率。调整消费税征收范围、环节、税率，把高耗能、高污染产品及部分高档消费品纳入征收范围。逐步建立综合与分类相结合的个人所得税制。加快房地产税立法并适时推进改革，加快资源税改革，推动环境保护费改税。除增值税简化税率未在预期外，消费税、个人所得税以及房产税、资源税符合预期，但是对于财产税、遗产税则没有提及，预计尚需时日。

第四，对于地方债务问题，《决定》提出：加快建立国家统一的经济核算制度，编制全国和地方资产负债表，建立规范合理的中央和地方政府债务管理及风险预警机制。但是对于地方存量债务如何解决的问题，未能涉及。

（六）城乡一体化发展

《决定》提出“健全城乡发展一体化体制机制”。构建新型农业经营体系，鼓励规模化、专业化和产业化经营；慎重稳妥推进农民住房财产权抵押、担保、转让，探索农民增加财产性收入渠道，建立农村产权流转交易市场，推动农村产权流转交易公开、公正、规范运行；推进农业转移人口市民化，逐步把符合条件的农业转移人口转为城镇居民，加快户籍制度改革，全面放开建制镇和小城市落户限制，有序放开中等城市落户限制，合理确定大城市落户条件，严格控制特大城市人口规模。从户籍制度改革的方向看，发展中小城镇是我们未来城镇化战略的重点。

（七）构建开放型经济体制

1. 放宽投资准入

推进金融、教育、文化、医疗等服务业领域有序开放，放开育幼养老、建筑设计、会计审计、商贸物流、电子商务等服务业领域外资准入限制，进一步放开一般制造业。扩大企业及个人对外投资。国内服务业的放开预计将是新一轮开放的重点，如果说过去10年对外开放主要促进了国内制造业的发展的话，那么新一轮开放将大大促进国内服务业及服务贸易的发展。

2. 加快自由贸易区建设

在推进现有试点基础上，选择若干具备条件的地方发展自由贸易园（港）区。除上海外，广东、天津、重庆、浙江等多地有望设立自贸区。作为我国新一轮改革的试验田，自贸区扩围有助于实现开放促改革的目的，加快国内改革的步伐。

3. 扩大内陆沿边开放

允许沿边重点口岸、边境城市、经济合作区在人员往来、加工物流、旅游等方面实行特殊方式和政策。建立开发性金融机构，加快同周边国家和区域基础设施互联互通建设，推进丝绸之路经济带、海上丝绸之路建设，形成全方位开放新格局。按照国土功能区规划，我国将在八大区域布局对外开放新格局。长江三角洲地区作为长江流域对外开放门户；珠江三角洲地区作为南方地区对外开放门户；海峡西岸经济区作为两岸人民交流合作先行先试区；环渤海地区作为北方地区对外开放门户；哈—长地区作为面向东北亚和俄罗斯开放门户；北部湾地区作为面向东盟国家的对外开放门户；滇中地区作为面向东南亚、南亚对外开放门户；天山北坡地区作为面向中亚、西亚地区对外开放的陆路交通枢纽和重要门户。

三　具体特点与内容创新

（一）总体特征

十八届三中全会的《决定》里多次提到市场在资源配置中的决定性作用，而且，更是将它提升至全面深化经济体制改革牵引的高度。既然市场在资源配置中起决定性的作用，那么，就需要建设统一开放、竞争有序、平等交换的现代市场体系。可以这么说，市场的决定性作用和完善的现代市场体系两者是相辅相成的，且缺一不可。

围绕全面改革开放，全会提出了许多新思路和新举措，具有全局性重大性的主要有以下四个方面：

第一，首次提出了要处理好政府和市场的关系，使市场在资源配置中起决定性作用。

第二，首次提出了推进国家治理体系和国家治理能力现代化是全面深化改革的总目标，也是完善和发展中国特色社会主义制度的目标定位。

第三，首次提出了财政是国家治理的基础和重要支柱，科学的财税体制是优化资源配置、维护市场统一、促进社会公平、实现国家长治久安的制度保障。这一提法突出了财政在国家治理体系的基础和支柱这一重要地位。

第四，首次提出中国要走社会主义法治道路、建设法治中国的思想。法治中国概念是一个新方向，法治建设不仅是国家治理体系的一个重要方面，也是处理好政府与市场关系的根本保障。

这四个方面的创新性提法为未来全面深化改革指明了方向、重点、财政基础和法治保障，《决定》更是提出：到2020年，在重要领域和关键环节改革上取得决定性成果。为实现改革目标，未来应采取有效措施尽快在这些重要领域和关键环节形成突破。

（二）创新之处

1. 突出改革的核心命题

十八届三中全会核心明确，就是改革，将改革定调为未来的核心方向。

首先，会议提出了“推进国家治理体系和治理能力现代化”，其含义深刻广泛，并切中时弊。所谓现代化的治理能力将意味着国家要建设与市场经济体系相匹配的法治结构和司法体系，包含了权力关进制度笼子及权力服务于自由、公平的市场活动等内容。

其次，提出了“必须更加注重改革的系统性、整体性、协同性”，这是由于改革进入了深水区、攻坚战阶段的原因，“摸着石头过河”或自下而上的局部改革难以奏效的缘故。

再次，提出了“让一切创造社会财富的源泉充分涌流”，为此需要加快发展社会主义市场经济、民主政治、先进文化、和谐社会、生态文明，让劳动、知识、技术、管理、资本的活力竞相迸发，从而最终实现“让发展成果更多更公平惠及全体人民”。

最后，制定了2020年的时间节点，到2020年在重要领域和关键环节改革上取得决定性成果，形成系统完备、科学规范、运行有效的制度体系，使各方面的制度更加成熟。为实现改革目标，未来应采取有效措施尽快在这些重要领域和关键环节形成突破；还成立了专门的中央全面深化改革领导小组落实相关改革措施。

表 8 - 1　　改革开放以来历届三中全会的主要议题

时间	会议名称	主要议题
1978 年 12 月 18—22 日	十一届三中全会	讨论把全党工作重心转移到社会主义现代化建设上来
1984 年 10 月 20 日	十二届三中全会	经济体制改革，改革由农村走向城市
1988 年 9 月 26—30 日	十三届三中全会	确定治理经济环境、整顿经济秩序、全面深化改革指导方针，为深化改革扫清道路
1993 年 11 月 11—14 日	十四届三中全会	勾画社会主义市场经济体制基本框架
1998 年 10 月 12—14 日	十五届三中全会	建设社会主义新农村，开创我国农业和农村工作新局面
2003 年 10 月 11—14 日	十六届三中全会	完善经济体制
2008 年 10 月 9—12 日	十七届三中全会	深入推进农村改革发展

2. 强调市场机制作用

经济体制改革是全面深化改革的重点，核心问题是处理好政府和市场的关系，使市场在资源配置中起决定性作用和更好发挥政府作用。言简意赅地道出了全面深化改革的核心问题是处理好政府和市场的关系，并再次提醒“使市场在资源配置中起决定性作用”。让市场起决定性作用，是深化改革成败的“试金石”。因此，意义非凡。

会议首次提出了全面深化改革的核心是要紧紧围绕市场在资源配置中的决定性作用。过去的提法是，市场是起基础性作用，现改为决定性作用，三个字的改变决定了未来市场化道路已经开启，继之而来的“完善现代市场体系、宏观调控体系、开放型经济体系，加快转变经济发展方式，加快建设创新型国家”更是纲举目张的结果。

表 8 - 2　　十八届三中全会与十六届三中全会对比

内容顺序	十八届三中全会改革方向	十六届三中全会改革方向
1（1）	强调坚持和完善基本经济制度	进一步巩固和发展公有制经济，鼓励、支持和引导非公有制经济发展

续表

内容顺序	十八届三中全会改革方向	十六届三中全会改革方向
2（4）	加快完善现代市场体系	完善市场体系，规范市场秩序
3（5）	加快转变政府职能	继续改善宏观调控，加快转变政府职能
4（6）	深化财税体制改革	完善财税体制，深化金融改革
5（3）	健全城乡发展一体化体制机制	深化农村改革，完善农村经济体制
6（7）	构建开放型经济新体制	深化涉外经济体制改革，全面提高对外开放水平

注：括号内容为十六届三中全会顺序。

3. 最为全面具体的改革

此次改革推出了15项具体的改革方向，涉及行政、经济、社会、法治、党建、军事等各个方面，几乎涵盖了社会的方方面面。改革的提法由此前的“经济改革”转向“全面深化改革”，改革领域远超出此前仅经济改革的预期。改革方向超出之前预期的领域具体有：一是提出“深化政治体制改革”，强调法治中国建设，成立中央全面深化改革领导小组。二是健全公共安全体系，设立国家安全委员会，完善国家安全体制和国家安全战略，确保国家安全。三是建立健全现代文化市场体系，增强国家文化软实力。

在经济改革领域，强调了经济体制改革是全面深化改革的重点，核心问题是处理好政府和市场的关系，使市场在资源配置中起决定性作用和更好发挥政府作用。其中的关注点是市场在资源配置中的作用由以往“基础性”改为“决定性”，表明改革的市场化预期加强。

表8－3　十八届三中全会经济领域改革方向、内容与目标

方向	内容	目标
强调坚持和完善基本经济制度	发挥国有经济主导作用，不断增强国有经济活力、控制力、影响力，激发非公有制经济活力和创造力	要完善产权保护制度，积极发展混合所有制经济，推动国有企业完善现代企业制度，支持非公有制经济健康发展

续表

方向	内容	目标
加快完善现代市场体系	清除市场壁垒，提高资源配置效率和公平性	要建立公平开放透明的市场规则，完善主要由市场决定价格的机制，建立城乡统一的建设用地市场，完善金融市场体系，深化科技体制改革
加快转变政府职能	建设法治政府和服务型政府	要健全宏观调控体系，全面正确履行政府职能，优化政府组织结构，提高科学管理水平
深化财税体制改革	完善立法、明确事权、改革税制、稳定税负、透明预算、提高效率，建立现代财政制度	要改进预算管理制度，完善税收制度，建立事权和支出责任相适应的制度
健全城乡发展一体化体制机制	让广大农民平等参与现代化进程、共同分享现代化成果	要加快构建新型农业经营体系，赋予农民更多财产权利，推进城乡要素平等交换和公共资源均衡配置，完善城镇化健康发展体制
构建开放型经济新体制	国际国内要素有序自由流动、资源高效配置、市场深度融合	要放宽投资准入，加快自由贸易区建设，扩大内陆沿边开放

四　评价与建议

（一）十八届三中全会改革的进展及展望

全面改革是十八届三中全会的最主要特点。未来的经济体制改革将重点涉及价格、土地、金融、财税、户籍与国企改革六个方面。如果所有改革能够落实，将有助于中国经济增长动力从投资转向创新和效率，让社会更加公平，提高增长持续性。

1. 价格改革：任重道远

价格改革领域，十八届三中全会提出完善主要由市场决定价格的机制，这间接涉及资源品价格、金融价格、土地价格等各个领域的市场化。这里主要分析资源品价格改革。我国价格改革已取得重要进展，绝大多数商品和服务价格已由市场决定。但在能源资源、公共事业、环保收费等基础产业领域，价格扭曲的问题仍比较突出，并且是粗放式经济模式罪魁祸首之一。改革可以打破垄断，促进资源的有效配置，提高经济的生产效率。资源品和基础产业各子领域的改革按进展程度由高到低排序为“煤炭、水、电信、石油天然气、电力、铁路”，按难易程度由易到难排序也是“水、煤炭、电信、石油天然气、电力、铁路”，最“难啃的骨头”是铁路和电力。深层次改革最终仍须通过打破垄断，促进竞争来完成。基础产业领域的改革难度颇高，任重道远。

2. 土地制度改革：循序推进

土地改革部分，提出建立城乡统一的建设用地市场，以及赋予农民更多的财产权利，隐含的是城市和农村土地有同等权利，以及对农民所拥有的土地、房屋权利的确认。土地制度改革的核心是破解城乡二元土地制度。《决定》提及“建立城乡统一的建设用地市场”，意味着土地改革的长期目标是改革农村集体建设用地使用制度，推动农村经营性集体建设用地甚至是“宅基地”等非经营性集体建设用地在符合规划的前提下进入市场，与国有建设用地享有平等权益。

建立与城镇地价体系相衔接的集体建设用地地价体系，有利于逐步形成反映市场供求关系、资源稀缺程度、环境损害成本的土地价格形成机制，建立与城镇地价体系相衔接的集体建设用地地价体系，充分发挥市场配置土地的基础性作用。同时，这也是规范土地市场的需要。

另外，《决定》中也提出“赋予农民更多的财产权利”，这意味着土地增值收益分配将倾向于农民：一是通过修改政策法规，大幅提高征收补偿标准；二是逐渐缩小征地规模，通过加快农业土地流转来维护农民权益。

3. 金融体制改革：市场化配置资源

金融改革部分，十八届三中全会提出完善金融市场体系，促进国际国内要素有序自由流动，构建开放型经济新体制。前者涉及金融市场的完善，例如发展民营金融机构、非银行金融机构、完善金融价格市场化等；后者涉及资本项目的开放。

未来改革主要是两个大方向：利率汇率市场化与资本项目开放，以及建立多层次资本市场。利率汇率市场化的核心是提高银行配置金融资源的效率。利率市场化，短期来看，大额存单和存款保险制度将先行一步，之后逐步放开小额、短期存款利率上限，最终完全放开存款利率管制。汇率市场化，短期内进一步扩大人民币汇率浮动区间，中期会推进人民币中间价形成机制改革。资本项目开放方面，短期放开具有真实贸易背景的直接投资管制，中期放开商业信贷管制，最后，先开放流入后开放流出，放开地产、股票等投资管制。

多层次资本市场建设的核心是提高非银行配置金融资源的效率，途径有三：一是发展非银行金融机构，包括保险、券商、信托、期货、基金、PE 等；二是发展信贷以外的直接融资市场，包括股票、债券、资产证券化等；三是发展民营金融机构。股票市场发展的重心将转移至创业板以及场外市场，逐渐形成“正金字塔”结构：短期推进新股发行制度改革，进行优先股试点和新三板、OTC 市场扩容等；中期完善新三板做市商和转板制度，正式推行优先股制度；长期来看，会推出国际板，新股发行采取注册制。多层次资本市场建设还会提升债券市场的广度和深度，发展衍生品和并购市场，对金融机构也会放开准入以促进多元化。其中的亮点是推出地方政府债和市政债，推广资产证券化以及很多民营银行的设立。

4. 财税体制改革：事权分配和税制改革是焦点

财税改革部分，提出要改进预算管理制度，完善税收制度，建立事权和支出责任相适应的制度，发挥中央和地方两个积极性。《决定》中“完善立法、明确事权、改革税制、稳定税负、透明预算、提高效率”其实对应的就是财税体制改革中的“上收事权，税制改革，解决地方债务和优化财政支出结构”。在优化财政支出结构方面，中央财政支出将更倾向于民生领域，并引导地方支出结构变化。

税制改革将培育新的地方主体税种，加强房产税和消费税建设。先扩大房产税试点，逐步在全国推广。国内消费税转化为地方税，将消费税改成流通环节征收并下放地方。加快资源税改革并开征环境税。未来中央可能会通过立法赋予地方举债权力，并通过预算公开来管理。中长期会推动各地编制资产负债表，建立债务风险预警机制。

5. 户籍制度改革：分类推进

户籍改革部分，十八届三中全会提出推进城乡要素平等交换和公共资源均衡配置，推进基本公共服务均等化。完善城镇化健康发展体制，意味着对农村居民的同等对待。户籍制度改革与新型城镇化密不可分。2013 年户籍制度改革的重大节点是推出全国的《居住证管理办法》，其核心内容是居住证将不设置人才门槛，覆盖所有外来人口。

户籍制度改革会考虑不同城市的综合承载力，将分类推进，居住证管理办法很可能规定，居住证所附着的权益划分为国家、城市双标准。国家层面标准以基本公共服务为主，例如义务教育等。城市标准由各省结合实际情况来确定，如居住证持有人子女是否具备当地参加高考资格等。

6. 国企改革：亮点在“混合所有制”

国企改革部分，没有明确提及，强调坚持公有制主体地位，发挥国有经济主导作用，完善产权保护制度，鼓励、支持、引导非公有制经济发展，激发非公有制经济活力和创造力。值得注意的是，“公有制经济和非公有制经济都是社会主义市场经济的重要组成部分，都是我国经济社会发展的重要基础”是第一次提出。“积极发展混合所有制经济”也是十八大报告中没有的新内容。这些提法均与国企改革有关，国企在竞争性领域将逐渐退出，引入民间资本使股权多元化，推动国有企业完善现代企业制度。

（二）进一步落实全会改革措施的政策建议

1. 界定政府与市场边界，发挥市场决定性作用

第一，借鉴自贸区的“负面清单”管理模式，切实转变政府职能。界定政府与市场边界，落实“市场在资源配置中起决定性作用”关键在于转变政府职能。未来，转变政府职能应以向市场放权为重点，清理行政审批事项，加强对行政审批权力的监督制约，并通过向市场放权和约束政府自身行为，激发市场和社会活力。具体可借鉴上

海自贸区的“负面清单”管理模式，重新界定政府干预的边界，探索行政管理体制改革；同时也可以中央转移支付的金额作为激励，要求地方政府减少征收税费，从而减少审批的规模与环节。

第二，重新界定国有资产职能，深入推进国有企业改革。国企改革首先应重新界定国有资产职能，将国有资本集中于公共品领域，加速国有资本从一般竞争性领域退出，向民营资本放开诸如铁路和医疗等行业；其次是进一步完善国有企业公司治理结构，国有资产管理从直接参与国有企业经济运行逐渐向强调国有资产的保值增值过渡，并建立和完善出资人制度和职业经理人制度。

第三，以土地和金融市场为突破口完善市场体系建设。土地和金融领域的改革将成为未来市场体系改革的重点。在土地市场方面，未来土地改革应围绕实现农村集体土地和城市国有土地“同地、同权、同价”“建立城乡统一土地市场”的指导思想展开。改革的方向是允许农村集体土地与国有土地平等进入非农用地市场，形成权利平等、规则统一的公开交易平台，建立统一土地市场下的地价体系。

在金融市场方面，未来金融改革应遵循《决定》提出的市场化改革方向，着重建设多元化竞争性的金融机构体系、推进利率市场化、加快资本账户开放以及完善资本市场。首先，构建多元化竞争性的金融机构体系应降低金融业准入门槛，鼓励民营金融机构的发展，鼓励社会资金进入金融行业。其次，加快推进利率市场化进程，通过在一到两年内建立存款保险制度、引入市场化定价的可转让大额存单等步骤加速推进存款利率市场化。最后，伴随利率市场化，资本账户开放的步伐也应稳步推进，并以此促进人民币的跨境使用。

2. 推动国家治理体系和治理能力现代化

第一，坚持正确的社会主义价值导向。改革开放的历史表明，中国共产党是中国顺利实现转型的领导和保障力量。以邓小平理论、“三个代表”重要思想、科学发展观为指导的中国特色社会主义方向，必须成为中国国家治理体系和治理能力现代化的基石。

第二，不断完善社会主义市场经济体制。其核心是明确政府与市场的关系，既让市场在资源配置中发挥决定性作用，消除不合理的市场进入壁垒，让要素自由流动，充分释放生产力；又让政府能够在科学的财税体制基础上，有效发挥服务型政府应有的宏观调控和保障职能，当好社会主义市场经济的“守夜人”。

第三，完善社会主义法制建设，推动社会主义民主政治发展，强化人民民主专政的法理基础。探索形成“共产党—国家—社会”之间和谐互动关系，这既是社会主义市场经济的本质要求，也是人民民主专政的题中应有之义。

第四，以体制创新推动文化的保护、传承、创作和宣传，建立文化整合机制，打造社会主义现代核心价值体系。以现代核心价值体系统领多元社会文化，重塑社会生活信仰，促进传统文化、新时代文化和国外先进文化与社会主义市场经济和民主政治成果的互相融合。

第五，推动阶层融合、城乡融合、区域融合、民族融合和文化融合，促进和谐社会关系的形成。建立预警社会风险和化解社会矛盾的社会工作机制，完善社会保障体系和社会化服务体系。

第六，从中国国情出发，将大国治理理念有效地贯彻到各级政府组织体系中。探索集权型治理制度与分权型治理制度的均衡取值，既维护中央的统一权威，又实现地方政府适度自主权，建立适当层次的地方自治，以实现公共政策统一性与地方政策多样性的协调配合。关键在于建立起事权与财权相结合的新型财税体制。

3. *发挥财政基础和支柱作用，推进新一轮财税改革*

第一，在梳理和界定各层级政府负责事项范围的基础上，推进中央和地方分税制改革。明确各级政府的事权，保证公共产品边界在需求方与供给方相称，是健全中央和地方财力与事权相匹配的体制的前提条件。

第二，加快“营改增”步伐以推进减税。“营改增”绝非一般意义上的税制调整或税制改革举措，而是一个可能引发整个财税体制以及整个经济社会体制重大变革的导火索。未来两年应将更多服务行业纳入“营改增”，这些行业所提供的服务也可以进行增值税扣除，从而增加减税力度。

第三，适时扩大房产税试点范围和力度并试点遗产税。房产税既可以提高资源配置效率，又可以改善收入分配，控制房地产泡沫，还能成为地方政府的主体税种，未来应扩大房产税试点范围和力度。遗产税的征收也可以为地方政府筹措公共事业发展所需要的资金，而且具有调节收入分配的作用。

第四，继续推进税费改革，逐步提升直接税比重，合理调整和降低居民消费负担。应逐步建立以直接税为主体的税收体制，推行个人所得税改革，减免部分服装和食品等生活必需品应缴纳的增值税，大力清理收费项目，降低一般居民购买支出负担，促进居民消费需求的提升。

第五，增加中小城镇发展的财税优惠政策，推进公共服务均等化。中小城镇毗邻乡村，不仅可以使城乡居民共享基础设施和公共服务设施，甚至可以满足乡村居民在城镇就业通勤的需要。通过税收优惠和转移支付，支持这种以中小城镇为主体的城乡统筹发展，将是缩小城乡二元结构、实现公共服务均等化的重要途径。

第六，全面推进全口径预算管理制度，探索建立财政资金科学的绩效预算评价体系，提高财政资金管理效率。只有建立全口径预算管理制度，才能明确地方政府的“家底”，避免财政收支安排的随意性，以及降低债务累积的风险。

4. 依法行政，建设法治中国

第一，科学立法，对现行法律法规进行全面梳理。科学立法是建设法治中国的前提，增加公众参与度，对标准设定过于陈旧不合时宜的已有条款及时进行合理调整，对市场发展需要的短缺法律法规及时进行修订，减少守法和执法过程中发生的摩擦成本。

第二，增强司法公正性，确保司法机关依法独立公正行使审判权、检察权。一方面要通过完善监督机制和奖惩机制，禁绝司法者在行使审判权和检察权时的主动徇私行为；另一方面要通过增强司法部门的独立性，上收同级司法机关的人事权、财权，最大限度地减少地方政府对司法独立性的影响，避免司法部门受外界干扰而出现的被动徇私行为。

第三，约束行政公权，维护宪法和法律权威。我国正处于改革和发展中，宪法和有关法律由于程序烦琐而得不到及时调整，从而导致行政法规往往与宪法和法律相抵触，虽然可能获得一时的正向效果，但严重削弱宪法和法律的权威，违背法治精神。故需要对行政法规、宪法法律进行必要的调整，并且行政法规不得与宪法和法律相抵触，维护宪法和法律权威，营造法治精神高于一切的社会氛围。另外，要重新界定行政公权涉及的范围，从客观上降低行政公权违法的可能，建立科学有效的权力制约和协调机制，完善决策机制和程序制度，强化权力与责任的对等。

第九章　对十八届三中全会新意的深入解读

一　会议的简要评述

十八届三中全会审议并通过了《中共中央关于全面深化改革若干重大问题的决定》（以下简称《决定》），发布了《中共十八届三中全会公报》（以下简称《公报》）。会议总结了35年来改革开放的经验教训，并部署了关于全面深化改革的重大战略，刻画了未来5—10年中国改革的总路线图。

《公报》核心内容是，全面深化改革，推进经济体制改革、政治体制改革、文化体制改革、生态文明建设和党建工作等六个方面的改革；而市场经济体制改革是本轮改革的关键，需要推进国家治理体系和治理能力现代化，保证市场在资源配置中起决定性作用，规范和发挥政府的作用；在组织结构上，设立中央全面深化改革领导小组；在时间表上，确定到2020年，在重要领域和关键环节改革上取得决定性成果。可以说，十八届三中全会凸显了党中央全面和深化改革的思路及决心，将成为一次重要的历史性节点。

二 全会的突出特点和蕴含的新意

（一）明确了改革是“全方面”的改革

改革不再局限于经济领域，而是包含了经济、政治、文化、生态和党建等六个方面。经济问题不是单纯的经济领域问题，而且牵涉社会发展的方方面面，因而强调改革的整体性以及改革是全方位的。

（二）明确了改革的总目标，首次提出“国家治理”体系和治理能力现代化

从国家层面明确指出国家利益的重要性，强调了整体利益的一致性，并需要中央从整体上布局，代表全体人民，实现国家利益最大化，因而成立了国家安全委员会，公开强调维护国家的整体利益和国家安全的必要性。

同时，国家作为广大公众利益的抽象代表，并不是虚无的概念，而是实实在在地通过政府来实施的，需要具有强有力的执行能力，以更科学、更先进的方式实现这种整体利益，因而提出了政府“治理”概念。在经济层面，政府能够从社会公众整体利益出发，作为公正的一方，引导各种要素的合理配置，激发各要素的积极性，实现整个国家实力的提升。在社会层面，提出加强社会治理，强调维护社会公共的根本利益，维护国家安全和社会的稳定，缓解社会矛盾。

（三）更凸显了“公平和惠及全体人民”的准则，强调普通公众的利益

国家是抽象的，政府是具体的，两者存在委托—代理关系，政府需要更好地代表公众的利益，从而实现两者利益的一致性。《公报》反复强调，需要将经济发展的成果更公平地惠及全体人民。需要维护人民的根本利益。这意味着改革将更多地促进社会的公平分配。在制度安排上，提出要保障和改善民生，促进公平正义，改革收入分配制度。收入分配问题是社会关注的热点问题，对利益分配不公正的关注由来已久，因而十八届三中全会对该问题做出了回应。

在改革方面，强调以促进社会公平公正、增强人民福祉为出发点和落脚点，将公众利益放在最核心位置。强调公平和全体人民的准则，意味着改革的实际内涵是，建设能代表广泛利益和大公无私的政府，代表人民实现国家利益。

（四）强化了市场导向规则：明确市场的“决定性”作用，提出“服务型政府”

会议明确提出，市场具有“决定性”作用，重新界定了政府和市场之间根本关系，重新定位了政府的职能和角色。

第一，市场在资源配置中的决定性作用。相比“基础性作用”的论断，“决定性作用”意味着，市场导向规则将进一步强化，价格机制和利益机制将得到强化。这种思路在生态建设中也得到显现，强调自然资源的资产属性，实行有偿使用制度和生态补偿制度。

第二，提出了“服务型政府”，重新理顺政府与市场之间关系。强调需要转变政府的定位和职能，明确提出通过深化行政体制改革，创新行政管理方式来深刻转变政府职能，减少政府干预，增加服务，从而重新定位了政府的角色。为减少行政干预过多、行政垄断过强的局面奠定了基础。在微观资源配置中，政府更多地承担公共服务职能，而不过多地干预微观主体的活动，不占用过多的社会资源。

（五）对产权制度进行新的界定：提出“混合所有制”、强调“产权保护制度”和赋予“农民更多的财产权利”

规则要得到严格的实施，利益要得到恰当的保护，产权制度非常重要，因而对产权制度做出了更加规范的界定，强调要保障合法的产权及收益。

第一，提出“混合所有制经济”，明确保护非公有制经济，提出完善“产权保护制度”。在对国有经济和非公有制经济定位的认识上，对国有企业，更多地强调经济活力、控制力和影响力并重。对非公有制经济，强调要保护非公有制经济，“产权保护制度”为非公有制经济的发展提供了制度保障。混合所有制经济为产权拓宽了空间，避免了非此即彼的矛盾选择。

第二，在产权制度比较模糊、引起较大纠纷和社会矛盾，但又涉及农民核心利益的农地制度上，强调要赋予农民更多的财产权利，提出要让广大农民平等参与、共同分享。

（六）强化了规则的建设和制度化，提出“放宽准入”，提出开放促改革

反复强调制度化、规范化和程序化。在经济领域，强化经济体制建设；在政治层面，强调法治建设；在文化层面，提出深化文化体制改革；在社会层面，提出社会领域制度创新，构建社会治理体制；在生态领域，提出加快生态文明制度建设；在党建层面，提出党建的制度改革。强调宪法法律的权威，坚持制度的根本性作用，强化独立公正的司法权力，并且需要把权力关进“制度笼子”。

在经济体制改革中，强调了吸收国际有益经验的重要性，激发活力和降低管制的一种方式则是降低准入门槛。依托自贸区实践，尝试通过开放，试验负面清单的管理模式，促进改革的深入。

（七）突出强调“财政”的“基础”和“支柱”作用，对国家治理模式提出了具体的方式

改革的目标并不是建立无政府的状态，而是建立现代化和强有力的政府，这是任何一个现代化国家的共同特征，其中政府的财税能力则是政府能力的根本体现，也是政府职能的保证。政府的积极作用是中国在过去几十年来快速发展的一个重要原因，这使中国取得了与一些欠发达国家截然不同的发展。

保证政府的强有力的执行能力则是推进“国家治理能力”建设的关键所在，财政能力不可避免地成为国家治理的基础。需要解决的问题是，拥有良好的财税体制才有国家治理能力的基础和体现，加强政府的财政能力建设需要更透明的政府、更合理和有效的税收方法、更加法制化和规范化的预算。政府的公信力和公众的支持都是国家治理能力及财政建设不可或缺的两个方面。财税体制改革和建设将成为改革的主线，通过公共财政建设，理顺政府、企业和家庭的利益机制。强调透明度和公信力在制度建设中的重要性，奠定了深层次的社会制度建设的基础。通过公开透明的公共财政建设，能促进整个社会透明度的提高，带动国民经济的发展。

（八）新设改革的专门机构——“全面深化改革领导小组”，同时，肯定“摸着石头过河”的实践经验

一方面，强调改革必须协调，需要对改革做全方位、系统化的顶层设计。由于改革牵涉的利益较多，阻力较大，很难期望良好的制度能够自发形成，因而需要从宏观上加以前瞻性设计和安排，也需要对后续的推进进行督促落实。

另一方面，由于制度建设存在着种种困难和不确定性，需要不断加以总结，社会公众也会自发形成一些制度需求和制度创新，能够在实践中获得宝贵经验，所以需要发挥群众的首创精神，依靠大众推进改革。强调前期的顶层设计和中期的实践经验有机结合，根据实际，相机推进改革。

（九）明确了渐进式的改革模式，确立了严格的时间表

明确提出改革需要稳步推进，不能冒进，更要避免社会的动荡。渐进式的改革传统将继续。与此同时，将继续大力推进改革，深化改革成为今后一段时期的工作重心。

在时间表上，明确 2020 年为重要的时间点，需要在此时间点上，重要领域和关键环节都取得决定性的成果。时间点的确立表明了改革的决心和勇气，强调了改革的各项措施和进程将坚决实施和贯彻。

三　总结

整体上，十八届三中全会对中国的长远发展做了新的制度安排，进一步理顺了社会经济利益的分配机制，对社会规则和制度的建设做了深层次的安排。

对利益机制做了更清晰的界定：第一，明确了国家作为一个整体利益存在的必要性，需要维护国家安全和社会稳定，对外关系上将以国家利益为导向。

第二，政府作为国家的具体载体，需要保证足够的财政实力，推进公共财政建设。

第三，社会普通民众，特别是劳动者需要得到公正的劳动收入，通过收入分配带动共同富裕，公众获得更普遍的社会公共服务。

第四，弱势群体的利益需要保护和提高，特别是农民，土地财产收入将得到提高。农民将能更好地融入工业化进程之中。

第五，垄断势力和垄断所得将降低。通过破除体制机制弊端，降低市场的扭曲，清除“市场壁垒”，减少行政垄断，各种要素通过市场竞争，获得合理的收益。

在制度建设层面，对利益机制做了法律和制度保障：党的领导地位和人民群众的监督权力；依法行政，提高法治水平，强调宪法和法律的权威地位；强化对政府的约束，改变政府的角色，提高政府的透明度。在财税方面，加强立法和预算管理，清晰界定财权和事权，促进国家治理能力建设。在产权保护方面，维护各种财产所有制及其合法利益。

第十章　落实十八届三中全会的措施和着力点

对于《中共中央关于全面深化改革若干重大问题的决定》所作出的系统部署，特别是一系列新举措、新提法，需要加强研究，提出可行性方案，做出前瞻性设计和安排。从总体上看，当前应将工作的着力点放在如下几个方面。

一　强化执政能力，推进国家治理能力建设

明确界定国家利益，以国家利益为准则，在对外工作上，采取更加务实的措施，维护国家利益；在对内工作上，以公平公正为准则，应对改革过程中可能出现的社会动荡，维护改革的平稳进行。具体包括：

第一，加强协调安全、外交、情报等部门的联动机制，建立高级别的领导协调机制。落实国家安全委员会的工作，维护社会的稳定，创建良好的国际环境。

第二，推进一体化的信息机制，提高社会透明度。建立透明和完整的社会化信息，加强管理和信息的针对性，加快信息社会化，建立个人信用体系，同时，加快政府信息公开。

第三，严格依法执政，提高政府的公信力。对于违反法律法规规定的事务，政府必须坚决公平公正执法，提高政府的威信。同时，特别需要维护弱势群体和低收入群体的基本利益，提高他们对政府和国家的认同度，减少社会的不稳定因素。

第四，提高应急反应能力，减少推诿和拖延，降低群体事件发生频次。应对信息化时代的需要，转变思维方式，提高信息响应能力，加快信息公布，减少由于信息不对称和信息缺乏导致的社会事件和群体事件的发生。

第五，理顺国家、普通公众、政府公职人员之间的利益关系。强化国家代表人民利益、政府代表国家为人民群众谋福利的意识。将国家利益和人民利益有机结合起来，地方政府减少在拆迁等问题上对百姓利益的侵占，减少公众的误解和不满。

二　推广“非禁即入”和负面清单管理模式，强化市场机制的“决定性”作用

发挥市场机制的决定性作用，主要是让价格机制实现利益分配功能，核心就是减少对市场的扭曲，减少行政干预，放松管制。因而需要在如下几个方面突破：

第一，降低准入障碍，消除进入壁垒，让市场机制发挥作用。在市场活动和经营项目上，只要是未被禁止的，一律视为可行及合法；对负面清单，需要论证其对国家利益有实质性的损害。不涉及机密的，需要向社会公开征询意见；涉及机密的，需要向相关机构做说明，严格论证负面清单和禁止的原因和影响。

第二，推广国民待遇，消除身份差异，扩大开放，强化市场竞争，保证各竞争主体享有同等权利，通过消除国有企业和非国有企业、内资和外资等方面的身份差异，减少对市场主体经营活动的行政干预，取消国有企业的政治待遇。减少对外资企业审批环节和程序，减少对民营企业制度性歧视。

第三，加强事后监督，加大执法力度，加大消费者权益的保护力度。取消行政审批的同时，将更多的行政资源转向市场监督。加快市场监督管理能力建设，对可能出现的问题加以警示，对操纵市场和垄断行为加以严格执法，减少对消费者权利的侵害。

第四，强化行业自律，加快信息公开透明。健全行业协会，引导市场自发地形成良好秩序，通过信息公开透明，促使企业公平竞争，减少违法行为。

三　推进公共财政建设，强化财政的“基础”和“支柱”作用

要实现财政在国家治理中的基础和支柱作用，需要在更大程度上推进公共财政建设，以此带动整个国家治理能力建设。

第一，加快预算立法进程，加强预算管理，增强预算的公信力，强化事前管理。尽早推出预算法，做到有法可依。全面推进全口径预算管理制度，提高财政资金管理效率。避免财政收支安排的随意性，降低债务累积的风险。

第二，强化社会透明度，加强税收能力建设，强化实际征收能力，同时，优化税制，稳步从间接税向直接税改变。通过建立社会化的信息，提高征收能力。建立以家庭收入为主的财产申报制度，逐步增加直接税的比重，改变和优化税收结构。社会化的信息将极大程度地提高国家治理能力，为税收的有效征收提供制度保障，同时也为社会治理提供坚实基础。

第三，加强公共服务支出，加大民生支出，强化“托底”功能。加大对基本医疗、养老和教育等的投入，提高财政对基本民生支出的比重，提高公众对公共财政的认同度，同时，提高主动纳税的积极性。尽可能取消行政性收费、尽早实现道路等公共设施的费改税，建立公共服务体系。

第四，加快“营改增”步伐，推进财税体制改革。通过“营改增”带动整个财税体制的改革，推进整个经济社会体制重大变革。

第五，制定房产税的征收办法，尽早开始遗产税征收试点。对房产税的计价办法、征收税率等问题进行系统设计，并向公众征求意见，通过人大立法，争取在全国范围内逐步推开，使房产税成为

地方政府的主体税种之一，同时发挥提高资源配置效率和改善收入分配的作用。遗产税实施细则尽早出台，可以考虑作为地方的税种之一，成为地方政府筹措公共事业发展所需资金的来源之一。

四　推进法治建设，强化法律的权威和依法治理

第一，强化立法，减少部门的规章和管理条例，树立宪法的权威性。对与法律有冲突的部门管理条例要纳入法律范畴，与法律不符合的要予以取消。增加公众参与度，对标准设定过于陈旧不合时宜的已有条款及时进行合理调整，对市场发展需要的短缺法律法规及时修订，减少守法和执法过程中发生的摩擦成本。

第二，加强执法力度，改变“法不责众”的预期。对违反法律的行为，加大惩罚力度，维护法律的严肃性，增强公民的守法意识。

第三，加强司法公开，强化法律的公信力。对不涉及个人隐私的案件，进行更大范围的公共审判，提高公众的参与度，并不断普及法律。

第四，维护司法独立。一方面要通过完善监督机制，禁绝司法者在行使审判权和检察权时的主动徇私行为；另一方面要通过增强司法部门的独立性，上收同级司法机关的人事权、财权，最大限度减少地方政府对司法独立性的影响，避免司法部门受外界干扰而出现被动徇私行为。

五　以产权为线索，明晰产权，形成利益保护机制

第一，强化产权保护制度，私有产权和个人产权入法。将非公有制经济和个人合法的财产权的保护纳入法律之中，从法律层面明确私有产权的合法地位。

第二，深化对集体土地产权的制度安排，对农业用地流转的利益

加以清晰界定。尽早出台农村集体经营性建设用地细则，确定农业土地增值收益分配机制，出台各利益主体的收益比重和纠纷机制。

第三，生态、环境和自然资源等产权归属、使用权进一步明确，细化资源使用成本和资源税，确立严格的环境保护机制。可以将环境执法权上移，强化地方对环境保护的力度。

六　改革措施得以实施的内在准则

改革的目标不仅仅是解决实现存在的问题，更要在根本上建立长期的规则和制度。改革本身也是一种制度设计，因而要保证改革能顺利进行，改革本身也要遵循相应的制度设计准则：

第一，改革牵涉到实际利益，必然会有阻力，有可能存在潜在风险，因而需要整体把握、全方位统筹。严格参照时间表，中央全面深化改革领导小组尽早开展工作，并向社会公布改革的内容、方案、实施的时间点，加大社会的参与和监督力度。对可能存在的风险做事先预判，把握改革的节奏。

第二，强化改革和制度创新的参与积极性，提高参与改革的激励，尽可能减少阻力。提高全民参与改革和制度创新的积极性，减少少数垄断行业对改革的阻力。提高公职人员的显性收入，降低并不断消除隐性福利。尝试在国有垄断行业实施年薪制度，做到收入公开透明。尝试进行长期激励机制探索，减少“寻租”和灰色收入。

第三，强化约束机制，对不参与改革和阻碍改革的部门和个人加以硬性约束。对于既得利益部门和群体，一方面，要给其出路，减少阻力；另一方面，要避免软约束，采取严格的约束措施，如果不采纳新的改革方案，要使其受到更严重的损失。

第四，提高透明度和监督机制，强化人民舆论监督、党内监督、媒体曝光等。通常，利益再分配和规则重组都不会自觉完成，因而需要对改革的各项措施进行监控，加强监督。

第十一章　十八届三中全会之后的理政思路与宏观决策的变化

整体上看，强刺激政策在消退，政府与市场之间的关系得到了重新定位，但并不完整，比如对政府的作用和定位，当前的结构调整，如何实施创新驱动等问题，仍然有不少值得商榷之处。分析表明，仍然存在一定的计划经济残留，管控思维较重。

新一届决策层的理政思想集中体现在如下几个方面：第一，对根本的问题——政府与市场之间的关系有新的把握，强调市场的决定性作用；第二，在宏观调控方式上，开始反思政府主导的产业在扩张中的作用及负面效应，强调更多地通过市场发挥资源配置的决定性作用，有可能减少过于频繁、过于积极的宏观经济政策；第三，在宏观调控目标上，不仅仅强调产出目标，提出“不以 GDP 论英雄”，还进一步强调民生支出，关注就业和环境问题；第四，对财政、货币政策及中国特色的产业政策进行了反思，对导致的“产能过剩”问题进行了总结；第五，在长期经济增长动力上，进一步强调创新驱动的必要性，从而为长期增长铺垫驱动力；第六，在促进长期发展上，强调制度创新的作用，通过制度创新，发挥“改革”红利；第七，从理论而言，当前的决策层可能在时间偏好、风险偏好等方面出现了新的变化，对政府决策将产生新的影响。

一　政府与市场

——"市场决定性的作用与政府更大作用"的历史进展与改进空间

政府与市场之间的关联一直是中国决策层难以回避的一个重要问题，中国的计划经济思维历来占据主要地位，对市场及这种分散决策有着较多的顾虑和较强的排斥心理。目前，强调市场的决定性作用论述，在很大程度上具有突破，比以往有着更多的认同，意味着市场的决定性作用得到了更多认可，有可能在资源配置过程中，市场将发挥主导作用。同时，不可否认的是，目前仍然具有计划经济的残留思路，"管"和"规划"等依然很多。

1. 历史上对市场的认识和定位

对市场作用的认识是渐进式的，从最早的排斥市场，完全实施管制，到计划经济，再到有计划的商品经济，逐渐发展到有计划的市场经济，目前，是强调"政府发挥积极作用"的市场经济。也就意味着，市场的作用已经得到肯定。普遍接受的观点是，市场是资源配置的最有效手段。市场作为一种无形的手，通过价格机制，引导资源在各主体、各环节有效配置。

在1978年十一届三中全会上，提出需要发展经济，将工作重心从非经济活动转移到经济建设之中，但没有涉及市场本身。

在1984年十二届三中全会上，提出确立以公有制为基础的有计划的商品经济，强调的是计划占主导，但突破了计划经济的思路，认为可以发展"商品经济"，决定提出"首先要突破把计划经济同商品经济对立起来的传统观念，明确认识社会主义计划经济必须自觉依据和运用价值规律，是在公有制基础上的有计划的商品经济。商品经济的充分发展，是社会经济发展的不可逾越的阶段，是实现我国经济现代化的必要条件。只有充分发展商品经济，才能把经济真正搞活，促使各个企业提高效率，灵敏地适应复杂多变的社会需求，而这是单纯依靠行政手段和指令性计划所不能做到的”。

对经济的整体概况是：第一，就总体说，我国实行的是计划经济，即有计划的商品经济，而不是那种完全由市场调节的市场经济；第二，完全由市场调节的生产和交换，主要是部分农副产品、日用小商品和服务修理行业的劳务活动，它们在国民经济中起辅助的但不可缺少的作用；第三，实行计划经济不等于指令性计划为主，指令性计划和指导性计划都是计划经济的具体形式；第四，指导性计划主要依靠运用经济杠杆的作用来实现，指令性计划则是必须执行的，但也必须运用价值规律。按照以上要点改革的计划体制，就要有步骤地适当缩小指令性计划的范围，适当扩大指导性计划的范围。

在 1993 年十四届三中全会上，提出建立“社会主义市场经济体制”，明确提出市场经济，认为市场经济与社会形态之间没有本质上的冲突，可以兼容，放弃了商品经济的思路，抛弃了原先计划经济模式下的“计划”手段；社会主义市场经济体制是同社会主义基本制度结合在一起的。建立社会主义市场经济体制，就是要使市场在国家宏观调控下对资源配置起基础性作用。为实现这个目标，必须坚持以公有制为主体、多种经济成分共同发展的方针，进一步转换国有企业经营机制，建立适应市场经济要求，产权清晰、权责明确、政企分开、管理科学的现代企业制度；建立全国统一开放的市场体系，实现城乡市场紧密结合，国内市场与国际市场相互衔接，促进资源的优化配置；转变政府管理经济的职能，建立以间接手段为主的完善的宏观调控体系，保证国民经济的健康运行；建立以按劳分配为主体，效率优先、兼顾公平的收入分配制度，鼓励一部分地区一部分人先富起来，走共同富裕的道路；建立多层次的社会保障制度，为城乡居民提供同我国国情相适应的社会保障，促进经济发展和社会稳定。这些主要环节既相互联系又相互制约，构成社会主义市场经济体制的基本框架。

在 2003 年十六届三中全会上，提出完善社会主义市场经济体制，认为市场经济已经得到了基本确立，市场手段基本上得到了保证，需要的是完善；其中强调国有企业改革和产权制度的确立：建立健全现代产权制度。产权是所有制的核心和主要内容，包括物权、债权、股权和知识产权等各类财产权。建立归属清晰、权责明确、保护严格、流转顺畅的现代产权制度，有利于维护公有财产权，巩固公有制经济的主体地位；有利于保护私有财产权，促进非公有制经济发展；有利于各类资本的流动和重组，推动混合所有制经济发展；有利于增强企业和公众创业创新的动力，形成良好的信用基础和市场秩序。这是完善基本经济制度的内在要求，是构建现代企业制度的重要基础。要依法保护各类产权，健全产权交易规则和监管制度，推动产权有序流转，保障所有市场主体的平等法律地位和发展权利。

在2013年十八届三中全会上，提出全面深化改革，让市场在资源配置中发挥决定性作用。使市场在资源配置中起决定性作用，深化经济体制改革，坚持和完善基本经济制度，加快完善现代市场体系、宏观调控体系、开放型经济体系，加快转变经济发展方式，加快建设创新型国家，推动经济更有效率、更加公平、更可持续发展。会议指出：建设统一开放、竞争有序的市场体系，是使市场在资源配置中起决定性作用的基础。必须加快形成企业自主经营、公平竞争，消费者自由选择、自主消费，商品和要素自由流动、平等交换的现代市场体系，着力清除市场壁垒，提高资源配置效率和公平性。

在最为核心的价格机制上，强调了市场决定和政府的不干预：完善主要由市场决定价格的机制。凡是能由市场形成价格的都交给市场，政府不进行不当干预。推进水、石油、天然气、电力、交通、电信等领域价格改革，放开竞争性环节价格。政府定价范围主要限定在重要公用事业、公益性服务、网络型自然垄断环节，提高透明度，接受社会监督。完善农产品价格形成机制，注重发挥市场形成价格作用。

在外汇市场上，也提到市场机制：完善人民币汇率市场化形成机制，加快推进利率市场化，健全反映市场供求关系的国债收益率曲线。而政府侧重的是，建立健全宏观审慎管理框架下的外债和资本流动管理体系，加快实现人民币资本项目可兑换。并且进一步完善监管能力：落实金融监管改革措施和稳健标准，完善监管协调机制，界定中央和地方金融监管职责和风险处置责任。建立存款保险制度，完善金融机构市场化退出机制。加强金融基础设施建设，保障金融市场安全高效运行和整体稳定。

2. 对政府职能的定位和认识

十一届三中全会的《公报》中，对于解决权力集中的问题上，第一，仍然强调“国家统一计划”；第二，仍然强调政治激励，而市场手段并没有明确提出，仅仅是“价值规律”。具体表述为：现在我国经济管理体制的一个严重缺点是权力过于集中，应该有领导地大胆下放，让地方和工农业企业在国家统一计划的指导下有更多的经营管理自主权；应该着手大力精简各级经济行政机构，把它们的大部分职权转交给企业性的专业公司或联合公司；应该坚决实行按经济规律办事，重视价值规律的作用，注意把思想政治工作和经济手段结合起来，充分调动干部和劳动者的生产积极性；应该在党的一元化领导之下，认真解决党政企不分、以党代政、以政代企的现象，实行分级分工分人负责，加强管理机构和管理人员的权限和责任，减少会议公文，提高工作效率，认真实行考核、奖惩、升降等制度。采取这些措施，才能充分发挥中央部门、地方、企业和劳动者个人四个方面的主动性、积极性、创造性，使社会主义经济的各个部门各个环节普遍地蓬勃地发展起来。

在农村工作上，做了较大的突破，指导思想是，在今后一个较长时间内，全国粮食征购指标继续稳定在1971—1975年“一定五年”的基础上不变，绝对不许购过头粮。为了缩小工农业产品交换的差价，全会建议，粮食统购价格从1979年夏粮上市的时候起提高20%，超购部分在这个基础上再加价50%，棉花、油料、糖料、畜产品、水产品、林产品等农副产品的收购价格也要分情况，逐步作相应的提高。农业机械、化肥、农药、农用塑料等农用工业品的出厂价格和销售价格，在降低成本的基础上，在1979年和1980年降低10%—15%，把降低成本的好处基本上给农民。农产品收购价格提高以后，一定要保证城市职工的生活水平不致下降。粮食销价一律不动；群众生活必需的其他农产品的销价，也要坚决保持稳定；某些必须提价的，要给予消费者以适当补贴。会议还讨论了加强农业科学教育、制定发展农林牧业的区域规划、建立现代化的农林牧渔业基地、积极发展农村社队工副业等重要问题，决定采取相应的措施。同样可以看到，农产品的价格管制仍然在延续，政府的收购仍然占据主导作用。

十二届三中全会对政府职能的界定是：政府机构管理经济的主要职能应该是：制定经济和社会发展的战略、计划、方针和政策；制订资源开发、技术改造和智力开发的方案；协调地区、部门、企业之间的发展计划和经济关系；部署重点工程特别是能源、交通和原材料工业的建设；汇集和传布经济信息，掌握和运用经济调节手段；制订并监督执行经济法规；按规定的范围任免干部；管理对外经济技术交流和合作，等等。这些职能，需要各级政府付出极大努力来履行，而过去有些没有做好，有的还没有做。但就政府和企业的关系来说，今后各级政府部门原则上不再直接经营管理企业。至于少数由国家赋予直接经营管理企业责任的政府经济部门，也必须按照简政放权的精神，正确处理同所属企业的关系，以增强企业和基层自主经营的活力，避免由于高度集中可能带来的弊端。全国性和地区性的公司，是在国民经济发展的需要和企业互有需要的基础上建立的联合经济组织，它们必须是企业而不是行政机构，不能因袭过去的一套办法，而必须学会现代科学管理方法。

十四届三中全会提出的是，建立社会主义市场经济体制，就是要使市场在国家宏观调控下对资源配置起基础性作用。首次明确提出“宏观调控概念”。指出：转变政府职能，建立健全宏观经济调控体系。转变政府职能，改革政府机构，是建立社会主义市场经济体制的迫切要求。政府管理经济的职能，主要是制定和执行宏观调控政策，搞好基础设施建设，创造良好的经济发展环境。同时，要培育市场体系、监督市场运行和维护平等竞争，调节社会分配和组织社会保障，控制人口增长，保护自然资源和生态环境，管理国有资产和监督国有资产经营，实现国家的经济和社会发展目标。政府运用经济手段、法律手段和必要的行政手段管理国民经济，不直接干预企业的生产经营活动。

对于政府干预的表述是：目前各级政府普遍存在机构臃肿，人浮于事，职能交叉，效率低下的问题，严重阻碍企业经营机制的转换和新体制的建立进程，要按照政企分开，精简、统一、效能的原则，继续并尽早完成政府机构改革。政府经济管理部门要转变职能，专业经济部门要逐步减少，综合经济部门要做好综合协调工作，同时加强政府的社会管理职能，保证国民经济正常运行和良好的社会秩序。

具体部署了财税体制改革及中央银行的独立性建设。在财税体制上，积极推进财税体制改革。近期改革的重点，一是把现行地方财政包干制改为在合理划分中央与地方事权基础上的分税制，建立中央税收和地方税收体系。维护国家权益和实施宏观调控所必需的税种列为中央税；同经济发展直接相关的主要税种列为共享税；充实地方税税种，增加地方税收入。通过发展经济，提高效益，扩大财源，逐步提高财政收入在国民生产总值中的比重，合理确定中央财政收入和地方财政收入的比例。实行中央财政对地方的返还和转移支付的制度，以调节分配结构和地区结构，特别是扶持经济不发达地区的发展和老工业基地的改造。二是按照统一税法、公平税负、简化税制和合理分权的原则，改革和完善税收制度。推行以增值税为主体的流转税制度，对少数商品征收消费税，对大部分非商品经营继续征收营业税。在降低国有企业所得税税率，取消能源交通重点建设基金和预算调节基金的基础上，企业依法纳税，理顺国家和国有企业的利润分配关系。统一企业所得税和个人所得税，规范税率，扩大税基。开征和调整某些税种，清理税收减免，严格税收征管，堵塞税收流失。三是改进和规范复式预算制度。建立政府公共预算和国有资产经营预算，并可以根据需要建立社会保障预算和其他预算。要严格控制财政赤字。中央财政赤字不再向银行透支，而靠发行长短期国债解决。统一管理政府的国内外债务。

对于中央银行建设，强调加快金融体制改革。中国人民银行作为中央银行，在国务院领导下独立执行货币政策，从主要依靠信贷规模管理，转变为运用存款准备金率、中央银行贷款利率和公开市场业务等手段，调控货币供应量，保持币值稳定；监管各类金融机构，维护金融秩序，不再对非金融机构办理业务。银行业与证券业实行分业管理。组建货币政策委员会，及时调整货币和信贷政策。按照货币在全国范围流通和需要集中统一调节的要求，中国人民银行的分支机构为总行的派出机构，应积极创造条件跨行政区设置。

在价格机制上，中央银行按照资金供求状况及时调整基准利率，并允许商业银行存贷款利率在规定幅度内自由浮动。改革外汇管理体制，建立以市场为基础的有管理的浮动汇率制度和统一规范的外汇市场。逐步使人民币成为可兑换的货币。

在投资上，强调深化投资体制改革；在体制上，加快计划体制改革，进一步转变计划管理职能。国家计划要以市场为基础，总体上应当是指导性的计划。计划工作的任务，是合理确定国民经济和社会发展的战略、宏观调控目标和产业政策，搞好经济预测，规划重大经济结构、生产力布局、国土整治和重点建设。计划工作要突出宏观性、战略性、政策性，把重点放到中长期计划上，综合协调宏观经济政策和经济杠杆的运用。建立新的国民经济核算体系，完善宏观经济监测预警系统。

同时对中央与地方政府的经济管理权限做了初步划分：中央政府负责宏观层面，“宏观经济调控权，包括货币的发行、基准利率的确定、汇率的调节和重要税种税率的调整等，必须集中在中央。这是保证经济总量平衡、经济结构优化和全国市场统一的需要”。而地方政府由于“国家大，人口多，必须赋予省、自治区和直辖市必要的权力，使其能够按照国家法律、法规和宏观政策，制定地区性的法规、政策和规划；通过地方税收和预算，调节本地区的经济活动；充分运用地方资源，促进本地区的经济和社会发展。”

在十六届三中全会上，强调的是改善宏观调控，但仍然有计划色彩——“六、继续改善宏观调控，加快转变政府职能”，“完善国家宏观调控体系。进一步健全国家计划和财政政策、货币政策等相互配合的宏观调控体系。国家计划明确的宏观调控目标和总体要求，是制定财政政策和货币政策的主要依据。财政政策要在促进经济增长、优化结构和调节收入方面发挥重要功能，完善财政政策的有效实施方式。货币政策要在保持币值稳定和总量平衡方面发挥重要作用，健全货币政策的传导机制。重视人口老龄化趋势等因素对社会供求的影响。完善统计体制，健全经济运行监测体系，加强各宏观经济调控部门的功能互补和信息共享，提高宏观调控水平。”

在政府职能上，强调转变政府经济管理职能。深化行政审批制度改革，切实把政府经济管理职能转到主要为市场主体服务和创造良好发展环境上来。加强国民经济和社会发展中长期规划的研究和制定，提出发展的重大战略、基本任务和产业政策，促进国民经济和社会全面发展，实现经济增长与人口资源环境相协调。加强对区域发展的协调和指导，积极推进西部大开发，有效发挥中部地区综合优势，支持中西部地区加快改革发展，振兴东北地区等老工业基地，鼓励东部有条件地区率先基本实现现代化。完善政府重大经济社会问题的科学化、民主化、规范化决策程序，充分利用社会智力资源和现代信息技术，增强透明度和公众参与度。

在公共部门投资与民间投资上，“深化投资体制改革。进一步确立企业的投资主体地位，实行谁投资、谁决策、谁受益、谁承担风险。国家只审批关系经济安全、影响环境资源、涉及整体布局的重大项目和政府投资项目及限制类项目，其他项目由审批制改为备案制，由投资主体自行决策，依法办理用地、资源、环保、安全等许可手续。对必须审批的项目，要合理划分中央和地方权限，扩大大型企业集团投资决策权，完善咨询论证制度，减少环节，提高效率。健全政府投资决策和项目法人约束机制。国家主要通过规划和政策指导、信息发布以及规范市场准入，引导社会投资方向，抑制无序竞争和盲目重复建设。”

在十八届三中全会上，强调了更有效发挥政府作用。“四、加快转变政府职能。科学的宏观调控，有效的政府治理，是发挥社会主义市场经济体制优势的内在要求。必须切实转变政府职能，深化行政体制改革，创新行政管理方式，增强政府公信力和执行力，建设法治政府和服务型政府。”

对宏观调控，表述为：“（14）健全宏观调控体系。宏观调控的主要任务是保持经济总量平衡，促进重大经济结构协调和生产力布局优化，减缓经济周期波动影响，防范区域性、系统性风险，稳定市场预期，实现经济持续健康发展。健全以国家发展战略和规划为导向、以财政政策和货币政策为主要手段的宏观调控体系，推进宏观调控目标制定和政策手段运用机制化，加强财政政策、货币政策与产业、价格等政策手段协调配合，提高相机抉择水平，增强宏观调控前瞻性、针对性、协同性。形成参与国际宏观经济政策协调的机制，推动国际经济治理结构完善。深化投资体制改革，确立企业投资主体地位。企业投资项目，除关系国家安全和生态安全、涉及全国重大生产力布局、战略性资源开发和重大公共利益等项目外，一律由企业依法依规自主决策，政府不再审批。强化节能、节地节水、环境、技术、安全等市场准入标准，建立健全防范和化解产能过剩长效机制。”

对于政府的职能，做了相应的界定，“全面正确履行政府职能。进一步简政放权，深化行政审批制度改革，最大限度减少中央政府对微观事务的管理，市场机制能有效调节的经济活动，一律取消审批，对保留的行政审批事项要规范管理、提高效率；直接面向基层、量大面广、由地方管理更方便有效的经济社会事项，一律下放地方和基层管理”。“政府要加强发展战略、规划、政策、标准等制定和实施，加强市场活动监管，加强各类公共服务提供。加强中央政府宏观调控职责和能力，加强地方政府公共服务、市场监管、社会管理、环境保护等职责。推广政府购买服务，凡属事务性管理服务，原则上都要引入竞争机制，通过合同、委托等方式向社会购买。”

整体上看，作为发展中国家，同时也是历史遗留问题繁多的传统国家，政府如何发挥建设性作用，将是一个巨大的挑战。如何保持有所为有所不为，合理界定市场和政府的边界，难以回避。

3. 政府与市场的边界

事实上，界定政府和市场的边界，更多的应该是减少干预，做好市场的基础设施建设——维护市场的基本运行，比如做到信息公开，维护公平交易，产权保护等。

政府的职能应集中在制度建设层面，而不宜直接参与市场活动，积极的财政和货币政策需要逐渐淡出，宏观政策上的创新须谨慎。

政府主动减少直接的干预，存在种种难度。一方面，惯性使然，行政干预由来已久；另一方面，虽然每个部门、每个个体都不愿意承认具有“既得利益”，但实际上，大部分部门和主管人员都在制度内有着自己独特的权力，以及由权力衍生的利益。

4. 恶性循环与“一放就乱，一收就死”的怪圈

在很长的时间内，政府管制严重，特别是在中央政府层面，决策权高度集中，这样的结果自然约束了经济主体的活动，灵活度减少；一旦放松管制，包括对地方政府的放权，短期内，虽然能够调动各经济主体的积极性，包括地方政府的积极性，但同时，放松管制之后，市场混乱，宏观经济指标过热，通胀压力急剧加大。

最容易产生的情形是，以宏观调控的名义，保留了很多制度性扭曲和行政干预，一旦出现某种效率较低的经济情况，就会以宏观调控的方式加以干预，可能进一步导致问题的不断循环及恶化。因而面对历史遗留的问题，很难在短时间内根本性理顺两者之间的关系。

二　宏观调控的基本把握

1. 宏观调控的历史

宏观调控仍然是个新的事物，在很长的时间内，由于不存在市场，因而并没有宏观调控的概念和模式，更多的是直接的计划调整。

在以计划经济为主导的体制下，都没有提出宏观调控，直到1992年，才在十四届三中全会提出，建立社会主义市场经济体制，就是要使市场在国家宏观调控下对资源配置起基础性作用。首次明确提出“国家宏观调控”概念。十四届三中全会《公报》中指出：“四、转变政府职能，建立健全宏观经济调控体系。”“社会主义市场经济必须有健全的宏观调控体系。宏观调控的主要任务是：保持经济总量的基本平衡，促进经济结构的优化，引导国民经济持续、快速、健康发展，推动社会全面进步。宏观调控主要采取经济办法，近期要在财

税、金融、投资和计划体制的改革方面迈出重大步伐，建立计划、金融、财政之间相互配合和制约的机制，加强对经济运行的综合协调。计划提出国民经济和社会发展的目标、任务，以及需要配套实施的经济政策；中央银行以稳定币值为首要目标，调节货币供应总量，并保持国际收支平衡；财政运用预算和税收手段，着重调节经济结构和社会分配。运用货币政策与财政政策，调节社会总需求与总供给的基本平衡，并与产业政策相配合，促进国民经济和社会的协调发展。”

在十六届三中全会上，强调的是改善宏观调控，但仍然有计划色彩。“六、继续改善宏观调控，加快转变政府职能。完善国家宏观调控体系。进一步健全国家计划和财政政策、货币政策等相互配合的宏观调控体系。国家计划明确的宏观调控目标和总体要求，是制定财政政策和货币政策的主要依据。财政政策要在促进经济增长、优化结构和调节收入方面发挥重要功能，完善财政政策的有效实施方式。货币政策要在保持币值稳定和总量平衡方面发挥重要作用，健全货币政策的传导机制。重视人口老龄化趋势等因素对社会供求的影响。完善统计体制，健全经济运行监测体系，加强各宏观经济调控部门的功能互补和信息共享，提高宏观调控水平。”

在十八届三中全会《决定》中，对宏观调控的理解表述为：健全宏观调控体系。宏观调控的主要任务是保持经济总量平衡，促进重大经济结构协调和生产力布局优化，减缓经济周期波动影响，防范区域性、系统性风险，稳定市场预期，实现经济持续健康发展。健全以国家发展战略和规划为导向、以财政政策和货币政策为主要手段的宏观调控体系，推进宏观调控目标制定和政策手段运用机制化，加强财政政策、货币政策与产业、价格等政策手段协调配合，提高相机抉择水平，增强宏观调控前瞻性、针对性、协同性。形成参与国际宏观经济政策协调的机制，推动国际经济治理结构完善。深化投资体制改革，确立企业投资主体地位。企业投资项目，除关系国家安全和生态安全、涉及全国重大生产力布局、战略性资源开发和重大公共利益等项目外，一律由企业依法依规自主决策，政府不再审批。强化节能、节地节水、环境、技术、安全等市场准入标准，建立健全防范和化解产能过剩长效机制。

2. 宏观调控的理论难度

客观而言，市场背景下，如何保持恰当的宏观调控，在理论上也没有清晰的界定，这就给宏观调控带来了本质上的困难。结合中国的实际，由于市场化的程度有待进一步提高，如何通过市场化的调控，应对宏观冲击，更存在困难之处。

不过一般而言，比较容易取得共识的是，如果存在着较为严重的冲击，或者系统性的风险，采取恰当的宏观调控具有必要性。同时，逆周期的宏观调控将能更好地平滑经济的波动，从而增加社会的整体福利。

3. 相机抉择与机制建设

十八届三中全会提出的是“提高相机抉择水平”。这意味着在宏观决策过程中，对相机抉择存在一定的偏好。事实上，相机抉择未必是宏观调控的核心，保持宏观经济稳定、减少宏观经济波动才是宏观经济的根本目标所在。

而对于机制建设，侧重倡导的是制定和运用政策中的机制化，“推进宏观调控目标制定和政策手段运用机制化”，着眼点是“加强财政政策、货币政策与产业、价格等政策手段协调配合”。值得关注的是，在实际运行过程中，并不能保持真正意义上实行相机抉择，而更多的是选择性决策，或者说是比较强烈的通胀偏好。面临不利的冲击，比如外部环境的恶化，出口需求降低，宏观决策者有更强烈的激励，采取更加积极的宏观经济政策，通过扩张手段，刺激经济。而在经济存在过热的时期，却很难有充足的决心，真正采取紧缩性的宏观经济政策。

三　短期宏观调控目标发生改变

从产出变为多元目标，考虑就业、环境等要素。放弃简单地以GDP论英雄的思路，或多或少淡化了产出偏好，更多地强调民生、就业、环境。

在宏观经济目标上，存在产出偏好与就业指标缺失问题，有可能逐步调整。出于经济发展水平较低、居民收入水平较少等的认识，改革开放以来，一直强调经济建设为中心。具体表现为更多地强调产出的增加，强调经济增长的速度。

在宏观的目标上，认为一般的“奥肯定律”通用，即产出需要劳动力，因而产出增加会带来就业增加，但事实上并没有明确失业率数据及目标，这意味着中国的宏观经济政策目标具有一定的独特性。随着经济的发展，有可能决策层的信心会有所强化，不再担心失业数据居高不下，因而更客观地将就业数据加以统计，提供更真实的失业率数据，而将失业率作为宏观调控的目标。

在物价上，有可能会获得更为平稳的价格水平。中国的通胀问题历来较为突出。由于更多地采取了凯恩斯式的扩张政策，货币发行较多，不可避免地导致价格上涨。不过中国的价格指数构成并没有完全透明，因而反映在综合的消费者价格指数和生产者价格指数上，变动并不是特别突出。但物价的上涨与一般的感受差别较大，因而受到了一定的质疑。

在环境问题上，生态文明的提出，意味着环境将得到更多的重视，决策层已经开始改变原先的发展模式。早先更多地重视产出目标，忽略资源和环境目标，自然资源定价较低，导致自然资源的过度使用，出现枯竭和不可持续的现象。而环境由于标准不明确，更多地由于执行不到位，导致了污染加剧。当前，决策层已经意识到，过度强调产出，将导致环境上更大的代价，这种代价可能比短期的产出更高，存在“得不偿失”的后果，因而有意识地淡化产出目标。这意味着广义的发展目标得到更多的实施。

四　宏观手段选择

在市场机制不完全时，间接的经济手段不一定奏效，更可能会出台直接的干预政策，这就使宏观调控的方式和手段可能会发生扭曲。经常可见的直接干预政策包括：价格政策、土地政策、产业政策及直接的限制政策等。比如在房价问题上，就曾经大规模地采用了非经济方式——直接的限购政策。

在宏观调控的手段上，存在着间接的宏观调控政策与直接的调控政策、短期效应与长期效应之分。短期内，直接的调控政策有可能奏效，比如直接的价格管制、对土地等资源的控制等，但这种带有行政色彩的政策由于直接干预了市场，所带来的扭曲效应较强，长期负面效应较大；对应地，用通常的宏观调控政策，比如财政和货币政策，特别是货币政策，短期内，由于政策存在时滞，效果不会特别明显，取效时间较长，但从长期看，由于是间接作用，因而对资源配置的扭曲效应相应较小。因而直接的干预和间接的调控之间存在相互折中效应。

在具体选择上，如果决策者倾向于短期内获得明显的效果，那么有可能会更多地采用直接的行政干预，更多地采取土地政策、价格管制政策，以期获得“立竿见影”的效果。客观上，由于市场机制在有些市场或者区域较为缺失，这使通常的财政和货币政策要取得预期的调控目标会更为困难，要获得效果的时间会更长，因而这在一定程度上造成“市场奏效”“宏观调控无用”的判断，从而更倾向于用带有行政色彩的直接干预措施。这可能是中国偏好于财政和货币政策以外的宏观调控方法的重要原因。

政策干预通常倾向于“可见”效果，因而产业政策通常成为首选。一方面，直接干预企业太过于直接和微观，宏观政策的实施部门不便直接实施，并且容易受到公众质疑；另一方面，产业政策具有行业特性，介于宏观和微观之间，容易得到实施，并且不容易被质疑。这就是在经济不景气，或者衰退的时候，通常会见到各种产业政策出台，并且以“新型战略产业”为名，对部分产业给予各种优惠和支持政策。

“新型战略产业”推广的后遗症已经被认识，并开始反思这种变形的扩张政策。由于在 2008 年前后，推出了一系列“新型战略产业”

的鼓励政策，但随着规模的扩张及后续需求的有限扩大，生产能力大幅度提高之后，产能利用率的问题不断凸显，所谓的“产能过剩”问题浮出水面。

直接的限制和干预政策不断淡出。由于在房价走高时期，政策不断推出，但效果似乎并不明显，因而决策层开始反思这种直接的干预政策，并且不断减少这种直接的干预措施。在房价有所回调时，尽管有呼声要对房地产市场加以干预，但决策层直接出台干预措施。

对于价格管制，特别是能源价格的管制，也一直受到质疑。特别是能源价格主管部门的问题不断凸显，有可能对价格的管制逐步减少，市场化的机制将有可能得以强化。

整体上看，虽然不可能在短期内完全以财政政策和货币政策为主，价格、产业、土地等政策仍然会在一定范围存在，但趋势不断明确，即减少负面效应较大的非常规调控政策。

五　长期经济增长动力

——创新及创新驱动的理解和认识

对于长期经济增长，中央决策集体都充分认识到创新及创新驱动的必要性和重要性，包括早先的“科学技术是第一生产力”的论断，但对于如何在真正意义上促进创新，由于创新活动的复杂性，再加上认识并不一定完整，因而在促进创新的实现上，仍然有着不少思维惯性。

1. 创新及创新驱动的必要性

在政策层面，已经意识到创新对于长期经济发展至关重要，习近平同志强调“中国是一个大国，必须成为科技创新大国”。就现实紧迫性而言，认为“块头大不等于强，体重大不等于壮，有时候是虚胖”，认识到中国与发达国家在长期驱动力上存在显著的差异，在科技水平上，中国的技术创新能力远远落后于先进国家。

2. 创新的紧迫性

对于中国而言，得到普遍关注的一个问题是，产学研分离现象比较严重。在生产应用环节，时常抱怨没有可用的先进技术，企业面临的技术难题无法得到妥善的解决，企业的需求得不到恰当的满足；在学校层面，经常被抱怨的是，培养的学生无法适应社会的需求，特别是所掌握的知识和技能不能马上适应企业所需，被认为存在着较严重的“脱节”；在研究层面上，常被指责的是，大量的经费投入到科研活动，而科研人员偏重于课题与论文等形式的科研成果，并不能直接用于实践。

3. 创新和创新驱动的难度，对创新本身的认识

十八届三中全会《决定》，对创新的表述为：深化科技体制改革。建立健全鼓励原始创新、集成创新、引进消化吸收再创新的体制机制，健全技术创新市场导向机制，发挥市场对技术研发方向、路线选择、要素价格、各类创新要素配置的导向作用。建立产学研协同创新机制，强化企业在技术创新中的主体地位，发挥大型企业创新骨干作用，激发中小企业创新活力，推进应用型技术研发机构市场化、企业化改革，建设国家创新体系。事实上，对创新的难度认识不足，而一直所倡导的国家创新体系也难以根本实现。

4. 创新驱动的实现模式和路径的理解

对于如何实现创新和创新驱动，仍然延续项目和补贴驱动的模式，这种模式在短时间内能够取得一定的效果，但由于创新活动本身具有不确定性，未必能够在规定的时间内取得实质性突破，而由于决策者通常需要在任期内见成效，有“政绩”需求，因而会出现行政主导、项目拉动的创新模式。

六　小结

从历史和国际两个层面看，政策和决策中出现了新变化，一方面，决策特性有着不小的变更，对宏观调控及宏观调控的方式都有着

新的认识；另一方面，也可以看到，由于某些认识上的惯性，在宏观政策上，仍然存在偏向管理和控制偏好。从一般意义上说，宏观调控中的动态不一致问题依然会存在，可信度问题没有根本性解决。在灵活性与原则性之间，仍然会有主观偏好存在。

因而整体上而言，目前的宏观决策仍然具有较大的探索空间，一方面，更多的宏观调控方式会得到更规范的应用，不断地吸取国际上宏观调控的经验，减少宏观经济的波动，提高相机决策的水平。特别地，有可能会在国家治理能力建设层面，强化决策的科学性和决策的水平，健全宏观调控的体系，强化宏观调控的规范性，从长远角度界定财政和货币政策的效果。

另一方面，独特的宏观调控方式仍然有可能会不时出现。在具体的宏观调控方式上，可能会出现多种形式的管理。刺激性政策偏好可能难以根本性改变。

第十二章　十八届三中全会以来改革形势评估（2013—2014年）：整体进展与未来方向

十八届三中全会以来，全面深化改革成为政府的施政重点。有必要跟踪改革的动态状况，对改革进行及时评价，以有效地推进改革的进程。我们对当前改革形势的判断是：改革的进展相对缓慢，成效有限，改革处于胶着状态，需要进一步明确改革的目标、路径和具体措施，并且提高各方的积极性和主动性。

一　改革的基本情况及整体评价

总体来看，改革在不断推进，在如下几个方面取得了进展：

第一，中央层面成立了领导和组织改革的专门机构，各省（市、区）成立了相应的改革机构。十八届三中全会之后，中央专门成立了跨越部门的中央全面深化改革领导小组（以下简称“中央深改小组”），并由总书记任组长，显示了中央对改革的决心。各省市区政府成立了全面深化改革领导小组，在大部分县市也成立了综合改革领导小组，通常由党政“一把手”担任组长。

第二，中央深改小组分别举行了四次会议，审议了多项方案，通过了部分方案，逐步开始进行顶层设计，并审议具体实施方案。2014年1月22日召开的第一次会议审议通过了《中央全面深化改革领导小组工作规则》《中央全面深化改革领导小组专项小组工作规则》《中央全国深化改革领导小组办公室工作细则》《中央有关部门贯彻落实党的十八届三中全会〈决定〉重要举措分工方案》，对中央深改小组工作本身做了规定；2014年2月28日召开了第二次会议，审议通过了《中央全面深化改革领导小组2014年工作要点》《关于十八届三中全会〈决定〉提出的立法工作方面要求和任务的研究意见》《关于经济体制和生态文明体制改革专项小组重大改革的汇报》《深化文化体制改革实施方案》《关于深化司法体制和社会体制改革的意见及贯彻实施分工方案》；6月6日召开的第三次会议审议了《深化财税体制改革总体方案》《关于进一步推进户籍制度改革的意见》，审议通过了《关于司法体制改革试点若干问题的框架意见》《上海市司法改革试点工作方案》《关于设立知识产权法院的方案》。最终，中共中央政治局在6月30日审议通过《深化财税体制改革总体方案》。在8月18日召开了第四次会议，对改革做出了部署，审议和通过了各三项议案。其中，审议通过了《关于推动传统媒体和新兴媒体融合发展的指导意见》《党的十八届三中全会重要改革举措实施规划（2014—2020年）》《关于上半年全面深化改革工作进展情况的报告》，审议了《中央管理企业主要负责人薪酬制度改革方案》《关于合理确定并严格规范中央企业负责人履职待遇、业务支出的意见》《关于深化考试招生制度改革的实施意见》，建议根据会议讨论情况进一步修改完善后按程序报批实施。最终在中共中央政治局8月29日召开的会议上，审议通过了《深化党的建设制度改革实施方案》《中央管理企业负责人薪酬制度改革方案》《关于合理确定并严格规范中央企业负责人履职待遇、业务支出的意见》《关于深化考试招生制度改革的实施意见》四项议案。

第三，确立了第三方评估机构，对改革进度进行动态跟踪。决定由中国社会科学院、中国科学院、国务院发展研究中心三家机构作为独立的第三方机构，对改革的进展进行独立评估。但由于绝大部分部委的改革方案并没有出台，仍然处于无序状态，因而评估难度较大。

总体评价是，改革的整体方案、推进步骤、重点突破口等都比较含糊，在推进过程中，涉及很多历史遗留问题，对风险评估很难取得一致，因而存在“绕着走”的情形，改革的整体进展并不顺利，起步艰难。

二　改革的具体进展与举措

在2014年已经启动，并需要在3年内完成的50项目标中，目前已经取得的具体进展有：

第一，在坚持和完善基本经济制度上，混合所有制有所松动，国资委选择4家央企进行混合所有制改革；铁路投融资体制有所放松；电力体制改革取得一定进展；正式印发《注册资本登记制度改革方案》。在国企改革上，提出"提高中央企业国有资本收益上缴公共财政比例"，审议了与国资国企改革有关的议题：《中央管理企业主要负责人薪酬制度改革方案》《关于合理确定并严格规范中央企业负责人履职待遇、业务支出的意见》。整体而言，国资国企改革进展相对缓慢。待完成的重大改革任务，还须加大落实力度。

第二，在加快完善现代市场体系上，设立了新兴产业基金，出台了科研管理办法，增加国家创投引导资金促进新兴产业发展；《中小企业发展专项资金管理暂行办法》颁布实施。中央领导有不少关于创新及创新驱动的讲话和指示，开始布局创新驱动发展战略，国务院正式批复同意深圳建设国家自主创新示范区。但对于创新及创新驱动本身的理解不够深入，仍然延续通过行政扶持推进某些产业、行业及地区的发展模式，对科研和创新活动的管制仍然过多。

第三，在加快政府职能转变上，减少了部分行政审批事项。在地区和部门的政绩考核上，相对淡化了以GDP论成绩的思路；国务院公开了各部门行政审批事项汇总清单，并不断削减了行政审批事项。但离真正的"非禁即入"和事后监管的政府职能仍然有差距。

第四，在推进社会事业单位改革创新上，出台了《事业单位人事管理条例》；对民间资本参与养老服务有所放宽；印发了《关于建立统一的城乡居民基本养老保险制度的意见》。但事业单位的改革没有突破性进展，在利益机制上、工资决定上存在延续全民绩效工资的思路，对改革导致的事业单位养老金损失没有实质性补偿。

医疗体制改革上，出台了《关于推进县级公立医院综合改革的意见》，但改革基本内容依然是“取消药品加成政策、调整医疗服务价格和增加政府投入”，并没有按照十八届三中全会要求进行公立医院去行政化改革，也没有在“建立科学的医疗绩效评价机制和适应行业特点的人才培养、人事薪酬制度”方面推出实质性改革措施。

第五，深化财税金融体制是重点之一，因而措施较多。审议并通过了“财税体制改革”整体方案，逐步研究如何实施预算管理，探索划分中央和地方的事权，但与预期有着一定的差距，突破有限，延续“教科书式”内容多，中央和地方、政府与市场的关系难以根本性理顺；预算公开及其改革困难重重；在少数地区开展地方债的试点；在“营改增”上，试点范围有所扩大；房产税的立法在推进，但真正实施似乎还需要相当长的时间。

预算法修订完成，并在2014 年8 月31 日审议通过，将于2015 年1 月1 日正式实施。9 月2 日，国务院常务会议研究完善预算管理促进财政收支透明相关意见。指出需要强化预算约束，需要强化预算公开，强化国库资金管理，并开展清理整顿“小金库”行动，规范税收征管和非税收收入管理，规范地方性政府性债务。

在金融领域，金融机构的利率自主权有所加大；政策性金融的改革方案在酝酿；新股发行的注册制度方案在摸索。首批 5 家民营银行试点方案确定。但金融改革的核心方案尚未明晰，金融业的开放和市场化有待加快。

第六，在健全城乡一体化机制体制上，农村产权的交易制度在探索之中，国务院召开两次专题会议，商议农村集体产权改革的范围、目标，以及迫切需要解决的主要矛盾和问题，但几乎没有进展。征地制度改革在探索，集体资产尚未取得实质性进展；印发了《国家新型城镇化规划（2014—2020 年）》；印发了《关于进一步推进户籍制度改革的意见》，提出推进市民化的进程，但目前改革的进展还是以城市规模的“分类式改革”为主，未能完全触及户籍制度改革的核心和本质。基本公共服务均等化政策推进不同步。离城乡统一、“市民化”要求仍有不少差距。住房制度的改革思路和长效机制仍然在争论中。

第七，在构建开放型经济新体制上，上海自由贸易区的改革试点在摸索，出台了不少政策和举措，但存在三个突出问题：一是2014年版负面清单还是流于概念和形式，基本沿袭了现有体制内政策，缺乏实质性突破；二是监管细则、法规配套滞后；三是监管思路和能力有待提高。亚洲基础设施投资银行的方案出台，《外商投资项目核准和备案管理办法》发布实施，印发了《境外投资项目核准和备案管理办法》。外资的准入仍然在谈判之中，商签和正在谈判的自贸协定，仍然是以关税减让和非关税壁垒消除等传统贸易开放为主，对新的国际经济规则涉及较少。在放宽投资准入方面，发布了《关于改进外资审核管理工作的通知》，取消对外商投资公司首次出资比例、货币出资比例和出资期限的限制或规定，取消公司最低注册资本的限制，且不再审核公司注册资本的缴付情况。

第八，在加快生态文明制度建设上，国家主体功能区建设试点示范工作全面推开，但综合政策体系还未形成，各项政策分散在各个部门，呈现出“碎片化”特征。落实城镇化规划仍然停留在纸面上，“多规合一”改革启动缓慢，改革具有部门利益最大化倾向。审议通过了新修订的《中华人民共和国环境保护法》，《生态补偿条例》草稿已经形成，拓展了生态补偿范围。《钢铁行业清洁生产评价指标体系》《水泥行业清洁生产评价指标体系》已经施行。印发了《水土保持补偿费征收使用管理办法》《关于加快建立完善城镇居民用水阶梯价格制度的指导意见》。但是自然资源有偿使用的市场交易机制还不完善，基础薄弱，生态补偿存在补偿标准不合理、不透明、“一刀切”和补偿标准过低等一系列问题；缺乏生态文明建设的顶层设计和决策部门，环境与发展的综合决策机制不完善。

值得关注的是，国务院常务会议讨论了《不动产登记暂行条例（征求意见稿）》，虽然时间较早先的安排远远滞后，但有可能是推动社会信息透明化的一种方式；同时，城乡统一也是其显著特征之一。

与民众关联比较直接的几项改革还有：人口政策有所调整，“单独二孩”生育政策开始实施，社会评价较高，但民众生育意愿并不强，申请低于预期，后续风险很小，当然政策目标认识不同，各地对待单独二孩的具体操作条例不一；教育改革开始试点，在部分城市开展了就近入学试点，虽然改革过程中信息公开不足，但最后的结果和整体评价较高。

2014年9月4日，《关于深化考试招生制度改革的实施意见》发布，就招生制度的整个改革措施做了原则性说明，该项改革令人关注。第一，主要任务和措施包括：改进招生计划分配方式——提高西部和人口大省录取比例，并作了量化界定，2017年录取率最低省份与全国平均水平的差距从2013年的6个百分点缩小至4个百分点以内；增加农村生源上重点高校人数，破解中小学招生中的择校问题。第二，改革考试形式和内容——完善高中学业水平考试，将可能为有需要的学生提供同一科目参加两次考试的机会；规范高中生综合素质评价，推进高职院校分类考试，特别值得注意的是，深化高考考试内容改革，规定2015年增加使用全国统一命题试卷的省份。第三，招生录取机制改革。减少和规范加分，取消了体育和艺术等特长生加分；完善和规范自主招生，2015年起自主招生在统一高考之后；高校招生选拔建立问责制度，2015年起，校长对录取结果负责。录取方式上，推行考后填报志愿、平行志愿投档、增加双向选择机会；进一步拓宽社会成员终身学习通道。第四，改革监督管理机制，强调信息公开、制度保障、加大违规查处力度。第五，启动高考综合改革试点。不分文理科，而改为语文、数学、外语三个科目成绩加高中学业水平考试三个科目成绩，形成总成绩，同时外语科目提供两次考试机会；录取上，探索多元录取机制；并开展改革试点，安排2014年在上海和浙江开始试点。

从近半年多的时间看，这些举措更多的是部门政策和文件，虽然方案和政策本身具有一定的变化，但根本性的变革不多。而且我国的政策和举措在落实上历来存在较多的困难，因而最终的效果可能也会大打折扣。

三　存在的突出问题及深层次原因

当前改革的步伐不快，主要的问题包括：缺乏后续的整体推进规划，思路不够明晰；各部门积极性不高，激励不足，约束不足；居民参与积极性不高。改革在一定程度上陷入胶着状态。

第一，整体推进的规划不足，清晰度不够，步伐需要加快；在顶层设计上，对改革的把握有待进一步明晰。由于历史遗留的问题较多，如何把握“稳”与“改”之间的权衡仍然值得考虑；同时，整体改革的方案还有待进一步清晰化。

第二，大部分部门、大部分地方，观望氛围重，公职人员的积极性尚未调动起来，主动性不强，普遍存在“多一事不如少一事”的心态。由于怕承担风险和缺乏明确的主线，具体措施很少得到实质性推进；改革推进较为缓慢。据我们观察，省级层面更多地在观望和等待；而县市则理所当然地认为改革还未列入日程，至少得两年后才能到达基层。各级部门以应付为主。各部委的改革方案大多没有出台，即使出台一些初稿，仍然以缓解局部问题为主，突破不多，离现代国家治理要求还有相当大的差距。由于改革具有风险，而短期收益并不明显，因而公职人员参与改革的积极性并不高，更多的是一种由上而下的任务及压力。

第三，民众对改革的预期与实际进程有差距，对改革的热情下降，参与积极性越来越低。改革的步伐较缓慢，见效周期较长，因而对改革的热情和关注逐渐减弱。

目前，整体印象是改革较为缓慢，造成改革困境的客观原因是，改革已经进入“深水区”，改革的难度越来越大，而改革处于胶着状态的主要原因则包括以下几方面：

第一，改革本身没有完全坚持公开透明的原则。改革的决策应尽可能公开，决策的过程也可尝试公开。公开透明不仅可以推进改革本身，同时可以减少社会的忧虑和不安。公开透明本身就是一项改革。

第二，良好的制度及社会规则没有明确，需要强化社会规则的重建，应强调构建简单明确的社会准则。目前的改革方案有些混乱和含糊，可能缺乏对社会规则本身的理解。改革应该减少不必要的管制，提高社会的效率。目前的改革没有跳出原先的框架，局限于规章制度的修补，不必要的约束依然很多。

第三，怕“乱”及对风险的顾虑多。由于历史和文化等的惯性，改革难度自然很大，各种顾虑在所难免，但事实上，可能很多顾虑未必真正存在。社会的矛盾同样更多地应该积极疏导，而不是回避。改革的决心需要加强，要敢于突破。

第四，长期和短期的关系没有协调好。近半年来，很大部分精力用于稳定经济，出台了一系列具有刺激特征的政策，而对长期的发展目标有所偏离，对改革的重视有所淡化。需要立足长远，减少短期干扰。

第五，利益机制没有理顺。复杂的利益机制需要理顺，当前混乱的利益分配模式导致规则混乱，改革难以推进。简单的利益机制能在短期内重建利益格局。

四　进一步改革的建议

面对当前的改革推进缓慢的僵局，需要采取切实的措施，更积极地推进各项改革，重点包括明确整体规划；建立恰当的公务员的激励和约束机制；强化居民的监督和参与积极性。

第一，进一步明确改革的整体规划，明确如何改革，改革的路径目标等——明确重点是简化规则、对利益进行恰当的再分配。在中央层面，需要从整体上把握，避免碎片化，确定明确的改革目标和路径图。改革需要简化规则，减少烦琐的行政程序。通过提高透明度推进社会规则的重建，对改革的争议和进程加以公开，实质性推进改革的进程。要有更大的决心和勇气，强化社会的透明度，建立更为公开透明的社会规则。在改革实践过程中，需要不断公开信息，改变原先封闭的模式。

第二，加强对改革的研究，明晰模糊地带，深化对改革的把握和认识。目前对改革的研究仍然有待深入，由于历来对改革的研究较为零碎，在如何理解“现代国家”和“治理体系”等关键问题上都存在不少含糊之处；在如何将一般规律与中国的历史文化特性相结合上，存在需要深入研究的模糊地带。

第三，提高公众对改革的参与，调动公众参与改革的讨论和积极性，发挥群众的智慧，提高改革的共识。不仅要强调顶层设计，也需要发挥“摸着石头过河”的智慧。对存在的争议需要公开，鼓励更多的社会公众参与改革。

第四，健全公职人员的激励和约束机制，真正实现“非禁即入”的管理模式。促进政府放权，同时，真正实施事后监管措施，着力提高社会效率。需要调动公职人员的积极性，真正投入到事后的监管之上，降低改革后的风险。

第五，提高执行力，将既有的政策和措施落到实处。改革的政策举措同样面临如何最终落地的问题，一方面，需要各级政府部门主动落实；另一方面，需要更多的约束机制。在机制设计上，要考虑政策是否能得到真正实施；从激励和约束两个层面，更客观地研究改革的措施能否得到真正实施和应用，强化决策的科学性。

第十三章 “十二五”改革评估(2011—2015年)及深化改革的战略选择

改革及对改革的评估都非常重要。从长期发展角度看，改革作为制度创新具有重要的作用，制度创新是中国获得长期稳定发展的关键。同时，改革是个长期的过程，需要对这种制度变迁本身进行跟踪研究，以有针对性地寻找存在的突出问题，在此基础上才有可能推进改革和制度创新。

我们采取主观与客观相结合的办法，尽可能减少随意性，对整体目标、具体措施、实施效果等进行多层面的评价，从而尽可能揭示改革的进展，并据此揭示存在的问题。

首先，对“十二五”规划设定的目标进行一一评估，看有无相应的变化；其次，特别注意有无显著的跳跃，研究发现，在过去的五年中，我们特别需要注意的是，改革出现了跳跃性的变化——十八届三中全会提出了全面深化改革的目标，这使改革出现了巨大的跳跃，因而我们侧重比较“十二五”规划与十八届三中全会在目标和措施上的变化；再次，在具体措施上，我们对照条款，采取主观和客观相结合的办法，进行逐一评估，侧重看有无相应的措施出台，从而衡量改革的具体进展；最后，在效果上，我们更多地采取了主观评价的办法，结合“十三五”规划建议，特别分析改革难以推进的原因，并提出相应的建议。

一　“十二五”规划设定的改革整体目标基本完成

由于“十二五”规划的改革目标较为模糊，多为“积极推进”“探索建立”“继续深化”“完善”等，量化指标少，总目标较少且较抽象，因而整体完成情况良好。

十八届三中全会通过了《中共中央关于全面深化改革若干重大问题的决定》，提出了60项、336条改革任务。改革力度之大、范围之广，超乎预期。还设定了在2020年改革取得决定性成果的时间表，并成立了以习近平总书记为组长的中央全面深化改革领导小组。改革成为当前的中心任务。

这意味着，改革的时间点发生跳跃，改革先慢后快：十八届三中全会之后，“全面深化改革”已成为各项工作的重心，改革目标更为系统和全面，“中央深改小组”对改革的推进起着重要的制度性的保障作用。全面深化改革的总体方案不断推出，改革的速度在顶层设计上加快。

二　改革的完成情况良好

对照“十二五”确定的六大改革领域，出台了不少措施和方案，大体达到期初设定的要求，具体包括：

（1）基本经济制度的改革稳步推进。国企改革和非公经济等都有较大进展，基本实现了《“十二五”规划纲要》的相关目标。撤销了铁道部，设立铁路总公司。电力、林场等领域，出台了具体的改革方案。十八届三中全会之后，分类改革和混合所有制改革等改革方案相继出台。

（2）行政体制改革成绩斐然，亮点较多，行政审批方面改革取得了超预期的成绩。在简政放权、转变政府工作方式上，取消和下放了大量行政审批事项，建立了权力清单。十八届三中全会之后，行政审批改革和商事制度改革明显加速。

（3）财税体制改革上，取得了较大进展。财税体制改革的总定位，从有利于“转变发展方式”升格为“国家治理的基础和重要支柱”。进展最大的是预算管理体制改革，新预算法以立法形式确认了政府收支体系的四个组成部分。税制改革有了较大进展，没完成的是个人所得税、房地产税和赋予地方政府税政权等。在政府间财政分配关系改革方面，主要完成了转移支付制度改革、省以下财政管理体制，政府债务管理体系有了进展，而分税制较滞后。

（4）金融体制改革上，原定目标基本完成，在利率市场化和人民币国际化等方面有不错的表现。三大政策性银行的改革方案获批，邮政储蓄银行完成股改，存款保险制度正式实行。民营银行顺利开设。金融市场改革上，IPO 注册制改革在争议中推进。存款保险得以实施，利率市场化改革基本完成。

（5）资源价格改革，稳步推进。先后推出了居民阶梯电价、阶梯水价、阶梯气价等政策。电力体制改革相继发布了相关配套文件。

（6）教育改革，有所进展。义务教育的相关改革有不少超预期成果，比如实行义务教育免试就近入学政策、取消择校费、农民工子女随迁入学等。但是高中教育的普及没有实质进展，高校行政化没有明显好转。

整体而言，我们对“十二五”改革方面的总评价是，初设的目标基本完成，目前的改革目标已经发生重大变化，改革正在提速。

三 改革的效果及当前存在的突出问题

从效果看，改革的成效尚未充分发挥出来，全社会参与改革的积极性需要进一步提高，这部分导致了当前经济艰难的格局。改革已经进入“深水区”，不再是帕累托改进，必然受到阻力。我们认为，改革效果不突出的主要原因可归结为三点：官员不作为、基层和民间对改革缺乏积极性、决策部门对稳增长和促改革的短期取舍。

（1）地方和基层官员参与积极性有待提高，改革需要强化落实。旧的激励体制破除了，而新的机制还未建立，这就是当前官员不作为的制度原因。同时，法制不健全、权责不对应的现实，致使行无定则、违规施政成为权力运行的普遍现象，而在反腐高压态势下部分官员产生了不求有功、但求无过的消极心态。需要强调的是，反腐败不是官员不作为的根本原因，而是理顺官员激励的第一步。反掉了腐败分子不是最终的目的，如何让有能力的清廉官员脱颖而出，才是提升政府治理水平的关键。

（2）基层和民间对部分改革的共识需要提高，减少预期的模糊。一些改革只有大纲没有细则，难以落实。即便出台了指导意见，也可能存在各个地方政府有不同的理解、各个学者有不同的解读现象，例如国地税是否合并。还有改革的焦点会时常变化，时强时弱，具有一定的政治周期性，焦点领域经常变换不利于深入落实。比如，行政体制改革和市场化改革成功，很大程度上取决于政府的长期关注和不断落实。而且，一些领域的理论创新滞后，以至于没有形成足够的合力去推动改革。导致很多改革方案的推进还没有触动利益集团之前就搁浅了。例如，如何在国企的公司治理结构中内生化党的领导，还需要理论创新和突破。

（3）稳增长与改革的权衡。改革是长期任务，而稳增长是短期目标。“十二五”期间，尤其是十八届三中全会后，“重发展、轻改革”“重政策调整、轻制度创新”的局面明显改善，但是仍然存在。有学者甚至认为，政府是在用调控来代替真改革，其根本原因是不愿意退出市场。例如，从市场化改革角度看，理应打破刚性兑付、淘汰“僵尸企业”和过剩产能，但地方政府可能会做出相反的选择。从当前改革来看，一方面，中国经济处于增速下滑的状态，需要谨防经济增长出现“断崖式”下跌。另一方面，改革仍然充满了纠结，国企改革、自贸区、“一带一路”等改革措施还没有看到显著的阶段性成果。由此，如果继续向前推进，短期内似乎就和保增长的政策目标存在冲突。

总的来看，改革深层次的问题依然突出存在，改革红利尚未发挥出来。

四 “十三五”规划中推进改革的建议

“十三五”期间，需要通过更务实的制度安排和具体举措，进行更好的制度设计，更好地实现制度创新。“十三五”规划需要处理好改革与增长的长短期权衡。改革与发展中需要做更全面的部署，以更大的决心推进改革，减少改革过程中的不确定性。在改革方案的实施和具体措施的落实上，还需采用激励和约束机制设计。

第一，“十三五”规划中需要强化改革的内容和分量，发展需要改革来推动。需要彰显改革和制度创新的重要性和必要性。

第二，依托“十三五”规划，落实改革举措。将各项改革目标和方案贯穿到“十三五”规划之中，强化事中和事后评估。

第三，“十三五”规划的改革目标要细化、量化、减少含糊之处、增强责任归属。一方面，明确制度规则、制定改革的配套文件，不能使用含糊表述。另一方面，因地制宜，允许地方进行差别化探索。要明确改革的具体量化指标和时间表，同时给予备选方案，让各地既有硬性约束，又有自发创新的弹性动力。

第四，鼓励创新，允许试错，调动各层级的积极性。对改革试错与腐败要区别对待。在强调追责的同时，还要注意保护改革者，充分保护好党员干部干事创业的积极性。加大改革实绩考核权重。

第五，明确制度规则，减少中间模糊地带。制度创新具有一定的不确定性，需要推进研究制度创新的具体方案，减少含糊之处。

第六，提高社会信心，提升公众对改革的预期。改变当前对改革的观望态度，让更多公众积极支持和参与改革。

第十四章　本轮财税体制改革进程评估（2013—2016年）

一　引言

本章所称之“本轮财税体制改革”，专指自2013年11月12日中共十八届三中全会通过《中共中央关于全面深化改革若干重大问题的决定》（以下简称《决定》）以来推进的中国财税体制改革。

关于本章的主题，有必要作如下几点特别说明：

第一，全面而系统地评估本轮财税体制改革，并非本章的任务。鉴于改革尚在持续，能够且应当进入本章评估视野的，仅在于其“阶段性成果”——已推出的改革举措及其实际效应与设定的改革目标之间的关系。

第二，从2013年11月12日中共十八届三中全会通过《中共中央关于全面深化改革若干重大问题的决定》算起，迄今本轮财税体制改革已持续3年。即便以2014年6月30日中共中央政治局审议通过的《深化财税体制改革总体方案》（以下简称《总体方案》）为标志，围绕它的实质性操作也已两年有余。注意到本轮财税体制改革事实上已经进入倒计时——按照《决定》和《总体方案》的要求，2016年基本完成改革重点工作和任务，2020年基本建立现代财政制度，同时注意到本轮财税体制改革也在事实上扮演了全面深化改革的“探雷器”或“先行军”角色，在总结、梳理过去3年来本轮财税体制改革轨迹的基础上，对其取得的阶段性成果做出恰当的评估，从而调整、规划好下一阶段改革的后续安排，确保改革目标的最终实现，其意义自不待言。

第三，本章所进行的评估，有两个参照系。其一，中共十八届三中全会《决定》关于深化财税体制改革的总体部署。其二，中共中央政治局审议通过的《总体方案》。前者界定了推进现代财政制度建设的基本目标，后者明确了实施财税体制改革的具体任务。

第四，本章所做的工作，是在第三方评估的名义下进行的。这里所说的第三方，意在强调评估的独立性和科学性。这意味着，独立于形态各异的既得利益，始终站在关乎党和国家事业发展全局的立场上，客观、冷静、不受干扰地做出分析和判断。并且秉承学术思维，始终以科学的理论和方法为依据，坚持以数据和事实说话，为党和国家的相关决策提供学理支撑和方法论支持，是本章始终坚守并一以贯之的信念。

本章的基本结构是，根据《决定》和《总体方案》，明确界定现代财政制度应具备的基本特征；以此作为评估的基本标准，深入到财税体制的各个子领域，依次评估本轮财税体制改革所涵盖的三方面内容——预算管理制度改革、税收制度改革和财政体制改革；综合三个方面的改革内容，对作为一个整体的财税体制改革及其同其他领域改革的关系作综合评估。以此为基础，提出进一步推进财税体制改革的针对性建议。

二　评估标准的界定：现代财政制度的基本特征

评估，自然要从标准的界定入手。这个标准，自然是预先设定的改革目标。如果把标准换称为标尺，对于本轮财税体制改革的进展状况，是要以改革目标作为标尺来测度的。

从历史上看，无论古今中外，基于不同背景、在不同时期或不同阶段而进行的财税体制改革，其目标有所不同甚至大不相同。有别于以往中国历史上的历轮财税体制改革，本轮财税体制改革所设定的目标究竟是什么？

（一）理念、思想和战略大不相同于以往的改革

不妨从《决定》有关财税体制改革目标的阐述说起：财政是国家治理的基础和重要支柱，科学的财税体制是优化资源配置、维护市场统一、促进社会公平、实现国家长治久安的制度保障。必须完善立法、明确事权、改革税制、稳定税负、透明预算、提高效率，建立现代财政制度，发挥中央和地方两个积极性。

上述这段话，至少揭示了本轮财税体制改革大不同于以往财税体制改革的三个重要方面和突出特点：

1. 从国家治理全局高度布局的财税体制改革

以往的财税体制改革，大多是在财政是一个经济范畴、财税体制是经济体制的一个组成部分的认识基础上布局的。本轮财税体制改革，则是在将财政作为一个国家治理范畴、财税体制作为国家治理体系的一个组成部分的认识基础上布局的。由经济范畴到国家治理范畴、由经济体制的一个组成部分到国家治理体系的一个组成部分，这一十分重要而深刻的变化意味着，财税体制改革已经被提升至国家治理全局的高度加以定位。将财税体制改革融入全面深化改革进程，在经济、政治、文化、社会、生态文明等各个领域改革的联动中，推进国家治理体系和治理能力的现代化，是本轮财税体制改革应当也必须追求的目标。

2. 从发挥基础性和支撑性作用高度布局的财税体制改革

以往的财税体制改革，多是基于财政和财税体制在经济领域的功能定位——优化资源配置、调节收入分配和促进经济稳定——来布局的。本轮财税体制改革，则在分别赋予了财政和财税体制“国家治理的基础和重要支柱”以及“优化资源配置、维护市场统一、促进社会公平、实现国家长治久安的制度保障”的全新功能定位基础上布局的。脱出经济领域的局限而伸展至国家治理的层面发挥作用，这一十分重要而深刻的变化意味着，财税体制改革已经第一次从根本上被摆

正了位置。站在国家治理的总体角度，将财税体制改革作为国家治理的基础性和支撑性要素加以打造，在推进国家治理现代化的进程中发挥其基础性和支撑性作用，是本轮财税体制改革应当也必须追求的目标。

3. 从全面认知现代财政文明高度布局的财税体制改革

以往的财税体制改革，多立足于财税体制的属性特征，以建立适应社会主义市场经济体制的财税体制基本框架为出发点和归宿。本轮财税体制改革，则立足于现代国家财政的一般制度形态，以建立匹配现代国家治理的现代财政制度为出发点和归宿。在关注属性特征的基础上进一步强化其时代特征，破天荒地以“建立现代财政制度”作为改革的目标，这一十分重要而深刻的变化意味着，财税体制改革已经第一次被放在了同现代财政文明无缝对接的平台上。根据人类历史发展的规律，按照现代财政制度的要求布局财税体制改革，从而实现财税体制的现代化，是本轮财税体制改革应当也必须追求的目标。

（二）扭住现代财政制度建设这个“牛鼻子”

其实，从国家治理全局高度布局也好，从发挥基础性和支撑性作用高度布局也好，从全面认知现代财政文明高度布局也罢，本轮财税体制改革大不同于以往的理念、思想和战略，都可凝结并落脚于“建立现代财政制度”这一大不同于以往的改革目标。围绕本轮财税体制改革的这些新理念、新思想和新战略，标志着中国财税体制改革进入了一个新的历史阶段。

认识到本轮财税体制改革大不同于以往任何一轮财税体制改革非常重要，它提醒我们，面对财税体制改革的阶段性变化，应当也必须以大不同于以往的新理念、新思想和新战略，将本轮财税体制改革的评估落实到现代财政制度建设进展状况的分析和判断上。

这意味着，告别传统意义上的财税体制改革套路，紧紧扭住现代财政制度建设这个“牛鼻子”，清晰归结现代财政制度的基本特征并由此深入到现代财政制度的各个组成部分——在财税体制各子领域的具体表现，可能是界定本轮财税体制改革评估标准的不二选择。

（三）现代财政制度的基本特征

问题是，该如何理解并把握现代财政制度的基本特征？

由上述的讨论可以看到，现代财政制度是在全面深化改革背景下、立足于完善和发展中国特色社会主义制度，推进国家治理体系和治理能力现代化总目标而形成的概念。匹配国家治理现代化的进程，打造现代国家财政的一般制度形态，系现代财政制度建设的题中应有之义。也就是说，现代财政制度的主要立足点是落在财税体制的时代特征上的。它意在强调，只有跟上人类文明发展进程的现代财税体制而非具有其他别的什么方面特点的财税体制，才是可以与国家治理现代化相匹配的。一个合乎逻辑的判断便是，现代财政制度的基本特征，须从现代国家治理与现代财政制度相辅相成、彼此依存的关系中理解和把握。

正如当年定位于建立现代企业制度目标的国有企业制度改革需要以现代化的企业制度作为参照系一样，在新的历史起点上，作为现代财政制度建设的参照系，当然是当今世界范围内具有现代意义的财政制度一般形态。其中，既有典型市场经济体制国家的成功做法，也有体制转轨国家的经验教训，更包括中国自身财政改革与发展过程中特别是围绕公共财政体制建设所积累下的深刻体会。

正是基于如此的认识，《总体方案》对于现代财政制度做出了如下描述：建立统一完整、法制规范、公开透明、运行高效，有利于优化资源配置、维护市场统一、促进社会公平、实现国家长治久安的可持续的现代财政制度（楼继伟，2014）。

这是一个非常重要的关于现代财政制度基本特征的理论概括。以此为基础，作为本轮财税体制改革的评估标准也好，作为现代财政制度的建设标准也罢，均可以也应当从如下四个方面入手：是否有利于“优化资源配置”？是否有利于“维护市场统一”？是否有利于“促进社会公平”？是否有利于“实现国家长治久安”？

进一步看，本轮财税体制改革涵盖了三个方面的改革内容——预算管理制度改革、税收制度改革和财政体制改革，它们分别构成财税体制的不同子领域。作为一个整体的现代财政制度的基本特征，自然要落实到财税体制的子领域，并通过各个子领域的具体特征表现出来。如果把现代财政制度的基本特征称为目标导向，那么，其在不同子领域的具体特征则可以在目标导向和问题导向相统一的基础上加以归结。

（四）重点关注三个方面内容

鉴于此，结合《决定》和《总体方案》部署的改革任务以及我们对现代财政制度建设目标的理解，本书对于本轮财税体制改革进展状况的评估，将重点关注如下三个方面内容：

1. 改革框架是否立起来了

主要是看《决定》和《总体方案》所部署的各项财税改革任务，是否按照既定时间表推进，相关制度文件是否已出台，各项改革任务之间是否相互协调，相互支撑，各领域的现代财政制度基本框架是否初步立起来了。

2. 具体改革方案的设计是否符合建设现代财政制度的方向

主要是看各项具体改革方案的设计，改革方案的出台方式，是否体现出上述现代财政制度应具备的若干基本特征。

3. 财税体制改革对整体改革的支撑作用发挥得如何

主要是看已出台的各项改革政策，是否能有效落地，是否能有效促进国家治理现代化，对于其他领域的改革能否发挥支撑作用，能否服务于党中央和国务院确立的当前重大战略任务。

三　预算管理制度改革：进展与问题

（一）改革目标：建立“全面规范、公开透明”的现代预算管理制度

作为现代财政制度的一个重要组成部分，预算管理制度的改革当然要指向现代预算制度。以现代预算制度为镜鉴，可以发现，现行预算管理制度所存在的主要问题，就是“不公开、不透明，不适应国家治理现代化的要求”。在目标导向和问题导向相统一的基础上，《决定》和《总体方案》为预算管理制度改革设定的目标是：建立“全面规范、公开透明”的现代预算管理制度。

这一目标至少包括如下四层含义：其一，将政府收支行为及其机制纳入法治轨道，从财政上将权力关进制度笼子，建设法治国家。其二，将政府的所有经济活动全面纳入人大、社会监督的视野中，实现对行政权力的授权问责功能（OECD，2004；高培勇，2014）。其三，注重提升财政资金绩效，包括财政资金的配置效率和管理效率。其四，控制国家财政风险，避免财政风险衍生出金融风险、社会治理风险，实现国家长治久安。

（二）改革进展：初步搭建了现代预算管理制度基本框架

围绕现代预算管理制度建设，纳入本轮改革的内容共有七项：改进年度预算控制方式、完善政府预算体系、建立透明预算制度、加强预算执行管理、完善转移支付制度、规范地方债务管理和规范税收优惠政策。

相对而言，预算管理制度改革动手最早、力度最大，是本轮财税体制改革推进最快、成效最为显著的领域。其中，最重要的进展是2015 年正式实施了新修订的《预算法》。据此草拟的新《预算法实施条例》，正在公开征求意见。与新《预算法》相配套，国务院相继公布了《关于加强地方政府性债务管理的意见》（国发〔2014〕43 号)、《关于深化预算管理制度改革的决定》（国发〔2014〕45 号)、《关于批转财政部权责发生制政府综合财务报告制度改革方案的通知》（国发〔2014〕63 号)、《关于改革和完善中央对地方转移支付制度的意见》（国发〔2014〕71 号)、《关于实行中期财政规划管理的意见》（国发〔2015〕3 号）等文件。中共中央办公厅转发了《关于改进审计查出突出问题整改情况向全国人大常委会报告机制的意见》。根据这些改革任务，财政部也出台了相关文件。

具体说来，可归结为如下几个方面的进展：

1. 现代预算管理制度的若干基本理念得以确立

明确了制定预算法的目的在于规范政府收支行为，强化预算约束；明确了政府的全部收入与支出都须纳入预算管理，接受监督；明确了政府的全部收入与支出都须规范透明；明确了经全国人民代表大会批准的预算，非经法定程序，不得调整等。

2. 以四本预算构建的全口径政府预算体系得以建立，预决算公开透明取得一定成效

建立了定位清晰、分工明确，以四本预算为主体的政府预算体系，并明确了相互间的连通机制；16 项政府性基金已纳入一般公共预算管理，国有资本经营预算调入一般公共预算的力度逐步加大；预决算公开要求进一步细化，公开力度进一步加大；新《预算法》进一步明确、细化了人民代表大会及其常委会在预算编制、审查和批准、执行以及调整等方面的程序和权限，加大了人大监督力度。

3. 多项具体制度改革有序推进

建立跨年度预算平衡机制，财政部研究编制 2016—2018 年全国财政规划，并在水利投资运营、义务教育等 5 个领域开展 3 年滚动规划试点；权责发生制政府综合财务报告制度相关细则已公布，2016 年进入试点编制阶段；加大一般性转移支付比重，特别是增加对革命老区、民族地区、边疆地区、贫困地区的转移支付；修订公布了新的专项转移支付管理办法，注重从源头抓起，明确了专项转移支付项目设立、调整和退出等规定，并已出台规定强化对专项转移支付的绩效管理；建立审计查出突出问题整改情况向全国人大常委会报告机制，2015 年年末已首次进行报告审议；清理规范重点支出同财政收支增幅或生产总值挂钩事项等，已建立相关制度。这些改革举措，均是针对中国预算管理制度中存在的现实问题，遵循现代预算管理制度的一般要求进行顶层设计，且已实质推进并取得一定的成效。

4. 地方政府债务管理体系及风险预警制度得以建立

新《预算法》及相关配套文件均规定，地方政府可以举债，但必须采取政府债券方式。要求剥离融资平台公司的政府融资职能，正在抓紧出台相关政策推动其市场化转型。地方政府债券分为一般债券、专项债券两类。同时对地方政府年度发债限额、审批程序、资金用途、预算管理、风险管理做出了明确规定。2015 年顺利发行新增地方政府债券 6000 亿元，置换发行 3.2 万亿元；2016 年，全国人大批准

新增地方政府限额11800亿元，置换发行5万亿元。建立健全债务风险预警和应急处置机制，综合运用债务率、偿债率、逾期率等指标，组织评估了截至2014年年末各地级政府债务风险情况，督促高风险地区多渠道筹集资金化解债务风险。改革夯实了地方政府债务规范管理的工作基础，减少了地方政府债务利息负担，在一定程度上防范和化解了地方政府债务风险。

5. 推出税收优惠政策规范方案，但中途搁浅

清理规范税收优惠方案曾于2014年年底推出，但受稳增长压力较大等因素的制约，出台不久即被叫停。国发〔2015〕25号文明确规定，税收优惠政策相关清理规范工作暂缓进行。

（三）问题分析：尚在起步阶段的“在建”工程

以现代预算制度的原则反观现今的改革进程，可以发现，在此领域，尚有若干“老大难”问题需要解决，也面临财政管理基础薄弱的硬约束，更有沿袭已久的既得利益格局亟待攻破。对照《决定》和《总体方案》提出的各项改革任务，应当承认，迄今的预算管理制度改革尚在起步阶段，在很大程度上尚属“在建”工程。

1. 四本预算的统筹综合尚不到位，新《预算法》未能彻底攻破“土围子”

全面性、一致性，是现代政府预算应遵循的基本原则，要求将所有政府收支按照“统一”的标准纳入预算管理（OECD，2004）。按照这一原则，新《预算法》明确了四本预算各自的编制要求，提出加大统筹力度，建立有机衔接的预算管理体系。但一旦从原则层面深入到操作环节，则会发现，四本预算之间的有机衔接远未实现；四本预算未能综合成一本预算，且管理标准各异。

比如，在“规范政府收支行为，强化预算约束”的旗帜下，新《预算法》虽明确了“预算包括一般公共预算、政府性基金预算、国有资本预算、社会保险基金预算”，但具体到预算收支范围，一般公共预算可以细化到类款项目，其他三本预算则大而化之，以“政府性基金预算、国有资本经营预算和社会保险基金预算的收支范围，按照法律、行政法规和国务院的相关规定执行”等相当模糊的语言，草草

收尾。这显然是在延续以往照顾既得利益的“区别对待”管理套路，也为非一般公共预算延续以往的非规范化操作留下了空间。

再如，部分政府性基金虽已纳入一般公共预算，但分属于各个政府职能部门、单独管理的资金依然是“大头儿”。按照要求，国有资本经营收益的30%应上缴到一般公共预算，主要用于社会保障和民生类支出。但目前纳入国有资本经营预算的国有资本经营收益仅有10%左右，国有资本经营预算也仅有极少部分用于社会保障和民生类支出，其余大部分系体内循环。按 2014 年数据测算，真正被统筹用于一般公共预算或社会保险基金预算的支出数，占全部国有资本经营支出的比重仅为12.1%。

又如，四本预算之间未实现有机衔接且缺乏四本合一本综合预算，阻碍财政资金的配置效率仅是其负面影响的表现之一，除此之外，更重要的是阻碍了宏观调控的政策效果。在当前经济下行压力日趋严峻、亟待实施精准调控的形势下，按如此格局操作，不仅难以准确评估我国财政收支实际状况，也使精确制定财政政策、把握财政政策的松紧与力度存在相当困难。一个突出的例子是，当前人们所说的“财政赤字”，只是一般公共预算的收支差额，并不涉及其他三本预算的收入和支出。因而，在我国，迄今并没有一个覆盖全部政府收支的“财政赤字”概念。

2. 公开透明还需强化顶层设计

预算公开透明既是现代预算管理的基本原则，也是本轮财税体制改革的重要理念与要求，更是促进改革落地、完善国家治理的基础性制度安排。需要注意的是，公开不等于透明，预算透明是更高一层级的要求。从当前现状来看，预算公开尚不充分，公开的部分离透明预算尚有距离。

预算公开不充分的主要表现为，虽然新《预算法》明确了公开的标准，但部分政府收支并未达到这一要求，或者遵守的标准并不一致。更为重要的是，地方政府缺乏主动公开的意识，往往是仅仅满足于法律的最低要求。同时，法律要求本身存在漏洞，并不能帮助实现透明预算。例如，预算公开仅满足于资金信息，未要求公布与财政支出相关的若干基础信息，如人员、项目等；预算公开要求仅适用于2015年之后，未对过去的预算和决算安排有回溯公开的要求。由此，无法满足社会各界监督问责政府及各部门的需求。

3. 表外信息有待丰富

预算报告应当充分体现政府的经济活动。发达国家的预算报告中，均有若干附录以表外信息的方式，披露在正式预算表格中难以包含的内容。我国的预算报告，除若干预算表格外，仅有部分对表格进行解释性说明，缺乏表外信息（王秀芝，2015）。从我国的现状看，至少亟须发展两类表外信息：

其一，债务与资本性支出预算。中国政府与市场边界不清的主要表现是各类资本性支出及报告基础设施建设支出与各类产业支持支出。与其他国家比较，中国财政的特殊之处也是资本性支出规模庞大，2012年依然高达39%，远高于OECD国家的10%左右（Wang Dehua，2015）。但是，在预算管理上未给予特殊关注。地方政府债务风险广受关注。在我国基础设施建设尚处于高峰期的国情下，允许地方政府举债融资非常有必要。控制地方政府债务规模和风险，必须和控制基础设施建设类资本支出的规模和风险结合起来。按现有制度规定，地方政府债务分为一般债和专项债，分别纳入一般公共预算和政府性基金预算。从长远来看，这种制度安排既将政府债务割裂开来，又不将其与债务资金的使用相结合，不利于从整体上分析、控制资本性支出和举债融资的规模、结构。

其二，税式支出预算。我国现实的税收优惠几乎涉及所有税种，产业税收优惠政策以及区域税收优惠政策繁多，其对应资金量较大，且管理部门化。高培勇、毛捷（2013）的研究表明，2007年中国仅两类间接税（增值税和营业税）的税收优惠总规模窄口径均超过2.2万亿元。这一状况出现的原因，除前期控制不严外，也与缺乏一个统一的制度来管理税收优惠有关。从国际上看，很多国家均推出税式支出预算管理制度，用于管理税收优惠政策。税式支出预算应作为预算报告的表外信息向人大和社会公布，这方面我国应向发达国家学习。

4. 地方债管理制度设计尚需优化

按照新《预算法》规定，由全国人大确定地方债总额度，仅省级政府有公开发行地方债券的资格。这相当于将原来省、市、县均有的通过地方融资平台举债决策的权力，集中到几十家省级单位。地方债管理制度还有若干环节亟待优化。

其一是发债额度的合理确定与分配，如何平衡风险控制与满足地方实际需求。额度过高，地方政府举债过多，加大债务风险；额度过低，满足不了地方政府的资金需求，影响经济发展和民生改善。额度按照何种规则分配到省级政府，省级政府又按照何种规则将债务资金分配到地市县级政府，将会直接引导各级政府的行为。因此，如何科学测算地方债的总额度，如何设立额度分配规则以激励约束地方政府，是地方债制度有效运行的重大挑战。

其二是发债权集中到省级政府，是由分散决策转向集中决策，固然有便于控制风险、加强规范管理的优点，但也可能存在管理链条过长、债务资金配置低效、不符合地方实际等问题。省级人大和政府如何担负起相应管理责任，在新《预算法》的法律框架下，如何创新制度安排，既能有效控制风险，又能有效满足下级政府的资金需求，是一个有待地方积极探索的课题（汪德华，2015a）。

其三是地方债的长期发展前景未明确，社会预期混乱。各地地方债是一直滚动运行下去，还是在一定时期内全部偿还？是最终转化为中央政府债务，还是由各地自我消化？有关地方债的长期制度安排未明确，导致社会预期混乱。

其四是地方融资平台的清理规范尚不到位，一些新型的类财政债务资金，如国开行、农发行的开发性金融，特别是专项建设基金，其性质如何界定？对于政府债务的长期影响如何？这些问题都急需评估。

5. 预算和财政管理基础尚待夯实

若干新推出的预算管理制度改革措施，需要良好的预算和财政管理基础与之配套，难以单兵推进，否则易出现改革理念先进而实质效果不佳问题。如政府综合财务报告，需要以权责发生制的政府会计替代预算会计为支撑。从多地调研来看，预算基础数据不全面，很多信息没有反映出来，当前的改革仅是调账，而非系统性的改革。再如中期预算制度、预算绩效管理、清理规范重点支出同财政收支增幅或生产总值挂钩事项等领域，同样存在相关管理基础薄弱，政府治理模式不相适应等问题。

四　税收制度改革：进展与问题

（一）改革目标：建立“公平统一、调节有力”的现代税收制度

与前文同理，作为现代财政制度的一个重要组成部分，税收制度的改革当然要以现代税收制度为目标指向。以现代税收制度为镜鉴，立足于当前中国所处的发展阶段和面临的主要矛盾，可以确认，现行税收制度迫切需要解决的核心问题，就是“不健全、不完善，不利于促进社会公平”。正是基于这一判断，在目标导向和问题导向相统一的基础上，《决定》和《总体方案》为税收制度改革设定的目标是：建立“公平统一、调节有力”的现代税收制度。

这一目标至少包括如下四层含义：其一，对接现代税收文明，在以往相对重视税收效率的基础上，注重公平与效率之间的平衡，将税收负担分配的公平、公正纳入税制建设视野。其二，对接现代税制结构，在以往相对重视税收总量的基础上，注重税制结构优化，将优化税收结构作为税制改革的主要目标。其三，对接现代税收治理，在以往相对重视税收中性的基础上，注重中性和非中性的统一，将加强税收的调节作用摆在税制建设的突出位置。其四，立足当前中国收入、财产分布不均问题的现实，税制改革亟待以促进社会公平正义的行动，实现国家良治（高培勇，2015a）。

（二）改革进展：间接税改革相对顺利，直接税改革相当缓慢

围绕现代税收制度建设，纳入本轮改革的内容可归结为“六税一法”，即启动六个税种的改革，包括属于间接税的增值税、消费税、资源税、环境税，属于直接税的个人所得税、房地产税等。同时，配

合相关改革，修订《税收征管法》。

迄今为止，已经取得的进展有：

1. “营改增” 全面推开

自 2012 年启动的“营改增”试点，到 2016 年 5 月 1 日在全国范围内全面推开，建筑业、房地产业、金融业、生活服务业等全部营业税纳税人均纳入试点范围，由缴纳营业税改为缴纳增值税，营业税正式退出历史舞台。“营改增”的全面推开，标志着 1994 年税改遗留下来的增值税“扩围”和“转型”两大改革任务均已完成，有利于减少市场扭曲，促进服务业发展。与国际主流接轨且有中国特色的现代增值税制度，已渐入定型阶段。这是迄今为止最大规模的税制改革行动。

2. 资源税改革顺利推进

2014 年，全国实现煤炭资源税从价计征改革，并调整了原油、天然气资源税适用税率。财税〔2016〕53 号文明确规定，自 2016 年 7 月 1 日起，全面推进扩大资源税征收范围、清费立税、从价计征改革。改革要求在河北省启动水资源税试点；各地根据实际情况逐步将森林、草场、滩涂等资源纳入资源税范围；实施矿产资源税从价计征改革；同步全面清理涉及矿产资源的收费基金，理顺资源税费关系。①资源税改革将有效发挥税收杠杆调节作用，促进资源行业持续健康发展，推动经济结构调整和发展方式转变。

3. 消费税征收范围逐步拓展

2015 年，电池、涂料被列入消费税征收范围；其后三次提高燃油消费税税负，引起了社会的广泛争议（汪德华，2015b）。

4. 税收征管体制机制改革已经启动

《税收征管法》修订稿正在公开征求社会意见，中办国办印发的《深化国税、地税征管体制改革方案》已正式向社会公布，明确了国税、地税合作不合并的改革方向，要求理顺征管职责划分，创新纳税服务机制，转变征收管理方式。

---

① http://szs.mof.gov.cn/zhengwuxinxi/zhengcefabu/201605/t20160510_1984605.html.

总体来看，《决定》和《总体方案》部署了“六税一法”改革任务，“营改增”、资源税改革任务接近完成；消费税改革部分启动，但主要改革任务方案尚未出台；税收征管体制改革已启动，但法律修订工作尚未结束；环境税、个人所得税、房地产税三个税种尚处于改革方案制定阶段。

（三）问题分析：“跛脚”式推进状态下的“卡脖子”工程

本轮税制改革相对于以往历轮税制改革的最重要变化，是以“稳定税负”为前提“逐步增加直接税比重”。这意味着，它的推进路线是通过“此减彼增”——减少间接税比重、增加直接税比重，实现税制结构的优化。若将间接税和直接税分别视作本轮税制改革行动的两翼，可以非常清晰地发现，迄今为止，在为期三年的税制改革进程中，“两翼”的行动规模和频率颇不均衡。间接税一翼的“营改增”、资源税改革已陆续启动，但直接税一翼的个人所得税、房地产税改革则基本未有实质进展。

“两翼”改革行动的“跛脚”状态，不仅直接阻碍着本轮税制改革的推进进程和目标实现，而且肯定难以持续下去，从而形成“卡脖子”工程。细究起来，这种境况的形成，同中国的税情、国情特点密切相关。

1. 认识上的盲区

由于历史以及其他方面的原因，在当前的中国，不少人往往只知有直接税，鲜知有间接税。即便在所谓社会精英层，与此相关的例子也比比皆是。比如，曾有政协委员将馒头售价中含有13%的增值税当作重要发现而发出质疑之声，更曾有人大代表多年来一再将提高个人所得税的所谓“起征点”当作几乎唯一的涉税议题而提交“两会”。再如，作为迄今本轮税制改革中动作最大、涉及现实中国第一大和第三大税种的“营改增”，对于经济社会发展和国家治理现代化建设的意义显然不容小觑。但它所引致的关注度，不仅远远低于现实中的个人所得税所谓“起征点”，而且远远低于尚在议论中的房地产税。

2. 理念上的误区

同样是由于历史以及其他方面的原因，在很多人眼中，甚至包括部分官员和学者，常常把间接税比重高当作中国税收制度的优越性一味推崇。正是在这样的理念误区中，不仅以往税制改革的顺利推进被解释为间接税比重高的结果，前些年税收收入的高速甚至超高速增长被归结为间接税比重高的好处，就连中国税收收入的稳定性和可靠性，也被同间接税比重高挂上了钩。间接税既然被“高看”到如此地步，直接税的优点自然难以进入视野。即便勉强进入了，也难以被摆上相应位置，更难以与间接税比肩而行。

3. 税制安排上的惯性

对于纳税人而言，直接税的征收形同“割肉”，间接税的运作常在不知不觉之中，这几乎是人所共知的有关直接税和间接税特性差异的基本常识。不过，除此之外，在当下的中国，还有一种特殊的税制安排发挥着特殊作用。有别于世界通行的间接税税制格局，中国现行的间接税“隐身”于价格背后，税与价混同在一起。税收与价格既然不实行分列，对于间接税的感知便在相当程度上体现为对于商品和服务价格水平的反应。这虽然是从计划经济年代沿袭下来的税制安排，并非是始自 1994 年的现行税制的新做法，但作为一个必然结果，人们对于直接税的变动异常敏感、而对间接税的增减麻木不仁，也属不言而喻之事。

4. 税收征管上的“软肋”

由于历史以及其他方面的原因，中国的税收征管格局一直可用“间接 + 截流”加以概括。所谓“间接”，即是指它基本上只适于征收间接税，而不适于征收直接税。所谓“截流”，即是指它基本上只能征以现金流为前提的税，而不能征存量环节的税。税收征管格局既然存在如此“软肋”，它显然难以适应征收建立在综合制基础上的个人所得税的需要，更谈不上适应征收以存量为基础的房地产税的需要。作为一种自然反应，遇难题而绕道走、因底气不足而不轻易“接盘”，也就不足为奇。

除此之外，部门利益导致彼此之间信息难以共享，也直接制约了征管能力提升。如“金税工程”已开展三期，但国地税之间的征税信息共享依然存在技术难题。在本轮《税收征管法》修订过程中，税收征管政府部门间信息共享的条款遭到了多部门的抵制，即是一个突出的例子。

5. 生不逢时的境遇

天时地利人和，当然是做事成功的必备条件。本轮税制改革的启动恰与经济的持续下行相遇，这也给本来不易的直接税改革徒增了困难。经济的下行，自然带来的是财政收入增速下滑和财政支出增速上扬。反映在财政收支平衡上，就是方方面面吃紧，财政处于紧运行状态。不仅如此，越是经济下行，越是财政困难，就越是需要社会稳定。故而，在此背景下，出于缓解财政收支压力和维护社会稳定的需要，但凡有可能进一步增大减收压力、有可能引致人心浮动的举措，便可能被暂时搁置。

6. “减税之上”的舆论

关于税制改革的宣传基调过于强调减税的政策效果，相对忽视了通过完善税收结构，发挥调节功能以及促进结构性改革方面的效果。由于宣传基调的误区，导致在当前的舆论环境之中，“减税至上”似乎成了衡量所有税种改革的标准。这种舆论环境从多方面制约了税制改革的进程。不仅一些符合《决定》和《总体方案》的改革方向、符合五大发展理念的税制改革遭到了社会各界强烈批评，而且具有增税效果的税制改革难以出台。比如三次调增燃油消费税，虽有助于绿色发展，但社会批评意见很强烈。再如增值税，本应尽可能保持单一主体税率，保持中性，但为了满足所有行业均减税的目标，“营改增”增加了两档主体税率，且为部分行业一再“打补丁”。又如个人所得税、房地产税改革一再“胎死腹中”，迟迟难以启动。

五　财政体制改革：进展与问题

（一）改革目标：发挥中央和地方两个积极性

作为国家治理层面所需处理的基本关系之一，中央和地方关系的调整当然要同国家治理现代化的总目标相一致。作为现代财政制度的一个重要组成部分，财政体制的改革当然要指向国家治理现代化背景下的中央与地方关系新格局。针对现行财政体制所存在的中央和地方关系“不清晰、不合理”的突出问题和主要矛盾，《决定》和《总体方案》以有利于发挥中央和地方两个积极性为目标，勾画了财政体制改革的蓝图。

这一目标至少包括如下几层含义：其一，从国家治理现代化的总目标出发，财政体制改革必须“坚持调动各方面积极性”（习近平，2016），处理好条块之间的关系。其二，立足于发挥中央和地方两个积极性，在当前的中国，尤其要重视发挥地方的积极性。因而，财政体制的设计应高度重视财权划分、事权划分、财力划分、支出责任划分对地方政府激励的影响。其三，处理好中央和地方之间关系的前提，在于厘清政府与市场之间的关系。为此，财政体制的改革和调整，应当注重形成地方政府与中央部门间的纵向制衡机制。通过两者间的纵向制衡，共同维护统一市场的正常运转。

（二）改革进展：推进相对滞后，成效尚待观察

围绕中央和地方政府之间的财政关系，本轮改革所涉及的内容被归结为两个方面：一是进一步理顺中央和地方收入划分；二是在逐步理顺各级政府事权关系的基础上，建立事权和支出责任相适应的制度。

这是本轮财税体制改革中推进相对滞后且成效尚待观察的领域。迄今为止，可以提及的实际进展可归结为如下两项：

1. 公布了《全面推行“营改增”试点后调整中央与地方增值税收入划分过渡方案》

2012 年“营改增”试点以来，对于原缴纳营业税企业试点后缴纳的增值税，一直采取的是 100% 归地方所有的过渡办法。由此形成的同一税种采取两种办法划分中央地方收入局面，既难以持续，又干扰企业的正常经营。为此，继 2015 年预算报告提出“结合‘营改增’、消费税等税制改革，研究调整中央与地方收入划分”（财政部，2015）之后，2016 年预算报告又一次将“结合税制改革进展，抓紧制订调整中央和地方收入划分过渡方案”写入报告（财政部，2016）。

2016 年 5 月 1 日，此项改革终于落地。国发〔2016〕26 号文明确规定，自 2016 年 5 月 1 日起，作为未来 2—3 年内的过渡方案，以 2014 年为基数，采取增值税增量五五分成的方式重新划分中央和地方收入。[①] 这对于弥补“营改增”后的地方财力亏空，在过渡意义上兼顾中央和地方利益，显然是比较有利的一项举措。

2. 发布了《关于推进中央与地方财政事权和支出责任划分改革的指导意见》

自 2014 年起，几乎每一年的预算报告都载有中央与地方事权和支出责任划分改革的内容，而且操用的表述一年比一年强烈。如 2014 年的提法是“抓紧研究调整中央与地方的事权和支出责任”（财政部，2014），2015 年的提法是“研究提出合理划分中央与地方事权和支出责任的指导意见”（财政部，2015）。2016 年的提法则是“研究推进中央与地方事权和支出责任划分改革”（财政部，2016）。

2016 年 8 月，在社会各界的高度关注下，以国发〔2016〕49 号文《关于推进中央与地方财政事权和支出责任划分改革的指导意见》为标志，在将事权与支出责任聚焦于财政事权和支出责任的条件下，这项改革算是有了一些进展。根据这一指导意见，到 2020 年，要基本完成主要领域改革，逐步规范化、法律化，形成中央与地方财政事权和支出责任划分的清晰框架。[②] 除此之外，它也进一步细化了十八届三中全会关于事权和支出责任划分的原则和要求，提出改革主要聚焦于各级政府运用财政资金提供基本公共服务的“财政事权”，明确并具体说明了强中央、保地方、减共管的改革思路。[③]

（三）问题分析：具体方向尚待明晰下的“拖泥带水”工程

可以看到，在本轮财税体制改革中，至少相对而言，以央地财政关系调整为核心内容的财政体制改革相对滞后，是躲不开、绕不过的基本事实。对于它的成因，是需要认真对待、深刻分析的。

---

① http：//www. gov. cn/zhengce/content/2016 – 04/30/content_ 5069490. htm.

② http：//www. gov. cn/zhengce/content/2016 – 08/24/content_ 5101963. htm.

③ http：//www. mof. gov. cn/zhengwuxinxi/caizhengxinwen/201608/t20160826 _ 2403506. htm.

1. 围绕此议题的改革内容设计尚不够翔实、具体

仔细地体味一下《决定》和《总体方案》的相关表述，便可以看到，涉及预算领域的改革内容也好，涉及税制领域的改革内容也罢，既包括顶层设计和总体规划，也包括实施路径和具体举措。有些内容，甚至细化到了所涉及预决算的编制方法和所涉及税种的构成要素层面。然而，涉及财政体制领域的改革内容，就远不如这般翔实。就央地财政关系调整的两个主要方面而言，无论是“进一步理顺中央和地方收入划分”还是“合理划分各级政府间事权与支出责任”，其内容都是相对抽象而笼统的，基本停留于顶层设计和总体规划层面。至于具体该如何去做，比如，究竟哪些税种划为中央税或中央分成比例多一些？究竟哪些税种划为地方税或地方分成比例多一些？究竟哪些公共服务项目属于区域性质、该明确为地方事权？究竟哪些公共服务项目属于跨区域性质、该明确为中央和地方共同事权？等等，则没有进一步提及。

显而易见，无论从哪个方面讲，这些内容绝对不属于可有可无之类。

2. 财政体制改革的具体方向尚未明晰

本轮财政体制改革的目标虽然定位于“有利于发挥中央和地方两个积极性”，但究竟怎样“发挥两个积极性”、以怎样的思路“发挥两个积极性”，迄今并未有明晰的说法。在很大程度上，“发挥两个积极性”还停留于口号或标签状态。

一个可以举出的例子是，改革内容是建立事权与支出责任相适应的制度，保持现有中央和地方财力格局总体稳定、进一步理顺中央与地方收入划分。为此，财政部、中编办虽组织开展了事权和支出责任划分的研究，但迄今并未公布相关内容。最终作为改革成果拿出的有关事权与支出责任划分的方案，又将“事权与支出责任划分”缩水为“财政事权和支出责任划分”。因而，实质上是一个“缩水版”。又如，学术界和相关部门也曾提出过如何进一步理顺中央和地方收入划分的思路，但国发〔2016〕26 号文所拿出的仅仅是未来 2—3 年内的过渡方案。至于 2—3 年过渡期结束之后的走向，则并无明确交代。

因而，也可说是一个“非定型版”。

应当看到，“发挥两个积极性”目标的形成，显然出自地方积极性尚不够充分、亟待调动的现实判断。问题在于，地方积极性的调动发挥须以相对稳定的央地财政关系为前提。将地方积极性和央地财政关系格局两个方面的变化轨迹联系起来，我们可以清楚地看到，以往地方发展经济的积极性，在很大程度上源于央地财政关系格局的合理调整和相对稳定。倘若没有旨在调动地方积极性的央地财政关系合理调整的推动，倘若离开了有利于发挥地方积极性的相对稳定的央地财政关系格局，且不说地方积极性的有效调动难以想象，中国经济的规模和质量也绝对达不到今天这样的程度。

因而，必须在坚持“发挥两个积极性”目标的基础上，尽快明晰财政体制改革的具体方向。并且，按照统一部署给地方及时交底，让地方及早服下围绕央地财政关系调整的“定心丸”。只有这样，“发挥两个积极性”才可能真正落到实处，当前亟待推进的一系列稳增长政策措施才可能精准有效。

3. 围绕改革的具体操作方案尚未在中央和地方之间达成广泛共识

进一步看，具体方向的不明朗，其原因并非在于有关各方没有或尚未有相应的方案提出，而在于有关财政体制改革的方案难以在中央与地方之间达成共识。从历史上看，在 1994 年之前，中国的央地财政关系格局尽管几经变化，十分复杂，但总体上都是以“分钱制”为基础的。无论是早期的“总额分成”“收入分类分成”，还是后来的“大包干”，所“分”或所“包”的，实质都是“钱”——财政收入。只是在 1994 年之后，方才有了根本性的改变——由“分钱”转向“分税”。如果说 1994 年以来，中央与地方之间具有共识基础的方向是“分税制”，那么在今天的中国，不仅在表述上“分税制”几乎难觅踪影，相当多的内容处于忽明忽暗、半明半暗的状态，而且在实质层面“分税制”已被“分钱制”所取代。因而，下一步以一个怎样的旗帜标示财政体制改革的方向并据此制定一个可以达成共识的方案，既是难点，也是重点所在（高培勇，2015b）。

这一判断的引申意义在于，围绕央地财政关系调整的具体操作方案，理应取得地方政府的广泛认同和积极配合，在中央和地方的有效互动中最终形成。否则，即便勉强拿出了方案，也难以扎实推进。或者，即便勉强实施了，也难免再次走样。

六 作为一个整体的财税体制改革：亟待协调推进

在分别评估了预算管理制度改革、税收制度改革和财政体制改革的进展状况之后，回过头来将三个方面的改革内容拼接在一起，立刻可以发现，事实上，它们是按照一张顶层设计图纸平行推进的密切相关的统一体。因而，接下来，还需要对作为一个整体的财税体制改革进展状况作综合评估。

（一）三个方面的改革进展不够均衡

在 2015 年发布的预算报告中，财税管理部门曾对本轮财税体制改革的进展状况做过如下总结："财税体制改革取得重大进展。一是预算管理制度改革取得'实质性进展'。二是税制改革'有序推进'。三是围绕建立事权和支出责任相适应的制度，系统梳理了成熟市场经济国家事权和支出责任划分情况，调研分析国防、公共安全、食品药品监管等领域的事权和支出责任划分，财政体制改革研究取得'阶段性成果'……"（财政部，2015）。

这的确是一个符合实际的自身总结。有别于预算管理制度改革、税收制度改革在改革实施层面取得的实际进展，旨在调整中央与地方财政关系的财政体制改革，不仅尚处于"研究"层面，而且，取得的也是"阶段性"成果。

即便是站在今天的时间点上，将 2016 年 5 月和 8 月先后推出的《全面推开"营改增"试点后调整中央与地方增值税收入划分过渡方案》和《关于推进中央与地方财政事权和支出责任划分改革的指导意见》一并纳入视野，如前所述，鉴于前一个方案系"非定型版"，后一个指导意见系"缩水版"，仍可以认定，迄今为止，三个方面的财税体制改革推进状态，是非均衡的。着眼于调整央地财政关系的财政体制改革相对滞后，绝对是一个不容回避的基本事实。

认识到本轮财税体制改革的三个方面内容不是简单的并列关系，而是有机联系、相互贯通的统一体，还可以认定，任何一方面的改革若不能与其他两个方面步调一致，形成合力，则不仅会阻碍改革的总体效应，而且难免拖后整体改革进程，甚至陷整体改革于“跛脚”状态。

（二）十分明显的“瓶颈”效应

事实上，财政体制改革的相对滞后已经对本轮财税体制改革的整体进程以及宏观经济政策的有效运行产生了十分明显的“瓶颈”效应。

比如，作为税制改革中的一条主线索，“营改增”直接牵涉到地方主体财源结构的重大变化。这种变化，当然要以央地财政关系的同步调整为前提。这种调整，也当然要建立在体制性安排而非权宜之计的基础之上。恰恰是由于包括财政体制改革相对滞后在内的诸种因素的掣肘，“营改增”的全面推进才不得不曾放慢脚步。后来，虽在各方力量的强力推动下破茧而出，也不得不以一个“非定型版”的收入划分方案与之相伴。

又如，作为预算改革的一个基本目标，全面规范和公开透明直接牵涉到以政府性基金预算为代表的非一般公共预算格局的重大变化。这种变化，当然要牵动中央财政和地方财政格局，尤其是中央和地方财政之间关系格局的调整。这种调整，当然属于重大利益分配，也当然要建立在体制性安排而非权宜之计的基础之上。恰恰是由于包括财政体制改革相对滞后在内的诸种因素的掣肘，非一般公共预算的规范和透明进程才不得不在一定程度上大打折扣。在新修订的《预算法》公布实施将近两年之后，作为其配套文件的新《预算法实施条例》仍驻足于征求意见阶段。

还如，在国内外经济形势复杂多变、经济下行压力日渐加大的背景下，加快实施有利于稳增长的政策措施、促进经济持续健康发展无疑是当下中国的当务之急。历史的经验告诉我们，中国经济之所以能在过去 30 多年中走出一条持续高速增长的轨迹，在很大程度上依赖于地方之间你追我赶、竞相迸发的竞争力。在经济发展步入新常态的现实背景下，保持经济的中高速增长，仍然离不开地方的积极性。地方的积极性，当然要建立在相对稳定而非变幻莫测的央地财政关系基础之上。恰恰是由于包括财政体制改革相对滞后在内的诸种因素的掣肘，未能让地方及早服下围绕央地财政关系调整的“定心丸”，一系列围绕稳增长的政策措施才难以真正落地，一整套宏观经济政策的实施过程也才会不那么精准有效。

（三）不容回避的“拖后腿”效应

毋庸赘言，本轮财税体制改革的推进状态和实际效应不仅取决于税制改革或预算管理制度改革，而且取决于包括税制改革、预算管理制度改革和财政体制改革三个方面内容在内的整体改革，尤其取决于作为中央与地方关系中最基本、最基础的层面——财政分配关系——的改革。倘若财政体制改革相对滞后的局面得不到及时扭转，本应发挥的“牛鼻子”效应便会异化为“拖后腿”效应。而且，其所涉及的，将不仅是本轮财税体制改革，更值得警惕的是，它还会由此扩展到以国家治理现代化为总目标的全面深化改革。

站在当前中国发展和改革的全局立场上，可以进一步断定，不仅稳增长，而且调结构，不仅促改革，而且防风险，以及包括保就业、惠民生等在内的其他一系列发展和改革目标的实现，都要依赖于中央和地方两个积极性，都要建立在发挥中央和地方两个积极性的基础上。

因此，如果说迄今的财税体制改革推进过程中事实上存在“短板”，那么，财政体制改革便是一块最亟待多用力补齐的“短板”。这意味着，按照《决定》和《总体方案》的要求，把旨在发挥中央和地方两个积极性的央地财政关系调整落实到位，已经箭在弦上，刻不容缓。

七　全面深化改革框架下的财税体制改革：基础和支撑作用尚需进一步到位

（一）全面深化改革的重点工程和基础工程

本轮财税体制改革的进展状况，并非仅仅体现为有效落实《决定》和《总体方案》部署的各项直接改革任务上。除此之外，还应将其纳入全面深化改革的进程，从财税体制改革与全面深化改革的联系中进行更高层次、更广范围的评估。

前面曾经提到，本轮财税体制改革是在财政第一次从根本上被摆正了在国家治理体系中的位置之后，作为全面深化改革的重点工程和基础工程来部署的。财税体制改革之所以成为重点工程和基础工程，无非是因为，全面深化改革系经济、政治、文化、社会、生态文明和党的建设等各个领域改革的联动。在其中，作为国家治理的基础和重要支柱，财税体制安排体现并承载着政府与市场、政府与社会、中央与地方等方面的基本关系，深刻影响着经济、政治、文化、社会、生态文明和党的建设等领域的体制格局。因而，在国家治理的总棋局中，它是一个具有“牵一发而动全身”之效的要素。

这就意味着，本轮财税体制改革应当也必须担负起对推进全面深化改革的基础性和支撑性作用。

（二）一份清单：积极支持其他领域改革

一份财税体制改革支持、推动其他领域改革的大致清单如下：

1. 支持司法、教育、科技等领域改革

在司法领域，积极支持司法体制改革，率先进行事权和支出责任适度向上集中的改革，建立政法系统经费保障机制，推动实施法官薪酬制度改革。在教育、科技领域，国发〔2015〕67 号文部署进一步完善城乡义务教育经费保障机制，启动义务教育转移支付改革；职业教育实施以改革和绩效为导向的生均拨款制度；中央财政还大力推进科技计划（专项、基金等）管理改革，以提高科技财政资金的绩效。

推动实施省以下环保监测机构的垂直管理。

2. 支持供给侧结构性改革

为积极推动供给侧结构性改革，在“去产能、去库存、去杠杆、降成本、补短板”的旗帜下，2016 年中央财政特别拿出 1000 亿元奖补资金，重点用于职工分流安置。

3. 支持“三农”领域改革

例如，为积极推动农村经济体制改革，2015 年，财政部和农业部联合发布了《关于调整完善农业三项补贴政策的指导意见》，将农业“三项补贴”合并为农业支持保护补贴，政策目标调整为支持耕地地力保护和粮食适度规模经营，并于 2016 年全面推开。再如，为推动实施“脱贫攻坚”战略，大幅度增加扶贫攻坚财政资金投入，以领导班子强、工作基础好、脱贫攻坚任务重为标准选择 1/3 以上的贫困县开展试点，统筹整合使用各级财政用于农业生产发展和农村基础设施建设等方面资金。①

4. 推进政府投资体制改革

为了提高财政投资资金效率，拓展社会资本和民间投资范围，大力推广基础设施建设等领域的政府与社会资本合作（PPP）模式，已出台包括操作指南等在内的多项文件，构成了较为完备、具有可操作性的政策支持体系，PPP 推广示范项目也取得一定程度的进展。为充分发挥政府投资在推动重点产业发展等领域的杠杆作用，积极探索财政资金注资设立政府投资基金支持产业的模式改革，出台了《政府投资基金暂行管理办法》等多项文件，要求坚持市场化运作、专业化管理，以实现基金良性运营。

（三）存在问题：经验不足、力不从心，规律尚待把握

应当指出，在过去 30 多年的改革历程中，尽管不乏以财税体制改革为经济体制改革“铺路搭桥”的先例，但脱出经济体制改革的视野局限而上升至国家治理层面，将财税体制改革作为全面深化改革的基础性和支撑性要素加以布局和推进，还属从未有过的第一次尝试。

① http：//www.mof.gov.cn/zhengwuxinxi/zhengcefabu/201604/t20160425_1963571.htm.

与此相关的经验不足，规律尚待把握，操作中难免疏漏，自是常情。面对各种惯性思维和既得利益的掣肘而力不从心，不得不在推进中做妥协性安排，走些弯路，也是不言而喻之事。

就此而言，迄今为止，至少有如下几个代表性事例是值得关注的：

1. “缩水版”的事权与支出责任划分改革方案

中央与地方的关系无疑是国家治理层面的基本关系之一，本轮财政体制改革显然要为这一基本关系的处理发挥基础性和支撑性作用，而不应也不能将视野局限于财政体制本身。然而，即便在《决定》和《总体方案》中一直操用的提法都是中央与地方事权和支出责任划分的改革，即便财税管理部门始终锁定的都是研究提出合理划分中央与地方事权和支出责任的指导意见，但最终形成的则是一个“缩水版”——事权与支出责任前面被加上了限制词，从而中央与地方事权和支出责任划分的改革演化为中央和地方财政事权和支出责任划分的改革。

2. 进展缓慢的社会保障领域改革

作为国家治理体系现代化的重要内容，社会保障体系的制度设计，深度影响预算管理制度、中央和地方政府之间的财政关系、财政风险乃至税收制度的设计。因而，社会保障体系的改革自然要成为财税体制改革的主要关注点。然而，尽管《决定》做出了“建立更加公平可持续的社会保障制度”的改革部署，迄今社会保障领域的改革进展十分缓慢。不仅养老保险领域的改革方案尚在讨论之中，医疗保险以及医疗卫生体制改革未见标志性改革举措出台，而且，其他社会保险以及城乡低保领域的改革也未有启动迹象。这一突出的矛盾现象说明，社会保障领域改革应当也必须与财税体制改革实现同步，财税体制改革应当也必须支撑社会保障制度的改革。

3. 部门之间围绕改革方案协调上的困扰

如由于相关政府部门未能充分、及时协调，在大力推进 PPP 模式方面，各自制定政策，各自出台标准；由于相关政府部门之间的协商不到位，新《预算法实施条例》迄今迟迟不能出台；由于相关政府部门协调不足，2015 年地方债券大量发行初期举步维艰，一些地方政府债务实质上已发生逾期；改革方案中提出的地方债券投资主体多元化至今未能落地；在《税收征管法》修订过程中，作为必要条件的政府部门之间信息共享至今难以落实，如此等等。

4. 部分财税体制改革举措时有反复

中共十八届三中全会以来，在有关财税体制改革的方案密集、大量出台的同时，其中的部分方案却风云变幻，出现被中途搁置或被暂缓实施的现象。比如，作为预算管理制度改革的重头戏之一，旨在清理税收优惠政策的国发〔2014〕62 号文《国务院关于清理规范税收等优惠政策的通知》，在宏观经济下行压力日趋严峻的形势下，出台仅仅 4 个月便被宣布暂停执行。取而代之的是〔2015〕25 号文《国务院关于规范税收等优惠政策的通知》。相对于老文件，至少在名称上，新文件删掉了“清理”二字。再如，对于电子商务的进口税收政策，出台不久，即发现执行困难，基础尚不具备，不得不宣布暂缓实施一年。还如，在全面推行“营改增”试点过程中，由于改革方案出台的时间过于紧张，部分事项难免考虑不周，有关“营改增”的实施方案多次事后“打补丁”。

5. 缺乏专家、社会参与的改革方案设计过程

在中共十八届三中全会所确定的改革蓝图中，财税领域的改革任务可说是最为繁重，涉及面最广，也最需要先行一步。相对于其他部门，财税管理部门虽在短期内密集出台了一系列范围广泛、影响深远的改革方案，相关文件多达几百项，但是，或许是由于时间紧、任务重，这些改革方案的设计和制定，事实上基本由财税管理部门自身主导，未能如以往历轮改革那样有效落实专家、社会的广泛参与，综合协调性不足。比如，多项改革方案的出台，主要是基于财税管理部门内部的讨论和设计，外部专家普遍反映参与度不足；改革方案也未能充分进行社会协商。迄今外部专家的参与，基本上是在不了解具体方案设计过程的基础上，受邀做事后解释性或宣传性工作。外部专家以专业知识服务于深化改革的作用尚未得到充分发挥，更多地体现为“花瓶”角色；加上不注重社会协商，一些改革方案的设计也或多或

少存在考虑不周之处，事后不断“打补丁”也就在所难免。

如此现象的反复出现，一方面影响改革举措自身落地的权威性，甚至可能导致越来越多的事后改革博弈；另一方面，也会阻碍财税体制改革与全面深化改革之间的彼此互动，在一定程度上，使财政在国家治理体系中的基础性和支撑性作用停留于字面。

八　主要政策建议

评估改革进展状况的根本目的，在于“及时研究解决改革推进中的矛盾和问题，以钉钉子精神抓好改革落实”（习近平，2016）。认识到完成本轮财税体制改革任务的时间表指向2020年，按照建立现代财政制度的改革目标，以倒计时思维前瞻未来四年的改革之路，如下六个方面的工作当在抓紧抓好之列：

（一）夯实基础，完善设计，进一步推进预算管理制度改革

1. 推进“四本合两本，两本加综合”改革，完善全口径预算管理体系

从强化所有政府收支全口径预算控制的目标出发，应在现有四本预算的基础上简化合并，研究编制全口径综合预算。具体思路是推进“四本合两本，两本加综合”的预算体系简化合并改革，同时提高预算的前瞻性、科学性和精细化程度，提升财政管理水平。

首先是按照《决定》要求，所有上缴国有资本收益均纳入一般公共预算，逐步取消国有资本经营预算。

其次是加快改革各类政府性基金，按其性质区别处理。一些政府性基金收入具有消费税性质，可将其改为消费税的征收子目；一些政府性基金有征收期限，到期其承担任务已完成，可顺势取消；一些政府性基金适合改为专项收入形式，可纳入一般公共预算；一些政府性基金主要是资金预算管理任务，未来可采用表外信息的形式，作为预算报告的补充信息。在此基础上，将所有政府性基金逐步转列一般公共预算，直至彻底取消政府性基金预算。

再次是遵循国际经验，以规范、透明为前提，保留社会保险基金预算，合理界定社会保障管理部门和财税管理部门职能。

最后是单独编制全口径综合预算，扣除一般公共预算和社会保险基金预算中的重复项，整体、全面反映政府收支的信息。最终形成一般公共预算和社会保险基金预算两本预算，加上综合预算的“两本加综合”的预算管理体系，经全国人大批准产生法定效力。

2. 统一财政名词并启动预算信息披露标准化工程

预决算的公开透明是新《预算法》高度强调的理念。在现有法律框架要求下，尚需要有诸多配套性改革，以实质推进预算透明工作。

首先是要统一财政名词。财政名词的模糊对于增强财政透明度，对于政府政策和预算安排的讨论以及公共收支的管理都非常不利，应当尽快明晰。这方面，我国可以借鉴美国 20 世纪 60 年代的经验。在当时的美国，议员们在辩论政府预算安排时，常发现甲讲的政府收入和乙讲的政府收入并不是一回事。后来约翰逊总统下令成立专门的委员会，讨论预算概念问题，界定什么是政府收入等。在国际组织中都非常强调政府的统计应该有一个国际的标准，以增加可比性，我国自然更应当强调统一的国内标准。应当说，这种概念的明晰对推进全口径预算管理，对于提高财政透明度、提高政府预算绩效等，都是一项十分重要的基础工作。

为此，应由中央政府组织成立一个专门委员会，统一财政名词并予以明确的释义，并要求所有级次地方政府统一使用。

其次是建立一个预决算公开平台，启动预决算信息披露标准化工程。在现行《预算法》法律要求的基础上，应当进一步细化专门出台文件，明确预决算公开透明的强制标准，特别是除财政资金信息之外的辅助性基础信息。同时，应结合政府信息公开平台，统一各级政府的预决算公开平台，建立统一链接，方便查找比对。

再次是建立逐步回溯公开的机制。可降低预决算公开的标准，要求各级地方政府至少公开 2000 年以来的预决算信息。

最后是重视预决算公开信息的利用，提升预算透明度。政府部门应主动将预决算报告通俗化，对易混淆之处给予专门解释；组织专场研讨会或其他活动，引导公众关注和探讨预决算报告。应鼓励研究机构和社会组织专门研究预决算信息。最终通过预决算公开促进预决算透明，以预决算透明提高社会公众对公共资金的监督，以监督提升公共资金的绩效。

3. 建立债务与资本支出预算以及税式支出预算制度，丰富表外信息

预算报告理应全面反映政府收支以及相关经济活动，但由于现代政府经济活动的复杂性，一些重要的信息难以在正式的预算报告中体现，为此需要以表外信息予以补充。基于中国的现实情况，当前需要以表外形式补充建立债务与资本支出预算制度和税式支出预算制度，丰富预算报告的表外信息，提高公共资金使用效率，防范政府债务风险。

首先是应研究制定单独编制资本支出和债务预算制度，将所有政府债务和资本性支出综合起来，编制在一本预算中，以便从整体上控制各级政府的资本性支出和对应政府债务的规模和结构，分析其必要性、效益和风险。资本支出和债务预算制度与现有或改革后的全口径预算体系独立，作为正式预算报告的附录。

其次是成立专家组，以重点税种起步，学习典型市场经济国家的做法，构建税式支出制度，使税收优惠的作用及其丧失的税收收入显性化，纳入预算管理程序。所谓税式支出制度，就是测算每项税收优惠政策所导致的税收损失，编列按税种和按政策目标的预算，一般作为正式预算报告的附录。构建税式支出制度，有助于将税收优惠政策的成本和效益公开透明，有助于从制度上规范管理税收优惠政策。

4. 夯实预算与财政管理基础，强化社会监督和外部监督，平衡控制与绩效导向

从预算管理制度改革的国际经验看，预算的控制导向与绩效导向之间的冲突一直是主要矛盾。以精细控制为主导的预算有助于减少漏洞、抑制浪费、避免腐败，但由于预算的年度性原则，一般要提前一年确定支出的具体内容，这与发展迅速的中国现实国情有些不相适应，在一定程度上会影响财政支出的绩效。解决预算的控制导向与绩

效导向之间的冲突，可选择的基本思路是简政放权，强化监管，进而以自我控制替代外部强加的程序性控制。具体说来，就是强化社会监督和外部监督，淡化内部过程控制，适度从强调控制走向强调绩效。

第一，要夯实预算与财政管理基础，如政府财务准则的制定、政府资产与负债的准确记录、预算绩效管理基础等，使现代预算理念能够落地生根。

第二，增加人大预算工作委员会、国家审计机关的人员编制，强化人大监督、审计监督力量。通过加大外部监督力度，可以促使财政资金使用部门强化自我控制。

第三，做好预决算的公开透明工作，鼓励社会监督。公开透明是最好的防腐剂。相对于制度性的人大监督、审计监督，社会监督更为分散，可动员的力量更为广泛，更易找出难以觉察的支出漏洞。

第四，按《预算法》要求，推行预算绩效管理，将加强预算管理的着眼点落实在绩效的提升上。

第五，在合理制定标准的基础上，淡化内部过程控制。避免形式化严重、与现实变化不相适应的若干不合理制度规定，影响财政支出实际绩效的提升。淡化内部过程控制并非不要任何控制，而是要将控制建立在合理制定若干支出标准的基础上，使支出单位以绩效为导向获取一定的自由度。

（二）做好公共沟通，加快直接税改革，推进税收法治化进程

1. 在明确税制改革“路线图”的基础上，做好公共沟通

构建良好的舆论环境，支持税制改革，对于本轮税制改革落地至关重要。《决定》和《总体方案》所确立的“公平正义、调节有力”的改革目标以及在稳定税负前提下优化税收结构的路径规划，正在逐步深入人心。在这样的大背景下，回应社会关切，明确税制改革“路线图”，明确在间接税和直接税此减彼增的同时优化税收结构的路径规划，将中国税制和中国税负运行的格局现状原原本本地告诉人们，将间接税和直接税都是税、背着抱着一般沉的道理讲清楚，对于构建良好的税制改革舆论环境，是必不可少的。

在政府部门对税制改革的宣传上，也要注意避免过度强调减税的

重要性，特别是要避免将减税视为政策红包的宣传基调。要更为重视宣传税制改革在减少结构性扭曲、提升经济效率、促进社会公平正义等方面的“制度红包”。

2. 加快直接税改革步伐

个人所得税以及房地产税的改革，担负着提高直接税比重，优化收入及财产分配格局的重要任务。当前要加快两大税种改革的各方面准备工作，尽快启动改革步伐。当然，改革需要注意充分体现量能负担的原则，注重征管条件的配套，税制设计应有利于强化征管。

个人所得税的改革，宜围绕逐步建立健全综合与分类相结合的个人所得税制度，从“小综合”起步，合并部分税目，根据征管条件的改善不断推进到“大综合”。在合理确定综合所得基本减除费用标准的基础上，适时增加专项扣除项目。合理确定综合所得适用税率，优化税率结构。可考虑适度加大分档区间，最高档边际税率略有下降。

房地产税的改革，其重点应放在加快推进房地产税立法，开征居民保有环节的房地产税收，统筹设置房地产建设、交易和保有环节的税负水平上。鉴于目前的税情和国情，近期可本着“先简后繁，先存活再完善”的原则，考虑对居住住房以家庭为单位实行“第一套免税，其余一律征税”，在尽可能短的时间内，让房地产税落地中国。以此为基础，逐步积累条件，向更精细、更完善的房地产税制建设目标迈进。

3. 提升征管能力，推进税收法治化进程

税制改革，特别是个人所得税以及房地产税的改革，需要以加快构建面向自然人的税收管理服务体系作为配套。为此，需要加快《税收征管法》的修订进程，建立第三方涉税信息报告制度，逐步实现法人、非法人机构、自然人之间税收征管的均衡布局，确保税务部门依法有效实施征管。

推进税收法治化，不仅是建立现代财政制度的必要条件，也是落实中共十八届四中全会“依法治国”精神的必然要求。税收涉及每个人的利益，社会关注度高，因而税收法治化是财政法治化的优先事项。当前我国仅有三个税种立法，推进税收法治压力很大。“十三五”

时期，应在处理好改革与立法之间的协调关系的基础上，安排好立法顺序，积极推进税收法治化进程，力争税收立法 5—10 部。

推进税收法治化，最重要的是要协调好改革与立法之间的关系。立法有助于提高改革的权威性，有助于巩固改革的成果。但改革需要打破现状，如要改革事项已经立法，则修改立法程序相对漫长、不可控因素多，反而可能阻碍改革。当前，我国推进财税领域的改革，主要法律依据是 1980 年全国人大对国务院的授权，大部分由国务院直接颁布推动相关改革文件。这种改革方式，特别在税收领域的改革，已经引起了社会上较多的讨论。

为此，首先要发布税制改革总规划，明确各税种改革的基本目标和框架，明确各税种立法的规划，向社会公布，这是改革法治思维的重要体现。其次，是要确定基本的原则，凡是新推出的税种，如房地产税、环境保护税等，均应改革与立法同步，法律实施之日就是改革启动之时。最后，对已征税种的改革，也要积极立法。视情况不同，可以先改革后立法，以法律巩固改革成果，也可以改革和立法同步，以法律提高改革的权威性。

（三）完善地方债制度，加快社会保障制度改革，防范财政风险

防范财政风险，实现长治久安是本轮财税体制改革的重要目标之一。防范财政风险，关键要恰当评估中国的财政风险来源。当前，国内外舆论较为关注地方政府债务可能导致的财政风险。从若干大国的历史经验来看，养老、医疗等社会保障领域的资金缺口，可能是财政可持续发展的最大挑战。对于这两个方面的风险，均不容小觑。

1. 准确认识中国政府债务风险的“近忧”与“远虑”“总账”与“分类账”

当前国内外对中国政府债务的主要关注点是地方债，认为其可能存在失控的风险。但经过审计部门的多次专项审计和财税管理部门的反复核查，中国地方政府债务的底数是比较清楚的。2015 年中国地方政府债务余额占 GDP 比重为 23.64%，即使包含或有债务中可能转化为需要政府偿还的部分也仅为 25.74%。这个水平，低于德国、日本、加拿大等国，同美国较为接近。与这些大国相比，中国的中央政府债

务占 GDP 比重非常低。因此，从总量上看，中国综合政府债务并不存在多大风险。即使单独比较地方政府债务，中国的比重也并不特别高。地方比重高于中央，与中央与地方财力和事权划分状况乃至国家治理体系的特点基本是相适应的。再加上中国的经济增长速度较快，地方政府债务主要投资于生产性资产，政府资产雄厚，债务比重不高加上三重保障表明中国政府债务的“近忧”不大，其风险主要来自管理体制导致的局部风险，以及债务资金投资的低效风险。

但是，上述的这些指标均是算“总账”的结果。一旦细化到“分类账”——分别就各个地区计算其债务风险，则立刻会发现，有些地方的债务，已经以逾期、赖账或资不抵债等现象揭示出区域性风险迭起的严峻态势。

进一步说，社会保障体系潜在的未来资金缺口所带来的中国政府债务的“远虑”，必须高度重视。中国已进入老龄化社会，且老龄化的速度非常快。高培勇、汪德华（2011）的估算表明，如维持现有养老保障制度，则到 2050 年养老保障体系所需年度财政补贴占 GDP 的比重在 6% 以上。即使维持现有财政补贴力度不变，如所有年份的资金缺口累积到 2050 年一次性由财政偿还，其所需偿债资金将占当年 GDP 的 90% 左右。这还仅仅是养老保障体系的潜在债务压力。随着老龄化压力越来越大，医疗技术发展越来越先进，医疗保障领域的潜在政府债务同样巨大。

由此可见，中国政府债务的最大危险或者说“远虑”，与发达国家的历史经验类似，主要来自社会保障体系的改革滞后，需要高度重视。

2. 完善管理制度，明确地方政府债务管理体制的远景，稳定社会预期

地方政府债务管理体制改革，要解决的问题主要有二：一是明确远景，稳定社会预期；二是完善管理制度，提高债务资金的投资效率。

首先，参照美国、德国、日本等国的经验，应明确中国地方政府债务的远景是长期滚动发展，地方政府应担负起相应的风险控制管理

职责，并不存在到某一时点必须全部归还的问题，也不存在由中央政府承担地方债偿还职责问题。这一远景应明确向社会公布，以稳定社会预期。

其次，在试点基础上，适度赋予有条件的地级市自主发债权限，县级政府所需债务资金依然由省政府统一筹集。此项改革的目的是压缩管理链条，提高债务资金的配置效率和投资效率，实质上有助于防范风险。全国人大以及国务院应积极探索合理确定地方政府债务限额的规则，各省级政府也要积极探索在各县市间分配地方政府债务资金的规则，以提高债务资金效率。

最后，扎实推进地方融资平台的清理规范和市场化转型工作，继续妥善处置存量地方政府性债务，实事求是地评估国开行、农发行的专项建设基金对地方政府债务的影响，并逐步纳入政府信息披露范围内。

3. 以更加公平可持续为基本原则，尽快启动社会保障体制改革

我国社会保障体系的资金储备较为充足，但在老龄化越发严重的趋势之下，未来的资金缺口压力仍然较大。国际经验表明，这种未来的资金缺口压力，在今天就会影响企业和居民的行为。因此，社会保障体系的改革，不能等到出现问题才改革，要未雨绸缪。应当切实按照中共十八届三中全会的要求，以更加公平可持续为基本原则，与扶贫攻坚战略相结合，推动养老保险、医疗保险、生育保险、失业保险、城乡低保等社会保障事业的改革。

（四）尽快明晰财政体制改革具体方向

财政体制安排深度影响地方政府的行为，是国家治理体系的重要组成部分，在中国具有特别重要的意义。当前应在《决定》提出的改革蓝图上，尽快明确财政体制的具体改革方向。在方案制定过程中，还应注意避免一些错误倾向，回到“分税制”的轨道，真正激发中央、地方两个活力。

1. 避免将预算改革、税制改革和财政体制改革割裂开来，重视三者之间的协调推进

财政体制改革，特别是政府间收入划分方式的调整，需要税制改

革为支撑。地方债务管理制度、转移支付制度本身就是财政体制领域的重要组成部分，其制度设计要与政府间收入划分、事权划分制度相适应。可以说，倘若财政体制改革不能如期启动，税制改革、预算改革也难以落实。因此，当前特别要加快财政体制领域的改革进度。

2. *避免单纯强调事权与支出责任相适应，以回归分税制作为财政体制改革的重心所在*

作为一个整体，分事、分税、分管，一级政府一级财政，是分税制的基本要求和灵魂所在。照此说来，“事权与支出责任相适应”系分事管理的应有之义，而非分税制改革的重点问题。中国财政体制的基本矛盾依然是：政府间事权划分制度如何与收入划分制度相适应。因此，在部分增加中央事权的基础上，解决好中央与地方收入划分问题，依然是分税制改革的重点。

中央与地方收入划分，绝不能重走1994年之前的“分钱制”老路。“根据事权与财权相结合原则，将各种税统一划分为中央税、地方税和中央地方共享税，并建立中央税收和地方税收体系，分设中央与地方两套税务机构分别征管”，这既是1994年分税制财政体制改革的核心要义，也是本轮财政体制改革应当坚守的方向。应当也必须紧紧扭住这个“牛鼻子”不撒手，真正把财政体制改革纳入分税制轨道（高培勇，2015b）。

3. *注重激发中央、地方两个活力，当前特别要注意激发地方活力*

适应、引领经济发展新常态，关键看地方政府。地方政府的积极性和活力既是过去中国经济取得成功的关键，也是未来中国跨越“中等收入陷阱”的关键。在事权划分改革方面，要注意在将易发生“乱作为”、外部影响较大的事项上增加中央控制力，其他事项则应充分尊重地方自主权。在收入划分方面，要避免将一些征管难度大、较为零碎的小税种给地方，中央则享有相对稳定的、与经济发展相关程度高的大税种。这样做，极易损害地方积极性。在当前，亟待明确2—3年过渡期之后，增值税“五五开”的收入划分模式如何调整。应当注意到，对未来的预期不稳定，当前就会干扰地方政府的行为选择，增加经济扭曲。

4. 设立专门委员会，为财政体制改革提供协商平台，为事权和支出责任调整提供动力机制

当前财力划分方式的变革及监控，缺乏常规性的协商平台。从中央部委和各级地方政府的角度来看，实际上缺乏动力改变当前事权划分现状。中央部门不愿意承担具体执行职责，而愿意保留以专项转移支付或审批制度干预地方的权力。地方政府则不愿意放弃具体执行的权力。在相当程度上，双方都缺乏激励进行事权关系的调整。为此，必须要借助外部权威，并建立专门的机构推动落实事权划分调整优化工作（高培勇、汪德华，2016）。

参照德国、日本、印度等国经验，我国应设立一个负责调整中央与地方政府间财政关系的委员会。可考虑由全国人大常委会负责组成一个委员会，以形成中央与地方事权和支出责任调整的具体方案，并担负方案实施的检查、落实等具体工作，解决争议问题、确定转移支付资金安排的基本框架。通过集合利益相关方与独立第三方的集体讨论，可为事权和支出责任调整寻找最优的、可接受的方案。

（五）落实专家和社会参与机制，以公开透明推进改革落地

改革方案的设计出台，仅是全面深化改革的起点。财税体制改革能否真正产生获得感，能否有效促进国家治理现代化进程，还要看其落地实施情况。而改革方案的真正落地，应是建立在公开透明、广泛参与的基础上，应鼓励事前充分发表意见进行博弈，而非方案出台之后的事后博弈。

1. 建立严格的保密制度，引入外部专家深度参与改革进程

外部专家除具有专业优势外，由于其社会接触面广，能够有效缓解主抓改革部门思维单一的缺陷，也可在一定程度上抑制部门利益影响改革推进的现象。外部专家应对中央全面深化改革领导小组负责，而非对具体改革主抓部门负责。改革主抓部门应对外部专家全过程完全开放信息，以使外部专家能充分发挥其专业优势。考虑到部分财税改革举措的社会敏感性，外部专家的参与应严格遵守保密制度，未经允许不能向外界透露改革方案相关内容。

2. 待改革方案初步成型之后，应邀请主要相关利益群体进行充分协商

改革涉及的相关利益群体，对改革方案中各项制度设计存在的问题、执行中的难题最为敏感。其意见的充分表达，能够帮助完善改革方案。通过发扬协商民主，在改革方案出台前引入上级领导、外部专家、相关部门共同参与的充分协商，有助于实现既完善改革方案，又能保持利益中立的效果。公开透明的事前专家讨论、利益群体协商，有助于方案出台后的改革落地。

3. 高度重视部门利益阻碍改革推进问题

各个部门对于财税体制改革方案的意见可以充分表达，在充分民主的基础上还要集中统一。可引入外部专家、上级领导对各部门意见的综合评估，尽快明确部门争议的处理意见，督导部门落实处理意见。

（六）开展大数据等技术创新对财税体制影响的前瞻性研究

财税体制的改革设计，不仅根植于国家治理体系，还将受到科技创新的影响。当前，特别是信息技术、大数据等科技进步，深度影响商业运转模式和人们的生活模式，进而也将深度影响政府治理流程乃至国家治理模式的选择。财税体制改革永远在路上，我国应当高度关注并前瞻性研究相关科技创新对制度选择的影响，着力推动与现代科技环境相适应的财税改革。

为此，应当特别关注并启动如下两个方面工作：

其一，开展前瞻性专题研究。信息技术、大数据等科技创新对社会生活的深度渗入，对于税制选择、税收征管、预算管理、政府间收入划分等都将产生影响。例如，大数据技术可广泛用于税收征管，特别是一些以自然人为征税对象的税种。一些原来投入过高、征税效果不佳的税种，在大数据技术运用之后，税收征管的投入产出比可能会发生改变。信息技术、大数据的广泛采用，也会使预决算公开透明的成本更低、效果更佳。预决算的公开透明，可被用于更多的分析比较，社会监督效果更为突出，也为参与式预算等公共治理创新奠定了技术基础。信息技术、大数据对社会生活的渗透，影响了各类税种收

入在区域间的分布，如商品和服务的生产地、购买地、消费地可不一致，这必将影响征管环节的选择、政府间收入划分方式的选择，影响到不同地区能够获取的财政收入。所有这些科技创新对财税体制改革带来的冲击，都需要尽快开展前瞻性专题研究。

其二，在充分论证、试点的基础上，以科技创新为基础推动政府流程和机构再造，提升财税治理的效率。不仅要前瞻性研究科技创新对财税体制制度设计的影响，还应积极适应技术环境的变化，积极推动科技创新应用于财税治理。可在前瞻性研究、论证、试点的基础上，将信息技术充分应用于财税治理的各个环节，推动政府流程再造，提升财税治理的效率和透明度。需要注意的是，政府流程再造，必须配合机构改造、人员整合。“放管服”的权力重新配置和流程再造，必须以人员、机构调整来巩固成果。

参考文献

[1]《中共中央关于全面深化改革若干重大问题的决定》，人民出版社2013年版。

[2] 楼继伟：《深化财税体制改革　建立现代财政制度》，《求是》2014年第20期。

[3] 习近平：《制度自信不是固步自封》，《人民日报》2014年2月18日。

[4] OECD, 2004, The Legal Framework for Budget Systems: An International Comparison, A Special Issue of the OECD, *Journal on Budgeting*, Vol. 4, No. 3.

[5] 高培勇：《经济增长新常态下的财税体制改革》，《求是》2014年第24期。

[6] 王秀芝：《从预算管理流程看我国政府预算管理改革》，《财贸经济》2015年第12期。

[7] Wang Dehua, 2015, The Size and Structure of China’s Full - covered Fiscal Expenditure, *China Finance and Economic Review*, No. 1.

[8] 高培勇、毛捷：《间接税税收优惠的规模、结构和效益：来自全国税收调查的经验证据》，《中国工业经济》2013 年第 12 期。

[9] 汪德华：《2015 年地方债新政的进展与挑战》，《中国经济周刊》2015 年第 20 期。

[10] 高培勇：《论完善税收制度的新阶段》，《经济研究》2015 年第 2 期。

[11] 汪德华：《关于提高成品油消费税的两个问题》，《中国财政》2015 年第 5 期。

[12] 中共中央文献研究室编：《习近平总书记重要讲话文章选编》，中央文献出版社、党建读物出版社 2016 年版。

[13] 财政部：《关于 2014 年中央和地方预算执行情况与 2015 年中央和地方预算草案的报告》，《人民日报》2015 年 3 月 17 日。

[14] 财政部：《关于 2015 年中央和地方预算执行情况与 2016 年中央和地方预算草案的报告》，《人民日报》2016 年 3 月 18 日。

[15] 财政部：《关于 2013 年中央和地方预算执行情况与 2014 年中央和地方预算草案的报告》，《人民日报》2014 年 3 月 15 日。

[16] 高培勇：《将央地财政关系调整落到实处》，《光明日报》（理论版）2015 年 12 月 23 日。

[17] 习近平：《以自我革命精神推进改革》，新华社，2016 年 10 月 12 日。

[18] 高培勇、汪德华：《中国养老保障体系资金缺口分析与对策建议》，《比较》2011 年第 53 辑。

[19] 高培勇、汪德华：《“十三五”时期的财税改革与发展》，《金融论坛》2016 年第 1 期。